源头活水话产权

Essays on the Performance of China's Spot Equity Exchanges

曹和平 ◆ 著

北京大学出版社
PEKING UNIVERSITY PRESS

图书在版编目(CIP)数据

源头活水话产权/曹和平著. —北京:北京大学出版社,2015.6
(北京大学经济学院教授文库)
ISBN 978-7-301-25907-8

Ⅰ. ①源… Ⅱ. ①曹… Ⅲ. ①产权—中国—文集 Ⅳ. ①D923.24-53

中国版本图书馆 CIP 数据核字(2015)第 121140 号

书　　　名	源头活水话产权
著作责任者	曹和平　著
责 任 编 辑	郝小楠
标 准 书 号	ISBN 978-7-301-25907-8
出 版 发 行	北京大学出版社
地　　　址	北京市海淀区成府路 205 号　100871
网　　　址	http://www.pup.cn
电 子 信 箱	em@pup.cn　QQ:552063295
新 浪 微 博	@北京大学出版社　@北京大学出版社经管图书
电　　　话	邮购部 62752015　发行部 62750672　编辑部 62752926
印 刷 者	北京宏伟双华印刷有限公司
经 销 者	新华书店
	730 毫米×1020 毫米　16 开本　18.5 印张　373 千字
	2015 年 6 月第 1 版　2015 年 6 月第 1 次印刷
定　　　价	45.00 元

未经许可,不得以任何方式复制或抄袭本书之部分或全部内容。
版权所有,侵权必究
举报电话:010-62752024　电子信箱:fd@pup.pku.edu.cn
图书如有印装质量问题,请与出版部联系,电话:010-62756370

中国产权市场"童话"

（代序）

研究产权市场，不仅有一个洞察对象运行机理的难题摆在面前，而且还有个人职业生涯中人生哲理性事件凝结的立场因素在里边，这是我在这本书成行抚卷时内心遭遇震撼的地方。也许，分享关于产权市场的理解并交代研究者的心路历程，对产权市场为更多的人所了解，对国家资本市场的有序高效发展，是一个合适的诉求。我打算用上下两篇文字来完成叙述并代序。

上篇：中国产权市场"童话"

产权市场是个晦涩的东西，记者马力对我的一次采访文字，能为这种晦涩添加一些童话式的佐料：

> 北京大学蔚秀园南畔，曹和平教授的办公室，燕园美景即入窗帘。博雅塔、未名湖再加上图书馆三角式的复合景色——"一塔湖图"让人不禁进入"未名湖畔修身性，大师近旁好读书"的意境。曹和平教授匆匆赶来，一见面，他就送给记者一本《产权市场蓝皮书》，并开门见山说道："昨晚刚从盐城飞回北京，正忙着为盐业（产权）交易所做方案。"
>
> "盐还有产权吗？"记者有些吃惊地问。"产权是对任何标的资产的控制权和未来收入流的索取权。"看见记者一脸疑惑，曹教授加上了一句话，"我下午要飞重庆，涉讼资产的交易也要进产权交易所了。"这下记者明白了：只要是"产"就有"权"；只要有权就有对应交易。曹和平接着说："恐怕我们用整个一上午时间才能把产权市场的来龙去脉说清楚。"
>
> 产权市场到底是什么？曹和平尽可能形象地解释："产权市场在经济学上，首先是一个市场，但又不是一个我们日常碰到的百货市场，或者是杂货市场。硬要给一个字面的解释，那产权市场就是交易产权的一个平台。"看见记者有所疑惑，他打了一个比喻："如果用北京机场来比喻的话，我们能够获得一点关于产权市场的实感。"
>
> 曹教授打起手势说："你看，在北京机场，每天有1 700—1 800架飞机降

落,乘客走出去,腾出了空座位,然后新乘客再走进去,把腾出的空座位填满。飞机再飞走。"他接着说:"在建模的意义上,我们可以把北京机场抽象成一个买卖空座位的平台。"

看着我脸上又出现了疑惑,曹老师说:"如果你把这些空座位看作一个个标准的仓储物流单元,那飞机场不就是如今分布在全国各地的物流产业园吗?"

"那又能怎么样?"记者疑惑不解。"如果你再把这些空座位想象成一份份额度相等的产权百分单元,那它不就是中国现在的500家产权交易所吗?"原来这样抽象,记者有些释然。"如果你把这些百分比单元再行细分,变成一份份标价单元——股权,那它岂不是今天各地存在的股权交易和托管中心所做的事情?"记者在抽象的疑惑空间中刚看到了一丝理性的透光。

这时候,曹教授呈现出课堂上的旁若无人,"当你把单元化后的股权单元逼近于货币单元时,那它就是上市的股票了。"简直当头棒喝,原来概念上的逻辑递进如此地"动人"。曹教授看着记者洞喜的样子,淡淡说道:"你还没有醍醐灌顶呢。"看着一脸茫然的记者,他说:"商业票据的单元也逼近于货币单元,为什么还不能上市交易呢?""那是为什么?"记者怕有逻辑陷阱。"因为没有内置确定价值的信用机制的票据,和1948年国民党的金圆券一样!"记者张大了嘴巴。

"话说回来,既然北京机场是个买卖飞机空座位的平台,它卖机票吗?机场不卖机票。"曹教授又回到了机场的比拟上。

"那机场干什么呢?"曹教授说,"北京机场把它建设好的3号航站楼隔成一个个的隔断,南航租一块,东航租一块,意大利航空和美国联合航空公司各租一块,等等。"

"那航空公司卖机票吗?"曹教授自问自答道,"航空公司也不卖机票。你发现,99%的机票是网上票务中介、旅行社和大的酒店商业单位卖的。"

记者着急地问:"那航空公司是干什么的?"摆了摆手,曹教授说:"我们来看看航空公司到底做些什么。"他启发道:"我们来做一个思想实验。假若我下个星期一一早要到南京去,坐南航的飞机。"

曹教授更加专注于讲解:"当我乘坐出租车,请记住我坐了出租车这个事实,赶到北京机场的时候,由于是早上第一班,为了节约时间,我直接奔向问讯处,请记住,我问了问讯处,得知南航检票口在37号检票口。奔到37号检票口,出示了我的身份证、纸质或者电子版的飞机票后,检票员在电脑上核对信息无误后,按下了电脑按键,生成了一个登机牌。"

丝毫不觉得冗余,甚至还带着一份发现了某种重大价值似的骄傲,曹教授说:"这就是交割单。"面对记者重现惊讶,他说道:"既然你拿到了交割单,那你把自己的一百多斤交割到飞机的空座位上不就得了吗?"他又继续道:"那不行,你是 5 500 卡的钢煤,还是 3 500 卡的燃煤,抑或是恐怖分子呢?"他比划着手势说:"机场的安检部门把你浑身上下搜了个遍,这个时候在你的登机牌上盖了个章。"曹教授俨然一个实验室里的演示师,果断地向虚拟的牌压了下去。

"请再注意,当在交割单上盖上了认证章记以后,交割单据和认证票据在物理意义上合二为一,但实际上,在流程意义上,交割票据为先,认证票据在后,二者却是实实在在的两个票据的分离。票据的复合和分离,不仅仅在这里出现,事实上,商业银行资金结算部的几乎所有业务,都是票据的复合和分离或者多次复合啊!"看着记者再次惊讶的面孔,曹教授再次启发说:"票据的复合和分离部门如果独立出来,变成相应的服务业务,那就是非银行类和非银行系金融机构了。"记者当然不能洞明这句话的深层含义。

没等记者再行咀嚼,曹教授说:"拿上你的登机牌,当你走到 37 号登机口(如果是 37 号的话)的时候,该去交割你这 100 多斤了吧?"一个身体形成的长长的问号,"不行,等机构的服务员将你的登机牌撕成两半,小的一半交到了你的手上,那叫发货准运单;大的一半留在了乘务员的手上,那叫对账清算单。""哈哈哈哈……"记者一阵大笑。虽然不明就里,但却是在笑自己,坐了那么多趟飞机,怎么就没有注意到这些看似不起眼的过程,有如此复杂的流程内涵呢!

带着些许发现的得意,曹教授没有停止,"然后你坐上了飞机,航空公司的航班把你运走了。""是啊,那又能怎么样呢?"记者不屑一顾。似乎看透了记者的心理,曹教授反问,"那你说说,航空公司在飞机场是干什么的?"这一将军,非常尴尬,"它不就是你说的刚才那么多事吗?""是做的那么些事不错,但是,航空公司做的事是让场内的交易头寸活跃的做市主体——做市商(market dealer,dealing the market business and let it to be thick)。"这才是一个真正的震撼。做市商不仅上证所里和纽交所里有,飞机场也有,这恐怕是证券交易所里的秀才们没有想到的。

曹教授总结道:"在北京飞机场里,航空公司的功用相当于是在永不停歇地建构着一个动态交易交割过程,而这个过程是个'内市场',和经济学课堂上的一般均衡市场——那个一个'点'式的'外部市场'——完全不同。当内市场形成的时候,事实上是第三方市场在起作用的时候。这时候,交易不再是最初的卖票人和最终的乘坐人之间面对面的货价两清式的瞬时买卖,而是一个第三方——做市商在承运和组织的过程。"他如释重负地说:"产权市场就是一个第三方市场。这个市场,要有一个做市商活动的物理平台,但物理部分可不是市场的核心部分了。"

看着我明白的样子,他接着说:"事情还没有完呢。航空公司是做市商,是让场内交易头寸活跃的做市主体,那么网上的票务公司、旅行中介和大型酒店里买票的商务部门是什么呢?"他自己回答说:"那是成市商(market maker)。

他们是将场外的业务导入到场内来的做事主体(making the business possible)。"在记者惊讶之余,他说:"事实上,还有一种类型的做市主体,比如信息披露中介、认证中介、头等舱服务中介、驻场银行、会计公司、物流公司和保险销售公司等等,他们都是价格收敛商(price-convergent agents)。投机商只是其中很小的一部分。在第三方市场里,价格收敛商的数量最大,类型最多。"

"这就是我的第三方市场平台的做市三商理论。"曹教授说,一个由做市三商数量形成第三方市场平台,才是产权市场的骨骼性秘密。绕了这么大个弯子,才给我解释了产权市场的概念。当然,没有十年以上的研究,这样清晰地说出来产权市场这个绊倒很多转型国家国有企业资产处置的缺失平台,在今天的中国仍然处在不断进步之中的制度设计方式,恐怕是难以完成的任务。记者心里默默地想着。

下篇:中国产权市场"追隐"

在非常长的一段时间内,西方绝大多数舆论和国内部分学者,认为社会主义制度和市场制度是水火不相容的两种资源。这种观点似乎判定了社会主义和市场高效结合的不可能。这种理论上的武断恐怕不符合科学知识进步的千年历史痕迹。在新历史制度经济学出来之前,谁能想到中世纪的科技进步的步伐一点不比文艺复兴后期的步子要小?即使布鲁诺之后很多年哥白尼也不敢直白日心之说呀!

但是,这种观点在我国经过三十年的改革实践中在某些领域里依然根深蒂固。比如在资本市场领域,尽管我们有近500家左右的产权市场和交易所,但仍然在金融主管部门的资本市场归类中"妾身不明"。究其原因,西方发达资本市场中没有这样的资本市场形式啊!

我国近500家产权交易所的创世、萌发和成长过程,谈不上是一个茁壮成长的历史(这当然和主管金融部门的抑制性制度管制有关)。但是,这一制度不仅保障了我国国有企业的产值在流转过程中没有流失,而且在近二十多年间,尤其是2003年国务院三号令颁布后翻了几番。反观俄罗斯,他们在非常短的时间内将国有产权分拆均分给老百姓,实际上把共(国)有资产拆细后,在资本市场不存在的条件下,手持零碎意义上的资产价值近乎为零。这就好像我国在1953年土改完成将土地均分给农户后,地租均分为零的逻辑机理一样:当把地租均分为零后,作为稳定的农产品剩余可以集合成池变为工业投资资本的积累也消融掉了(后来的统购统销制度通过农产品购销市场补偿了投资制度遗漏,但又带来了农产品市场的扭曲)。俄罗斯均分国有资产走向了极端:当两万多亿份国有产权分给全国居民后,在一级有效动员和二级有效流转市场绝对缺失条件下,居民手持国有企业产权的价值在机会成本上近乎为零。一部分人开始在民间以极低价收购股票,短期成为巨富。加上哈佛大学的几个顶层设计者成名并贪污不菲后,俄罗斯的国有资产价值不是翻番,而是像北极的冰山在赤道上的夏日高温下消融掉了。

这是一个了不起的中国实践。中国的实践者没有打碎产权,这在当时受到了极大的批评和批判。但执行下来的结果是,产权交易按其内在逻辑,非拆细交易,让最有资格的人运营,最终的效果反而比俄罗斯好。

但国内外的理论界是不承认这种丰功伟业的。这种不承认,有着时代意义上的认知根源。我个人的一次讨论会遭遇能够给出较好的说明。2003年,我和清华大学经管学院的老师组成了一个共同小组,参加了新加坡国立大学一个关于中国经济体制改革的讨论会。我当时还在任北京大学经济学院的副院长,担任中国小组的组长。记得在东亚研究所的下午讨论会上,该大学一位教授作了中国改革方面的研究报告。其核心观点认为,中国改革开放25年取得的成绩,最主体的部分是中国仿照了——更准确说是照搬了——西方发展模式的结果,中国出问题的地方,都是没有学习西方的结果。该教授不仅使用了统计图表,还使用了苏东转型后所谓的明星经济体——匈牙利和波兰等——的改革作参照,批评中国如果在经济体制改革的同时,不适时(语气上是越快越好)启动类似于苏东式的政治快变甚或极端做法,中国将会消耗掉来之不易的改革开放成果。

我吃惊的并不是这位教授的观点,而是与会者认同他的观点的人数占比。在整个下午的互动讨论中,就我的记忆,没有一个人对该教授的观点表示不同的意见。反而是来自北京小组中的发言,都从不同程度强化了这个教授的观点。我记得非常清楚,有一位同行就抛出了一个观点,说中国十几个人(具体我忘了,大概是11—16中的某个数字)养活一个政府官员。这让我措手不及,这不是在铁板上钉钉子式地佐证这位教授的命题吗?他这个观点有爆炸性内涵,如果不进行政治体制的改造,官员就会吃掉改革的午餐。

我是组长,又不好抢着发言。在总结时,我委婉地对我们小组那个教授关于人口/官员的比例数字作了统计口径的修正。大意是说在我们的统计中,公、教、医、文、宣等事业岗位都算在政府支出内,这一数字和西方口径不同。没想到一下子捅了马蜂窝,整个会议变成了围攻式的唇枪舌剑。这次会议模糊了我在美国念书十年的感受,即具有中国特色的道路演进逻辑,如果要想让国土之外的人相信,必须要有西方人和喝西方墨水长大的人听得懂的语言逻辑来系统地证明。这一次在新加坡的经验告诉我,我自己国内的同行,包括我自己见到的部分所谓最聪明的同胞,也有一部分已经不相信自己民族的制度之根具有经济学意义上的比较优势了。

这种简单比较发达经济就得出最终结论,任何相信中国非发达经济路径意义上的创新都是"土"的或者不入流的思想,恐怕给任何以中国产权为对象的研究者带来了巨大的心理压力。同行们认同你吗?

经过数年的准备,我在2006年和美国伯克利大学的布兰·怀特教授一起对中国产权市场做调研,当时参访了深圳、广州、武汉、西安、天津、北京等六家交易所,得到了他们的大力支持,但其中的艰辛也自难言说。随后的近十年间,走访、调研了全国大部分省级产权交易机构和许多地市的产权交易机构,思考并发现问题、解决问题。自2006年起开始编辑、出版产权市场蓝皮书,起到了前沿热点研究、年度绩效评估、存在问题反映、典型案例分析以及行业发展预测的作用。在理论上,不断廓清产权市场的概念、功能和作用;实践中,参与咨询和规划并创建了若干产权交易所、大宗商品交易所和特种商品交易所,成为中国产权交易理论体系的一支重要研究团队。结集在本书中的文章,是近年来关于产权研究的一些思考,盼能成为攻玉的几块石头。

曹和平
2015 年 5 月

目　录

第一篇　蓝皮书总报告

中国产权市场理论、实绩与政策十年 ………………………………… 3
后危机时期的中国产权市场 …………………………………………… 41
中国增长、长链金融与产权市场边界多元化拓展 …………………… 65
中国产权市场新一轮规范、创新与发展趋势 ………………………… 89
我国私募股权市场流动性环境变化及改进路径 ……………………… 109

第二篇　期刊及图书论文

明清资本市场生成小考：历史视角
　　——明清贸易类企业家通过印局制度突破资本市场边界的启迪 ……… 123
中国产权市场成长小史：市场行为视角
　　——中国产权和技术产权市场的出现及其相对于西方OTC市场的
　　　比较优势 ……………………………………………………………… 132
中国产权市场：资本品交易"范式"的华夏演进 ……………………… 141
中国珠三角地区专业化大宗商品市场交易所化趋势分析 …………… 146
斯蒂格利茨：政府失灵与市场失灵
　　——关于规制的原理 …………………………………………………… 155
广义虚拟经济视角下要素市场业态形式演进的一般规律 …………… 178
中国多层次资本市场创生路径和演化特点浅析 ……………………… 188

第三篇　演讲及媒体专访

我与中国产权市场的缘分 ……………………………………………… 201
我们为什么研究产权市场理论 ………………………………………… 214
研究产权市场我感到很孤独 …………………………………………… 216
为多层次资本市场把脉 ………………………………………………… 219

资产评估亟待从区域性分散化走向规范化 …………………………… 222
产权交易所：走出"麦田守望者" …………………………………… 225
去市场化的"手拉手"交易是滋生腐败的温床 ……………………… 228
产权市场是最具动态魅力的资本平台 ………………………………… 232
资本市场产业链的成长 ………………………………………………… 234

第一篇 蓝皮书总报告

- 中国产权市场理论、实绩与政策十年
- 后危机时期的中国产权市场
- 中国增长、长链金融与产权市场边界多元化拓展
- 中国产权市场新一轮规范、创新与发展趋势
- 我国私募股权市场流动性环境变化及改进路径

中国产权市场理论、实绩与政策十年*

近年来,我国资本市场四大类别——沪深证券交易市场、260家产权交易市场、超出商业期限融资的各地民间资本市场、大型金融机构旗下金融资产管理公司偕跨国金融机构参与下的并购投行类资本市场——呈现出板块式涌动且并行成长的弱收敛态势。这种"外嵌"和"内生"共源的资本市场结构,似乎在重复着我国工业化成长期引致的产业二元结构宿命。通过何种制度辨识才能应对早年发达经济"一源"成长时所未能遭遇的市场整合瓶颈,成为我国产权市场自身发展并贡献于世界资本市场的时代性挑战。

本报告讨论我国资本市场四板块中高速成长的产权交易市场。作为内生的制度因子,我国产权交易所正在以实点性市场群(group spot markets)的方式更改着中国资本市场的收敛和未来均衡路径,也在一定程度上矫正着我们关于发达经济资本市场比较优势的敬畏,更重要的是,催生着我们反思发达经济20世纪70年代后资本品交易挤压区域性实点市场、边缘化OTC市场的制度选择偏颇。从某种意义上说,学了西方三十年,该是将心得体会与中国实践相结合,向世界贡献一点创新性经济和原创性思维的时候了。基于上述考虑,我们用下述五个方面的内容来形成2008—2009年度中国产权市场发展报告:① 中国资本市场四板块及交易构造特征;② 中国产权市场交易构造生成小史;③ 中国产权市场生成的国际比较及现代产权理论的关注偏颇;④ 中国产权市场的增长实绩及累积的宏观经济效应;⑤ 中国产权市场成长与中国资本市场未来。课题组也期冀,本报告能够为迎接上述挑战提供一个理论研究和政策分析的框架性前提。

---

* 曹和平:《中国产权市场发展报告(2008—2009)》,社会科学文献出版社2009年版,第1—43页。本文为《中国产权市场发展报告(2008—2009)》总报告,标题为编者所加。

一、中国资本市场四板块①及其交易构造特征

概念拓展：狭义资本市场与广义资本市场。在主流经济学中，资本市场指由股市和债市组成的证券类交易市场。② 这是狭义资本市场概念。我们适度拓展狭义理解外延，将与消费者产品相对的生产者产品——生产设施及相关的耐用类工具等厂商一次性无法消费完毕的产品的交易包括进来，合称二者为资本市场。③超出作为股权、债券及衍生类性质的证券交易，将其证券化之前的标的资本品交易也包含进来，可称为广义资本市场概念。观察今日经济，广义概念更符合资本市场的实际。

对象辨析：中国产权市场与美国OTC市场构成要件相比，多出了一组内容（见第二部分和第三部分叙述）。其关键的差别在于，美国资本市场在20世纪50—70年代的技术进步路线中逐步挤压掉了区域证券交易所和地方性实点OTC市场，使得经济中交易资本品所需的重要市场资源——亚公共品——被弃置不用。中国产权市场发展弥补了美国OTC市场的这一缺陷，使得中国产权市场的组合除了相当于美国OTC市场中的投行、做市商、信息中介以及全国性网络之外，多出了一群有形的实点性资本品交易市场。因而，我们在目前仍不愿称中国的产权市场为类美国的OTC市场。因为，有形的实点性亚公共品资源的参与，使得中国产权不是低于全国性证券市场的一个区域性证券交易所，而更像是交易不同类型资本品的市场类型，不存在市场化程度高低之分。据此拓展，我们将分别叙述中国资本市场四个相对独立交易板块的构造特征，以期为后续讨论中国产权市场的国际比较、宏观经济效应及其未来发展提供背景性的概观知识。

（一）深沪股市板块及其交易构造特征

我国资本市场第一板块是20世纪90年代起步的深沪市场。虽然上市、交易及日间统计异常繁复，但深沪市场的骨骼性构造并不复杂，可以理解为类似于消费者产品批发拍卖市场的证券交易变种。在批发市场中，一个供货商面对N个采购商形成卖方市场；N个供货商面对一个采购商形成买方市场。将买方和买方市场双向复合，加上一定的限制性条件，就会形成一个大数意义④上卖方和买方个体参

---

① 由于本报告的目的构成，四板块暂不涉及债券和商品期货市场，虽然二者都是资本市场的一部分。
② 严格说，这里还应该包括政府参与的债市在内。
③ 这为我们的叙述带来了一点小小的麻烦，因为恰恰是后者——生产者产品被称为资本品。资本市场不交易资本品，而交易以其为标的的证券类及后续衍生产品的矛盾在于上述资本市场的理解太过于金融工程意义上的技术理解了。事实上，在资产证券化之前的股权类交易，包括资产评估和处置本身，何尝不是资本市场上的内涵呢！不是我们拓展了资本市场的外延，而是拓展了狭义资本市场定义的外延。
④ 具有统计性特征的最低数量要求，亦即不能形成例外分布点的垄断或庄家权重。

与的竞争性市场。纽交所实点性市场是上述市场构造的一个典型构造,只不过今天多数交易所中的喊价和出价过程被电子交易的网状节点替代了。但电子网络交易没有改变这一构造的核心要件:① 大数化要求——供给者和消费者(卖出和买入者)数量多到共谋成本奇高的程度;② 信息瞬时传递——喊价(出价)信息在出价(喊价)者之间透明;③ 均衡价格——单一竞价升华为时点性平均价格;④ 动态市场均衡——交易价格被实时记录以便连续性交易。当交易双方大量存在,且不存在寡头(庄家)操纵时,交易逼近帕累托最优。上述四个方面加起来,使得证券市场更像是"一对多"卖方拍卖和"多对一"买方拍卖双向复合而成的"多对多"的竞争性市场构造(见图1)。

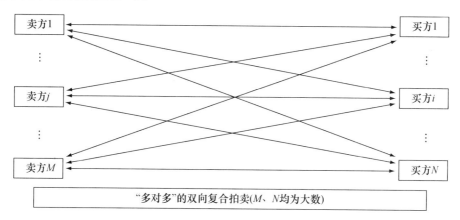

图1 深沪两市竞争性交易构造特征

但是,资本品不是消费品,其异质性(heterogeneity)不在于类消费品的物理差异,而在于同一物理性特征的资本品在价值上千差万别,无法通过工艺技术的积累在流水线上批量生产出来。比如两个冰箱厂家,尽管年销售量一样、技术相同、员工数量一样多,管理团队也大致相同,但市场评估价可能天差地别。原因在于,一个CEO的个人品质,就可能使该企业的价值大大改观。同样,两个等数量的高学历研发团队,产品在市场上的销路可能大不相同。资本品天然是个性化的。为了使资本品便于大宗交易,必须寻找超出其物理身份的替代物——虚拟其匀质性(标准证券化)以满足潜在投资人对资本品的匀质性(homogeneity)消费需求。当异质性的资本品通过收入流评估强行匀质化的时候,只有很少部分的成熟企业和先进技术企业能够满足投资人对未来收入流需求的胃口,且支付得起"豪华整容式"的证券化成本获得上市融资服务。唯一可能的是比较企业的未来收入流,但其贴现值是主观依据今日数据追逐未来"客观"的蹊跷而又蹊跷的过程。只有那些在市场上有着特殊表现(成熟)、未来收入流明显(专门化)的企业才能被匀质化到证券市场上分享长期信用资源。①

证券化是一种委屈企业迁就投资人的市场设计。2008年,我国上市公司总数约为1 625个,同期我国实有股份类企业927.96万个。② 如果股份类企业都存在资本品消费需求而需要融资的话,我国上证和深证两市所能服务的对象仅仅为需要服务对象的0.017%,99.98%的股份制企业没有进场的资质(见表1)。为了迁就消费者(投资人),通过上市过程的狭窄合成孔径设计——证券化过程的成本及收益选择机制——企业被两极分化为场内和场外两类。在证券市场欠发达的中国,二者的比例是1:5 711。在分享长期信用资源上,这是一个堪比欧洲中世纪贵族和平民比例的歧视性制度设计。

表1 深沪证券两市交易制度设计投资者需求偏向

年份	GDP(亿元)	全国企业(不包括外资企业)(万户)	上市公司(个)	上市公司占全国企业比例(%)	期末股票投资者账户(万户)	期末股票投资者账户与上市公司之比
1999	89 677.1	—	949	—	—	—
2000	99 214.6		1 088		5 904.64	54 270.59
2001	109 655.2	—	1 160		6 679.27	57 579.91
2002	120 332.7	708.34	1 224	0.017	6 823.09	55 744.20
2003	135 822.8	741.08	1 287	0.017	6 961.02	54 087.18
2004	15 878.3	782.17	1 377	0.018	7 016.11	51 605.74
2005	183 217.4	821.60	1 381	0.017	7 189.44	52 059.67
2006	211 923.5	881.40	1 434	0.016	7 482.11	52 176.50
2007	249 529.9	923.32	1 550	0.017	11 286.43	72 815.68
2008	300 670.0	927.96	1 625	0.017	12 363.89	76 085.48

资料来源:根据《中国证券登记结算统计年鉴》和国家工商总局网站有关数字整理。

从表1还可以看到,2008年,我国证券市场的开户数量为12 363.89万,用我国641.43万家股份制企业比较,潜在一家企业获得的平均投资账户是19.27个。而1 625个上市企业事实上获得的有效投资账户为12 363.89万个,二者之比是1:76 085。也就是说,当通常认为商业信贷市场上大型企业获得短期商业信用资源数倍于中小企业是一种歧视性制度资源分配时,在资本品市场上,这一不公平则是前者的幂级数倍。制度设计的原理是不要求丧失激励的绝对公平,但也不追求为了少数经济体的激励而造成整体福利上的社会无谓损失(dead-weight loss)。

在发达经济资本市场中,长期信用资源——信用资本资源——的配置也不公平。近年来,美国证券市场上市公司数量也仅仅维持在企业总数的5%左右。证

---

① 关于证券市场的年度综合报告,请参考证监会《中国资本市场发展报告(2008)》。
② 未包括2 917万个也需要融资的合伙人式或注册性(长期)个体工商户在内。

券市场的匀质化制度设计天生不是为企业"平民"服务的,更像是为潜在投资人这个"顾客皇帝"服务的。资本市场的制度设计——证券市场就好像是文艺复兴前人格社会制度设计的翻版:为了消费者"皇权"的存在,将企业制度化为"贵族"和"平民"。经济体的"人格"被等级化了。从制度变迁角度看,压低资本品交易的市场制度成本,而不仅仅是零敲碎打式地改进证券市场交易制度,使得资本品的成本能够变得让95%以上的"平民"企业消费得起,依然是人类资本市场制度设计等待类文艺复兴式革命的补课前沿。纵观发达资本市场,比如美国市场,鲜有这种为"平民"企业设计的制度"原材料"。

(二) 260家产权交易所板块交易构造特征描述

资本品交易的制度资源在一维方向上的忽略或抑制,必然会在另外一维方向上得到珍重和重生。虽然大部分中国人今天还没有体会到自己经济制度具有在另外一维集合上展开的潜力,不可能在自觉的意义上绘制自己经济制度"矿脉"的全景,但在实践中却已经在使用身边的"制度原材料"来生成华夏版式的市场构造了。产权交易市场群三起三落的涅槃再生正是内生于中国资本市场的一个珍贵案例。

从我国产权市场的成长小史(见第二部分)看,产权交易所市场的构造框架有五个要素成分与证券交易市场有别:(1) 资本品一揽子供给——产权交易所市场不重在某个企业股权标准化[①](equity securitization,或称股权证券化)后在二级市场上重复交易,资本品的供给保留企业特定股权(idiosyncratic equity)在非单股化下一揽子拍卖及其变种的交易;(2) 买方(消费者)小众化——潜在的一揽子股权购买者数量不够大数定律要求,因而不具备平均价格特质;(3) 信息半透明——供给者处在信息优势一方,消费者(购买者)处在劣势一方,需要长时间多次反馈(评估、设标、投标、挂牌强制等信息披露程序)才能走向实时交易;(4) 公允但并非均衡价格——一次性拍卖可以在行业内公允的价值上压缩小众消费者剩余,在上限上逼近均衡价格;(5) 离散型行业参照均衡——交易价格被实时记录,但由于不重在重复交易,仅仅作为后续行业交易的参照。五者结合起来,产权交易具备有形和实点市场特征,其构造更像是基于资本品异质性基础上逼近竞争性市场的制度设计(见图2)。

在这样一种制度设计下,那种认为产权交易所发端于国有企业产权交易也必然会终结于国有产权交易,是一种过渡性质的权宜的观点显得有点雍容了。因为,任何非标准化的资本品交易,不管姓"国"姓"民",比如资产并购重组、私募股权置换、风险投资业务、知识产权交易及其衍生类一次性股权等的交易,何尝不是这种市场合适的"嘉宾级"客户群呢?事实上,我国260家产权交易所业务正是上述种

---

① 证券标准化是匀质化的一种类型。

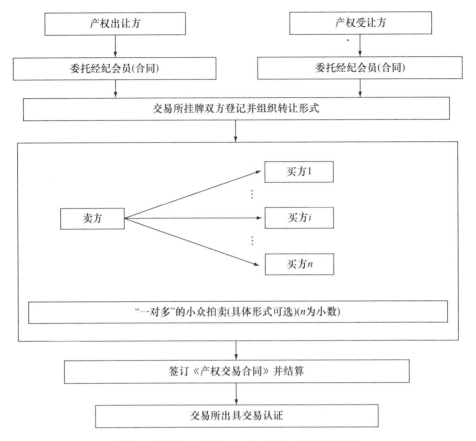

图 2 我国实点性产权市场典型交易构造与流程

种在西方被称为非标准化(异质化)股权交易的总和。如果抛开市场的成熟形式,而从市场的要素成分来看,中国的产权市场比西方的投资银行业务和 OTC 市场业务要丰满得多。在西方资本市场次贷危机暴露出存在市场"恶变"因子,容易酿成金融危机的今天,中国另外一维市场制度下的资本交易市场创新便显得弥足珍贵:谁能说一个新生体上的基因不可以用来治疗成熟体上的癌变呢?

更为重要的是,作为中国资本市场内生的有形实点性市场制度,产权交易市场采用了一种新颖的市场构造"原材料"——有界网资源,或者亚公共品资源。[①] 诺贝尔经济学奖获得者布坎南 20 世纪 60 年代在理论上讨论过这种资源(Buchanan, 1962),引发了 20 年中 300 多篇文章的跟进讨论,可惜的是在 90 年代以后被经济

---

① 亚公共品资源或有界网资源的典型形式是 club goods(其一个近亲性形式是国防资源)。一旦国防资源存在,在一个经济体内未达到所能服务的边界能力时,新增一个人的边际国防服务成本为零。比如美国的国防制度服务三亿人,在其边界能力内,再增加一亿人的国防服务,美国的国防成本并不必然增加。亚公共品资源边界小于整个经济,但大于个体活动空间。

学界彻底放弃了。这种资源形成的生产过程有一个重大的特性就是超越了新古典经济学的生产规律——在网资源边界内,其边际成本为零而不是递增。中国产权市场在交易资本品方面与美国高盛和摩根投资银行集团的最大不同在于运用产权市场的交易平台披露信息,将西方投资银行业务中"一对一"买卖做市商制度变成了"一对多"卖方市场拍卖制度。在中国产权市场上,资本品交易的价格收敛特征在于向竞争性均衡价格逼近;在 OTC 场外市场中,资本品交易的价格无收敛性,交易中介常常运用信息不对称,因此存在最大化信息租的倾向,在极端情形下,信息租的收取可能会演变为杠杆泡沫而引起金融危机(见本文第三部分)。

如果没有 20 世纪 90 年代中国从国有企业资产处置角度入手进行市场改革,没有地方亚公共品资源的实质性参与,这种有界网资源也有可能像美国 70 年代以后放弃地方性交易所、边缘化 OTC 市场一样被忽略而最终放弃。地方性公共部门的实质性参与,引致了有界网资源——亚公共品资源进入资本品交易过程,产生出有形的实点性市场(spot markets)。这是中国产权市场与西方交易同类非标准化股权的比较优势所在(当然,一个环节上的比较优势不是全面比较优势的充分条件)。

2008 年,我国产权交易所的地理分布几乎涵盖了经济区域的全部,这是异质化资本品交易的前提。只有分布地方化了,才有可能为异质化的资本品提供量体裁衣式的交易服务。2008 年,我国产权市场交易量的分布权重由东部沿中部向西部减少,东部和沿海地区的贸易比欠发达的西部地区要高很多。几个例外的地区分别是中部的湖北省、西南的重庆市、东北的黑龙江省和西北的兰州市。这几个地区的交易量超过了和自己经济发达程度差不多的周边地区。可能的解释是,我国产权交易所受国有产权分布权重的影响大。国有产权分布权重较大的地方,交易量也比较大。这并不是一个好的指示度,因为国有产权进产权交易所是强制性制度使然,而不是市场推进的结果(我们将在后文详细分析)。但是,地域性和实点性分布使得服务于异质性的资本品交易在分布上变为可能。

(三)在商业信贷概念下误置的民间资本市场构造特征

将市场作为一种研究对象来看待民间资本品交易,需要在上述关于市场构造是一种特定交易平台式的描述上再深入一步,在市场哲学的意义上了解民间资本市场。长期以来,研究文献错误地把所有民间融资都归在信贷名下,致使一部分长期资本品交易与信用融资归入了商业信贷概念。今天,民间资本品交易调研工作空缺,统计匮乏,几乎是个"养在深闺人未识"的自在经济"人"。

市场是经济人活动的共同场所,制成品可以在市场上交易,但市场却无法像产品一样来交易。不过,在制度意义上,将市场看作是某种群体活动的单子性因子,其供给和需求存在(制度)空间时,市场是可以交易的(Besley, Coate and Loury, 1993)。如果将这种共同场所理解为一种网(这是公共品和俱乐部产品的共同性质),则不同的网资源形成不同的市场形式。证券市场是公共品意义上的整体经济但频段狭窄的市场,产权交易市场是规模上限可达整体经济,同时下限可抵某个流域小区范围的广谱俱乐部资本市场,民间资本市场是私密性质、和流域小区密切结合,有时甚至和血缘相关的极小范围的资本市场。最典型的民间资本市场上的观察形式是温州"炒楼团"的业务形式。在一个有限数量的企业家集团内,找到一个具有资金瓶颈的开发商,以购买多套公寓房的形式来计算潜在的收入流,同时委托开发商销售。这种为卖而买的过程,实际上将搜索项目、市值评估、股权融资、套式楼房计价、多家企业出资等形式复合起来,从网资源的意义上能不说它是一种资本市场吗?据我们课题小组估计,民间资本市场的投资体量约在整个资本市场规模的 25% 左右(但是,这只是一个统计数字极端缺乏下的猜测式估计)。

(四)大型金融资产管理公司偕跨国机构参与的市场交易构造特征

和证券市场借鉴发达资本市场交易形式相比,我国资本市场上的投资银行类的资产并购重组、分拆与整体上市服务以及其他一些资本品交易,其中有一个稳定部分的业务直接由跨国金融机构主持和参与,从制度生成来说,这样一个市场类别的形式来源是外嵌的,不是我国资本市场的内生形式。

大型金融资产管理公司偕跨国机构参与的市场交易是对西方资本市场交易方式的直接学习。美国在 20 世纪 70 年代合并地区性交易所并边缘化 OTC 后,大量的非标准化的资本品交易不再具备公共平台式交易的形式,而是做市商撮合的"一对一"交易。比如,一份待融资资本品到了投资银行那里,投资银行先是和该股权所有者签订保密协议,将该资产进行拆分重组包装后,再寻找购买者签订保密协议。当价格确定后,买方和卖方最后见面。通过这种"一手托两家"的交易方式,做市商可以利用自己在分离情况下面对买卖双方的信息不对称优势,最大化自己的收益——寻取信息租(曹和平,2004)。寻租是某种市场缺失条件下的特定行为。当将中国产权市场上"一对多"的卖方拍卖市场归化为做市商场外市场的资本品交易时,市场行为的收敛途径必定是"一手托两家"的原始"捏猫"[①]交易方式。正是在这个意义上,作者一再强调中国产权市场不是 OTC 市场。"捏猫"交易因信息不对称和寻租方式的不同可以导致不同程度的超额利润。在监管缺位条件下,导致杠杆金融在非标市场上出现,酿成资产泡沫和系统价格崩塌。

综上所述,我国资本市场四板块出现并成长的弱收敛态势,证券市场和大型金融资产管理公司偕跨国机构参与的资本市场属于外嵌式的市场制度因子,产权市场和民间资本市场是中国市场内生的制度因子。中国产权市场的出路在于,如果能和更具草根性质的民间资本市场结合,将会成为中国资本市场贡献于世界的

[①] 在一些少数民族部落,我们仍然可以看到原始集市上的捭客做市制度。一个捭客先和卖主在帽子底下用手势——俗称"捏猫"——谈好要价,再和数位潜在购买者谈好出价,然后选择出价最高者交易,最大化自己的交易收费额。这种方式可以在买方市场条件下相反方向复制。

最重要方面。

二、中国产权市场交易构造生成小史及国际比较

中国产权市场的出现不是一个长时程的演化过程,而是一个诱发于国有企业产权改革的快变甚至剧变式生成过程。20世纪80年代初期国有企业的改革是让价格双轨运行①,但目的不是市场而是激励员工的积极性。这种在激励方式上只允许企业参与消费者产品(商品)市场而不参与生产者产品(产权)市场的简化式制度改革,其有效性必定有限。

(一)序曲:国有企业双分离后激励性改革凸显资本品市场缺失

20世纪80年代后期,乡镇企业(许多民营企业的前身)的成功促使国有企业改革重心从复制承包制转向公司治理结构,产权的重组与流转提上日程,资本品市场出现萌生的土壤。

1."条条"和"块块"②双分离

在计划经济体制下,国有企业由垂直的"条条"行政体系在计划、定价、资源配置甚至工资水平的设定方面实行指令性管理,企业变为政府的生产车间,管理层负责内部资源配置和上下道工艺顺序的管理。除了垂直控制外,企业还需承担相关的社会责任,如提供就业,为员工提供住房、教育和医疗保险等,横向被纳入到与各种社会福利体系相关联的一级行政实体中。"政企分离"解决横向"块块"和纵向"条条"问题成为将企业从制度藩篱中解放出来的前提。有地方甚至更为超前,试图在国有资产的重组与流转方面进行改革尝试。

2."诸城决绝"

1991年,35岁的陈光被任命为山东省诸城市主要领导。在调查熟悉情况时,意外发现绝大多数国有企业处在亏损状态。两分离改革已经实施数年,按理说企业已经是一个经济实体了,为什么利润最大化原则不起作用?经过深思熟虑后,年轻的领导人决定把国有企业卖给企业的员工和管理层。

这是个"一半堪称勇敢,一半可谓慎拙"的举措。说其勇敢,是因为在个人持有国有资产还是一个思想禁忌的时候他打破了桎梏。它又是慎拙的,仅仅为了激励而把资产卖给四堵墙里的内部人。但正是这种模糊性具备了决策美学:在向上级汇报时,可以解释出售国有资产仅仅是为了更好地激励员工;在向员工解释时,可以说从今往后你是为了自己而工作;在向当地政府解释时,可以说出售国有资产

---

① 双轨制:允许国有企业在把规定的定额以固定的低价售给国家后,以市场价销售定额以外的产出。很明显,这样的制度安排就是一个农村联产承包责任制的城市版本。

② "条条"和"块块":当时关于垂直行政部门和地方政府实体之间的两种流行语。

使得地方卸下了一个沉重的财政包袱。然而,诸城经验暴露出激励和资本市场两缺失的问题。当国有产权(资本品)只能在企业内部进行交易时,瞄准激励而没有一个资本市场存在,怎么能够保证企业内部劳动与资本的配置是整个经济中同类资本与劳动配置集合的最优呢?诸城与旧体制的"决绝"在经济学上是一次帕累托改进,但还落实不到市场有效性上。激励制度的改进不能替代市场缺失造成的无谓损失。

在中国产权市场发展上,诸城经验的可贵之处在于,它以典型个案的方式在制度层面上揭示了资本品市场——产权市场(以下讨论二者概念混同使用)内部人化后需要超出四堵墙边界向外部拓展。[①]

(二) 创生记:320个区域性交易所及OTC类实点性市场出世

诸城国有企业的出售具有第三方透明因子——媒体介入。但其他地方出现了问题。作为国有资产所有者的代理人,当地政府,尤其是其中的主管部门、综合部门和主管领导是企业产权超越四堵墙流转的最佳知情人,承担"做市商"角色有某种"合理性"。但更多的时候,他们更像掌握国有企业命运的乔太守,通过下发文件直接"点鸳鸯谱"——指定合并者或收购者。当地政府更多考虑出售国有资产带来盈利能力,以及国有企业升级,或者减轻财政补贴负担等问题。当地政府对国有资产的市场价值发现并不关心,他们经常会指定那些最接近决策权力的人进行重组合并,导致寻租。如果缺失的市场复位,是否能挤压这样的寻租损失——国有资产的流失呢?后续的市场发展以未曾预料的方式回答了这个问题。它一方面暴露美国OTC市场成长的制度偏差,但又由于中国资本市场带来的贡献和教训参差,目前还无法称为一种成功的模式。但其成长蕴含了人类资本市场当代和未来发展的全方位内容。

1. 内部人和外部人权证(法人股和流通股)

从20世纪80年代后期开始,不少地方开始尝试股份制试验。在银根抽紧时期,公司通过对内部员工发行股权证来集资。股权证上注明股息和到付本金的时间,事实上等同于公司债券。多数情况下,股权证上还同时注明股东权益,所有者在偿还期前拥有对资产和未来收入流的控制权。这实际上是一种内置了股转债的特种非流通股权。具有资本市场成长吸引力的是,非流通的股权证具有和股票一样的单元形式,可以拆分为上交易所流通的资产。正是由于这种股东所有权、债权和潜在交易权的含混不清,它们没有在交易的意义上挑战法律的底线——出售国有企业是被法律禁止的。但如果允许在市场上交易,它们将具有足够的流动性。更为深刻的是,西方发明的债转股资本品交易形式在我国实践中被反时倒置,变成了股转债的衍生品形式。这是内部人市场规定的衍生品形式和外部人市场内含的

---

① 参见熊焰:《资本盛宴:中国产权市场解读》,北京大学出版社2008年版。

衍生股权天然的逻辑排序吗？不管内含逻辑如何，股份制试点改革为萌生超出内部人市场的外部人市场奠定了交易的衍生载具基础。

到20世纪80年代末的时候，四川省开始进行股份制企业的规范性试点：把内部人拥有的股权证（债券）更改为具有统一规范的股票或股权证（标准化）。此外，这次试点还向社会发行了一些股权证和股票（称为原始股票）。类似的试验在全国各地一个3—5年的期限上以不同的版本试行着。

2. 规范性试点条件下的限制性均衡

中央政府谨慎但密切地关注着试点可能出现的变化。1992年，国家体改委颁发的《股份有限公司规范意见》规定，公司内部员工持有的股权证不得向公司以外的任何人转让，即使在公司内部，在公司配售后三年内也不得转让。在这样的规定下，股票实际上仅仅是为了筹集资金和提高激励，不拥有交易权的产权。对于在深圳（1990年）和上海（1991年）证券交易所挂牌的上市公司，只有外部人（大部分是金融机构投资者）的股票允许交易买卖，造成事实上只有占总股本三分之一左右的外部人持有的股票在证券市场进行交易。这种重在向机构投资人和法人开放市场为国有企业圈钱（帕累托改退的一种形式），而忽略经济人个人行为和市场培育的做法是非常短视的。其结果是，上海和深圳的证券交易清淡。多数股东也认为他们的股票只是带来红利的权证载具而不是交易载具。由于内部人股票无权交易，企业产权类交易受限制。我国证券交易所的所谓连续交易形成的均衡价格实际上是一个受限制的均衡，扭曲了市场本来供需变量的互动形式。

3. 市场上分散的个人行为整合为群体性行为

与此同时，大量没有上市的股权证在等待交易的机会。1992年，上海和深圳的证券交易市场开始繁荣，手持非流通股的人意识到，他们除了对企业未来收入流拥有分红的权利，还有交易的权利。随着深圳和上海证券市场股价的上涨，非流通股股东意识到通过地方性市场可以使自己股票的交易权利得到实现。从资本市场的联动角度看，这是地方性资本市场和全国性资本市场整合的一次内部冲动。

同年4月，内幕消息透露，四川盐业化工集团有限公司将在深圳上市。投机者在四川盐化的所在地乐山以及成都高时以1∶10的价格收购股权证。很快，购买扩展到其他被认为将来可能上市的股票。到7月和8月，上海和深圳证券交易市场的行情火爆，联动乐山和成都交易。交易者聚集在成都当时的证券交易中心所在地"红庙子"街上，寻找有潜力上市的股票。在很短的时间内，交易者不断地买入和卖出，形成制度冲击诱导的实点性市场。

作为与深圳证券市场联动的实点性场外交易市场（over-the-counter spot market），红庙子市场似乎在验证主流资本市场理论的结论：这只不过是重复发达资本市场的脚步而已。但后续发展证明，一些活生生的制度素材被主流经济学的过滤器屏蔽掉了。

红庙子市场在等待着一些内生于自己市场的制度创新。地方交易不可能像深沪两市的运营团队那样,具有"洋教头"贴身教练的天时和地利。在当地,企业发行的是实名性质的股权证。如果股权持有人在实点性市场上打算行使自己的权利,他必须出示自己的权证和身份证明。在国家法规不允许交易非流通股的地方性资本品市场中,买家付款购买股权证后,必须还得有和股权实名相配的身份证明来在法律上保护自己买得的非流通股权,否则可能无法在法定允许上市前行使自己分红和投票的权利。交易者的第一种选择是,出售股票的同时出售自己的身份证。也确实在一段时间内,卖方连同自己的身份证一起将股票卖掉了。从某种意义上说,在缺乏法律保护交易的市场中,身份证原件成为保护持股人权利的制度替代工具。

这种替代制度的成本是高昂的。伴生的制度集合缺位,替代性的制度必然诱发种种组合上的漏洞。在红庙子市场上,身份证交易在交易者之间诱发双重的道德风险(moral hazard)行为。每个人只有一个身份证,如果出售,买方不仅得到了卖方的身份证明来行使股权权益,而且还可能因买方非法使用卖方的身份证受到损害。起码,一年住宾馆和坐飞机的权利受到伤害。另一方面,如果卖方到公安局,声称身份证丢失,并申请一个新的身份证号码的话,买主可能无法履行其应有的权利。双重道德风险合同潜在的行为均衡是逆向选择,交易趋向于零——市场不可能超越同事,邻居,好朋友之间,是一个变种的内部人市场。

更好的解决方案是在保护对股权控制能力的前提下规避上述双重的道德风险行为。1992 年,市场上的交易者开始接受身份证的复印件。使用身份证复印件而不是原件来履行自己的权利,卖家无激励去声称自己丢失了身份证。这个简单的创新消除了股权转让过程中必须使用身份证原件的限制,让现货市场扩张到了之前从未想象的范围。据估计,当时大约每天有 10 万人次,高峰时每天约有 30 万人次在进行交易。

当市场交易接受身份证复印件消除交易者之间的行为冲突——道德风险之后,交易者个人的发散性行为整合为同一方向,群体要求接受使用复印件登记。个体性行为整合为同一个方向时,外部人市场的创生具备了前提。

4. 320 个区域性交易所及 OTC 类实点性市场的创生

到 1992 年年底,红庙子地方登记部门开始接受身份证复印件作为有效的身份证明。大致相同的时间,类似的资本品实点性市场的整体行为在全国出现。实际上,类似红庙子市场的资本品交易只不过是"诸城交易"序曲后外部人市场的创生一幕而已。不管是国有产权交易,还是非上市流通股权证的交易,都在一个大体上相同的时间出现了。早在 1988 年,武汉就开始提供企业兼并和收购服务,这是一个实点性的初级场外(OTC)市场,但瞄准的却是比其更进一步的 OTCBB 网。到 1990 年,北京成立了证券交易自动报价(STAQ)系统;1993 年,淄博市设立了一个当地 STAQ 系统(ZBSTAQ);同一年,在深圳特区,建立了全国电子交易(Net)系统。据估计,到 1993 年年底,大约有 320 个 OTC(场外市场)类、OTC Pink(实点性场外市场)、OTCBB(实点性场外市场跨区域联网)的实点性市场。有的更具雄心,还想成为 OTC 全国联网 NASDA,加上 Q(quotation)之后,变成中国版的 NASDAQ,全国券商交易协会建立自己的网络,挑战具备全国性质的证券市场。事实上,这是对资本市场理论理解缺乏体系式理论支持的模仿。

320 个区域性交易所及 OTC 类实点性市场出世是一个交易实点市场创生的战国时期。但同战国时期多数诸侯国一样,它们瞄准的是 OTC 市场网和全国网的类垄断资源,对 OTC 本身的场外交易是不感兴趣的。这埋下了一次市场坍陷并被中央取缔的种子。

(三) OTC 群类市场制度涅槃与 320 家产权交易所的重生

320 家 OTC 类区域性试点交易市场的创生的制度逻辑是,中国资本市场可能会重复美国资本市场第二次世界大战后的步骤:先在 20 世纪五六十年代形成一个多层次的市场体系,然后在 70 年代以后走向整合,边缘化实点性的 OTC 市场,将 OTC 区域网和区域性交易所整合,通过全国性质的做市商协会形成一个类似 NAS-DAQ 市场的证券市场,让投资银行类的企业性融资机构去从事剩余的资本品交易。然而,中国的资本市场的展开并未收敛到这样一条道路上。

1. 320 家区域性 OTC 类市场的制度涅槃

在股权证的交易上,中央和地方利益存在着冲突的一面。中央关注的重点不是出售国有企业,而是使国有企业盈利、强化管理、增加税入。如果出售的话,中央更希望在上海和深圳证券交易市场出售。只有三分之一的股票在市场上交易,不会威胁中央对国有企业的控制权。此外,深沪两市直接由证监会监管。如果有一个蓬勃发展的国有企业产权转让的市场,必须置于中央的直接监管之下。而 320 家产权交易所为地方所管辖,国有企业资产的转让有可能脱离部门的控制,不仅威胁到上海和深圳证券市场交易量,同时使中央政府失去对国有企业的控制。种种考虑之下,中央部门不愿意地方在身份证复印件等问题上让步。

相比之下,产权交易所对地方有两种好处:一是吸引短缺的资金和储蓄留在当地;二是国有企业产权有可能加快重组,减轻地方财政预算负担。二者结合起来,地方对中央限制产权交易扩张的举措缺乏认同。再者,接受身份证复印件已经执行了一段时间,如果被禁止,以前的交易无法承诺,市场可能萎缩,触发社会动荡。基于以上原因,各地交易所在地方的默许下继续存在并在一定程度上得到了发展。

意想不到的是,随着市场的扩大,实点性市场在某些地方走到了反面:① 许多员工、教师、学生甚至官员也到这样的市场进行交易,工作和学习时间不能得到保证;② 内部信息与金钱和权力之间进行交易;③ 当地银行的储蓄被提取出来用以购买股票,对商业借贷市场影响明显;④ 未经授权和没有任何信息披露的公司在当地市场上发行股票并进行交易。例如,一家中心医院未经授权批准,擅自发行内部股票,一度以 4 元每股的价格出售。当人们发现医院和保险公司类行业不允许发行股票后,冲到医院要求赔偿,并到当地政府所在地和一些公共场所抗议。在当时,因擅自发行股票而引来混乱的并不是个案。

此类事件为中央和地方在实点性市场的离散性利益提供了协调的机遇。1993年3月,国务院下令禁止未经正式许可发行内部股票,并要求地方政府采取措施制止非法交易并限制交易场所的活动。在地方利益也受到伤害的条件下,地方政府开始采取行动打击非法交易。股票交易及其形成的实点性场所在中国失去了存活的基础。1998年,各地的交易所减少到30个。地方政府为这些市场相关配套的机构也被解散。

中央政府在1998年东南亚危机爆发后,将从国家层面上指导和参与交易所交易的机构——国有资产监督管理局解散。萌生于中国资本市场的交易市场群在制度意义上归于涅槃。事实上,留下来的交易所和被关闭的交易所在类别上不同。30多个交易所实际上是在政府某个主管部门支持下,多数从事国有资产处置业务,在红庙子自发市场大爆发的时候没有过多地参与股票交易。换句话说,公共部门基因权重高的交易所留了下来。

2. 涅槃再生:在技术产权交易市场名义下的制度重生

制度集合可以打散,但合理的制度因子具有生命力。当实点性市场上分散的个体行为指向同一个方向时,交易个体的互动对象不再是集合中的个体,而是公共登记部门。市场中的公有因子(群体行为)向部门中的公有因子(立法制度)要求确定拓展了的资本品交易的市场边界——不能将其限制在诸城的四堵墙内或者红庙子中亲朋好友及街坊邻居形成的内部人市场之中。

3. 公共品资源短缺与市场缺失

如果承认身份证复印件登记的合法性,市场的规模就扩大了。但是,能不能防止一个类中心医院的发行股票的行为呢?显然不行。接受身份证复印件登记后,新的持股人再行交易具有合法性。当潜在的购买者从新持股人手中购买股票时,他可以到一个政府立法规定的身份证认证中心——比如国家安全部门的数据库中心——去验证持股人的身份。但如果一个企业的股票是非法的,即使政府立法要求工商部门将数据库公开作为认证之用,也无法保证该股票是真实的。因为工商局的企业数据不是连续性实时数据,该数据库无法提供市场交易要求连续数据认证的服务。这种能够为市场交易服务的具有公共品性质的资源是短缺的。

如果有一个超级数据库和机构可提供真实信息,核实身份证和股票原件,以确认复印件是否可以被现有主管部门(政府部门)和法院以法律的形式接受,市场的边界可能会进一步扩大。但是,公共部门在当时没有这个能力。通过市场方式,比如说通过个体行为集合为群体行为的方式建立数据库,可能是一个要走完发达经济资本市场历程的漫长过程。通过私人企业性的公司,沉淀成本又太高,一下子无法完成。换句话说,在中国20世纪末的时点上,中国经济中的公共部门和私人部门都不可能提供市场要求的认证服务。数据库和立法等公共品性质的资源缺失导致认证市场的缺失,认证市场缺失导致320家实点性市场拓展后的不可持续性。

4. 资本品交易在技术产权所名义下的基因变异与重生

2000年前后,国家扶植高新技术产业,技术产权交易平台出现。技术交易平台恢复了一些原来在产权交易所的成熟交易方式和业务。这一时期,由于国有产权处置方式具有一般资本品交易的普遍性,地方政府尝到了产权变革在企业重组和再生方面带来的好处。一些发达地区地方的政府以国有产权阳光交易的名义不同程度地恢复了部分交易所。从2001年开始,各地建立技术产权市场。到2003年,各地交易所的数量又达到了近200家,业内称为产权交易的"二次革命"。

事实上,部分被解散公共部门的员工并没有退休。技术产权市场为已解散的原产权机构员工以及管理人员提供了再就业的机会。据估计,原国有资产管理局从中央到地方有数百人被解散后,仍然关注产权交易事业,有人甚至动用个人储蓄召开相关政策会议。由于技术产权交易的发展,他们的部分专业能力被很好地利用起来,也有不少人被技术产权市场重新雇用。

多年来的发展和融资困境让很多地方政府意识到,上海和深圳证券交易所提供的服务量远远不能满足各地的融资需求。十多年来,两个交易所的上市公司不到1000家,但在全国估计有70万—100万家符合直接融资标准但无法获得直接融资渠道的企业。各地公司的规模和数量在不断增加。技术产权交易所是一个恢复产权交易的理想通道,地方科技和相关部门成为理想的恢复载具。产业发展需要科技市场和地方政府发展需要科技融资使得中央和地方的利益又处在同一个方向上。某种程度上,20世纪90年代后期集体涅槃的OTC类市场基因被移植到了技术产权交易市场。

在产权界的努力和地方政府的支持下,国务院在2003年的3月21日颁布《企业国有产权转让管理暂行办法》,大部分被关闭的OTC类市场在产权交易所的名义下得到恢复。据估计,即使有合并和重组,实点性的产权交易所和技术产权交易所的数量也在260个左右。我国产权界人许多可歌可泣的集体努力最终在国家机构层面得到回馈。2003年3月,国务院国有资产监督管理委员会成立,在恢复原国有资产监督管理局部分职能的条件下拓展了许多新的职能。但是,国资委不是国务院组成部门,而是管理国有资产的特设机构。由于特设机构用词的模糊性,管理职能也打了折扣,在与其他部门的职能分配中处在一种职能弱势位置。

260家实点性产权交易所的恢复和持续存在所显示的制度内生变量表明,中国内地资本市场的成长宿命不像"新、港、澳、台"经济体(包括南美经济体等)那样,外嵌的成分过多,抑制甚至替代了民族经济制度基因持续存在的空间。

三、中国产权市场的国际比较及主流
产权理论的绝对主义两分法

我国产权市场交易构造及其成长小史告诉我们,和市场上交易的产品不一样,市场是一种同交易产品共存的公共资源。

市场是一束具有公共品性质的制度集合——网或者场资源。在一类条件下,即在没有达到其服务边界的条件下,每新增一份交易服务的边际成本为零;在另一类条件下,每新增一份服务的边际成本为负。比如,一个互动性数据库使用的人越多,伴生在数据库里互动者的信息越多,新增一份服务,质量提高而成本反而降低——典型的公共品或者俱乐部产品性质,或者说是网或者场资源的性质。当然,有些公共品是通过私人协调的版式(privately provisioned)提供的,比如市场上的群体行为;有些是通过公共部门立法的版式(publicly provisioned)提供的,比如登记部门的规定或者立法。市场作为场资源的概念是抽象的,但这种场资源的存在是真实的。

(一) 中国产权市场生成的国际比较

在市场变量的成长年轮中,和发达经济资本市场具有较长时间的演化(evolution)历程不同,中国产权市场的交易构造是个生成(generation)过程,疾风暴雨式的快变时点频频出现。

1. 中国产权市场生成于生产性而发达经济演化于贸易性资本品交易

从生成上看,中国产权市场中厂商生产性资本品交易特征浓厚;发达经济厂商贸易性资本品交易浓厚。中国产权市场始发于国有企业增效改革中资产重组、股权置换与融资的需要,其生成过程重在所有权转变性质的交易和流转,是个偏重于生产性资本品交易的市场。生产性资产处置过程的评估、分拆、重组、信息披露、交易方式选择、登记过户和认证托管等构成市场要件。发达经济的资本市场起步于18世纪厂商跨大西洋贸易类资产交易,股权担保、债务抵押、风险处置等构成其市场要件。18世纪跨海跨境贸易通常从美洲进口欧洲制造业所需的原材料,然后将制成品出口到美洲。超出商业信贷期限的贸易信贷产生担保业务。同时,由于英国和美洲的贸易法衔接很不完善,陪审团常常相当主观地对贸易纠纷进行判决,遂产生绕过司法诉讼程序,通过股权置换、存货抵押等非法律途径屏蔽道德风险的业务方式来规避争端出现的概率。当私法(合约和信用)维系的长期关系使跨洋贸易出现紧密个人关系网络,并存在大量关于贸易伙伴和市场的信息积累时,风险处置变成一种可交易的市场过程:市场通过演化的方式形成了。

2. 有形实点性资本市场在中国拓展的同时在美国受到挤压

中国产权市场发展揭示出有形产权市场有其存在的合理性。产权交易所在提供给交易者平台——网或者场资源的时候,事实上是提供了一种新增服务边际成本为零的公共资源。比如,产权交易所交易的客户越多,客户资源越多,一份资本品寻找购买者的概率越高。同时,该资本品交易登记、挂牌、安排交易的成本在交易所服务能力上限内并不会增加。当然,一个历史悠久的投资银行的数据库和客户服务网也能做到这一点。但是,在典型的竞争性市场上,该市场的公共资源为所有参与者共同供给,共同拥有。在满足阿罗-德布鲁条件①时,没有人可以将这个市场据为己有。在产权市场上,如果一家投资银行性质的做市商企业拥有数据库和客户资源的话,这个市场是为单个经济实体拥有,该企业有可能会为了最大化做市商收益,将这种类公共资源拿来制造信息不对称,从而造成整个经济的无谓损失。如果有一个地方性公共部门参与的话,其目标不是最大化单个交易收益而是整个地域交易总量的收益,制造信息不对称的激励转化为披露信息的激励,带来帕累托意义上的改进。这正是中国资本市场内生制度效益超出美国资本市场的内在竞争力所在。当然,有人认为这种公共品资源不是在美国的全国性资本市场上,比如纽交所和纳斯达克表现得更为充分。我们的观点是,全国性市场在标准化交易上确实具有更大的公共品性质。但是,标准化交易在追求交易的单元化一般性时,放弃了非标准化的一揽子特殊性。而这种一揽子特殊股权的交易在资本市场上的存量比标准化交易存量大得多。这一类型的交易正是需要亚公共品,而不是放弃亚公共品。

美国资本市场在20世纪70年代的制度选择挤压了地方有形资本市场存在的空间。二战后制造业的大爆发导致美国生产性资本品交易占据主流,跨国跨境贸易点上的贸易长期融资向生产性资本品融资偏重,但偏重的是融资而不是股权的处置和让渡。厂商的商业性资本品交易——信用融资,和生产性资本品交易——股权融资在产业大发展时代并行成长时,全国性的市场和地方性市场出现联通整合的趋势。这和红庙子市场与深圳市场整合的动力机制是一样的。

这一时期,美国前后出现近百家实点性资本品交易所。除了早已存在的全国

---

① 阿罗-德布鲁条件,一百多年前,瓦尔拉斯(Leon Walras)提出了一般均衡理论,但他的数学证明有误,阿罗(Kenneth Arrow)与德布鲁(Gerard Debreu)在一篇著名论文"Existence of Equilibrium for a Competitive Economy"中给出了一般均衡存在性的数学证明。

在严格的假设条件下,阿罗和德布鲁指出,有一组确定的解能够同时满足一般均衡方程组。并且,在总量水平上,供给与需求同时均等地决定价格。另外,在阿罗-德布鲁模型中不需要有固定的生产系数,也不必有一致的利润率。他们还指出,在模型的假设条件下,一般均衡状态在完全竞争经济中是可以达到的,并且使之达到均衡状态的价格和产量不是唯一的,只有相对价格的变化才会影响消费者、厂商和要素拥有者的决策。如果所有市场在一组价格下处于均衡状态,那么所有这些价格都以同样比例上升或下降后,这些市场仍然处于均衡状态。

由阿罗和德布鲁所描述的一般均衡公式的合理和严密的方法产生了巨大的影响。他们所使用的数学方法至今仍是数理经济学最重要的工具,对第一和第二福利定律以及帕累托最优性的证明也是具有启发性的。

性股票交易所——纽约证券交易所和美国证券交易所之外,以自有资金与交易量相比小于0.5%为证券交易所来衡量。美国在1953年时有13家大区性证券交易市场,有三十多家中心县及以上中心实点性交易市场,几十家更小的兼有OTC柜台交易和投资银行业务的"一对一"实点交易的半市场。大区性证券交易市场一般挂牌地方性的企业股票,同时也重复挂牌在纽交所和美国证券交易所上市的当地企业股票(Walter,1957)。由于实点性市场大发展,美国一家1913年成立的私人性质的市场信息咨询机构,国家交易信息摘报局(National Quotation Bureau, NQB)——今天OTC粉单的前身——得到快速发展,摘报了全国五十多家中心性质以上证券交易市场的情况。到1963年的时候,商业结算出版集团(Commerce Clearing House,CCH)购买了NQB,将其变为一本刊物。为了应对报价摘要变为刊物后联系券商信息交流平台的缺失,地方性实点市场中从事投行业务和经纪业务的中小型券商成立全国券商协会(National Association of Securities Dealers,NASD),今天改称金融行业规制仲裁机构(Financial Industry Regulatory Authority,FINRA),协会下设全国券商协会证券市场报价系统——NASDAQ——一个各地交易所实时报价系统。全国性证券交易所、地区性证券交易所、有形实点性OTC类资本品交易市场、分散在各地各行业的投行类中介、信息中介报价出版商和行业协会下设的全国性实时报价市场(不是后来的实点性全国纳斯达克股票市场),构成了20世纪五六十年代美国资本市场的全景图。

但是,美国资本市场在20世纪70年代的演化过程放弃了区域性有形实点市场的公共资源成分。两个方面的原因导致了美国资本市场的演化方向改变。一方面,大区性证券交易所,比如洛杉矶交易所,与全国性证券交易所相比存在比较劣势。虽然上市成本比较低,但挂牌的股票仅仅具备地方融资能力,无法吸引大区外成熟企业进入市场。重复挂牌在全国性市场上市的当地企业股票由于市场规模小,处在竞争劣势。另一方面,大区性交易所和地方性OTC市场相比也存在一个劣势。地方性OTC市场得以持续的重要原因在于做市商的贡献。和经纪商不一样,做市商更多的是投行类中介或者其下属专业部门,具有一定的数据库和信誉优势,这些做市商一般不愿意推荐自己的大客户到大区性交易所上市,因为一对一的交易可能带来更丰厚的报酬。另外,处在成熟期以前的企业,在会计报表、税务漏洞规避和保密、主营业务咨询、融资和资产处置方面更需要特殊的信息服务,而一个公开信息的交易所平台不具备这种服务特质,使得大区性交易所也处在劣势。

20世纪70年代前后,技术进步使得纳斯达克实点报价具备交易后瞬时连续记录的能力,使分散的散点交易集合为全国性交易变为可能。1971年,纳斯达克在自己对区域交易多年报价的基础上建立全国性的纳斯达克股票交易所(stock exchange)。第一个交易日的上市公司有2 500多家,表面上是为那些不具备上市标准的企业提供一个交易平台,实际上除了OTC市场的企业之外,各地交易所中最好的企业也被拿到了纳斯达克市场中。由于报价面向全国,同时又发布实点交易记录,纳斯达克市场实际上是一个股票市场。其后果是,大部分地区性证券交易所遭遇滑铁卢。1986年,纳斯达克交易所中的主板和创业板分离。1994年,纳斯达克交易量超过纽交所。1998年,纳斯达克市场与美国交易所(American Stock Exchange)合并,交易形式上成为纽交所第二,OTC 的特质成分丢失了。美国券商协会在挤出地区性交易所市场的同时,将实点性 OTC 市场中优质业务和券商吸引到了纳斯达克全国市场中。高风险、高回报的交易让给了场外投行、风投、私募股权等中介性企业类金融机构(无市场类制度监管),剩余的"近垃圾性质的"股权交易使得实点性 OTC 市场边缘化了。

2009年,美国纳斯达克股票日均交易量约为134亿股,加上大约89.3亿股纽交所成交额,OTC 市场(见表2)仅仅为两者之和的16%,边缘化态势非常明显。

表2 美国场外交易市场时点统计　　　　2009年5月1日

	股票数	股票成交额(美元)	股票成交量(股)
OTCQX	59	39 483 770	2 360 215
粉单 OTC 市场和 OTCBB	3 564	26 903 087	1 588 719 814
OTCBB	101	46 495	67 348
粉单(即期)	1 385	223 389 705	79 465 752
粉单(限制性)	627	15 905 610	738 848 503
粉单(无信息)	3 472	5 738 255	1 159 832 862
总计	9 208	311 466 921	3 569 294 494

资料来源:根据 OTC 粉单和 OTCBB 网统计整理。

(二)美国的反思与发达经济产权理论关注重心的偏颇

中国产权市场生成和发展过程的研究表明,产权理论研究的一个重要方面应该是作为交易权的产权而不仅仅是作为所有权的产权。遗憾的是,由于发展时间相对短暂,国内主流经济理论研究尚未关注到这一可能更正世界资本市场发展方向的理论试验田。更为遗憾的是,美国资本市场长期发展重在企业的贸易性资本品及融资,对跨区域性质的全国性资本市场更为关注。这一方向的研究走进了金融工程的技术细节——衍生品类的设计和衍生品市场交易模型。在市场一般理论研究中,比如将20世纪50年代阿罗-德布鲁完全竞争市场由消费品市场拓展到资本品市场的研究,则被完全忽略了。作为交易权的产权的研究在一般均衡市场理论中找不到影子。

1. 美国金融危机后的反思

美国在金融危机后初步的反思是,第二次世界大战后当无法被标准化的 OTC 市场中股权类资本品交易在20世纪70年代市场合并时交给投行后被"去市场化"

了,蜕变为原始化的"捏猫"式杠杆交易。当"捏猫"交易披上了现代投行的企业制度外衣时,对投行类金融机构的企业类监管就等于对"捏猫"原始交易市场无监管。"去市场化"和"去监管化"使得杠杆金融倍数膨胀,从初期的数倍到后来的8—12倍,再到30—50倍,资本品交易被严重泡沫化了。少数投行收获了巨额的利润,整个社会为这种危机买单。

2. 理论上的原因

去杠杆化和监管缺失的原因在于,美国信奉的理论天条是自由主义市场经济,其典范模型是阿罗-德布鲁宇宙中的"好学生"美国经济。关于产权理论的研究虽然得到了诺贝尔奖,但都是以为完全竞争模型中的阿罗-德布鲁经济寻找产权清晰的制度为前提的。产权思考不可逾越的最高原则是科斯定理:当产权归属清晰明确时,不管把资产的所有权定义给谁,阿罗-德布鲁模型都会把帕累托最优的结果带回给经济。而且,市场最优的效益和市场分配的后果是绝对两分的,当阿罗-德布鲁经济的前提产权清晰等被满足时,分配也是最优的。

3. 东西方产权概念的语义辨析

产权(property right)是个舶来品,在中文中被译为产权,虽然"产"是标的,"权"是标的所有权,但在经济学文献中,二者被融为一个词,既指所有权的标的对象,也包含对该物理对象的控制所有权。其中,"property"是指标的对象的物理存在,而"right"是个法律用语,是权益。当二者结合在一起的时候法律含义非常明确,是指对一份资产本身和未来收入流的控制权力。我国包含两重含义的产权交易,在美国人听来是一头雾水,尤其是听到产权交易所的时候,自然而然反应出"Property Right Exchange"是不是一个法律性质的衍生品类的权益交易所。正是中国这种二词合一,使得中国人在谈产权的交易时,很自然地理解产权及其标的物交易。也正是美国的一分为二,使得西方发达经济在讨论产权理论时,强调重在所有权而较少讨论交易权。

(三) 当代作为所有权的发达经济产权理论简述

在西方,产权理论的研究偏向了所有权及更广泛的制度含义。产权的交易含义被忽略了。当代对产权重要性最热衷的鼓吹者大概就是德索托(Hernando de Soto)[①]。他认为资本主义制度的取胜之道在于完备的产权制度使得"僵死"的资产(assets)能够顺利转化为资本(capital),而这正是发展中国家所缺乏的。

德索托认为,完备的产权制度有六个方面的作用:第一,它把资产的经济潜能固化下来,从而把资产从其自然物理的空间转入资本的概念空间,而在这个空间里资产的全部生产潜能才体现出来;第二,它把分散的信息纳入一个正式的统一系统

---

① 德索托(Hernando de Soto),秘鲁经济学家,以在非正式经济和产权重要性上的论述知名。观点选自他的畅销书:*The Mystery of Capital*:*Why Capitalism Triumphs in the West and Fails Everywhere Else*。

之中,因为分散的信息限制了资产所有者将其资产转化为资本的想象力;第三,它使得人们在资产的处理和与他人的交易中负起责任来,因为正是产权制度的缺失使得有利可图的交易和信用、保险等服务无法进行——当人们没有财产可以失去时,也就不能成为可信任的交易伙伴;第四,它使得资产具有可替代性,因为正式的产权表述使得资产的比较、组合、分割和转移成为可能;第五,它使经济中的个人形成一个人际网络,正如发达国家中的财产系统是一个复杂的联系网络的中心,它使得普通的公民们能够与政府和私人部门建立联系并且获得额外的商品和服务;第六,它保证了交易的安全性。而这些都有利于经济的增长。

1. 发达经济的产权定义

产权有很多种定义,比如 Barzel(1997)认为产权有"两个截然不同的概念:经济产权与法律产权。个人对于一个商品或者财产的经济产权是指个人的一种能力,即未来直接消费这个商品或享受财产所提供的服务的能力,或者通过交换来间接消费的能力。这些能力包括:使用财产的权利、从财产获得收入的权利、与其他个人签订合约的权利和永久性地向另一方转让所有权的权利。法律产权则是指被政府认可并保障的产权"①。

产权理论的奠基人之一 Armen A. Alchian(1965,1977)将产权定义为"排他性地决定资源的用途的权威(权力),而不管资源的拥有者是个人或政府……由礼仪、社会习惯及社会排斥的力量和国家暴力或惩罚为后盾的正式的法律力量所支撑"。这一定义在概念上更广泛,也包含了法律方面的概念以及引导人们行为的社会习俗。相对于国家或政府产权,私人产权在决定资源的使用权之外还有另外两个属性:"一是排他性地享用资源所提供的服务的权利;二是通过交换或者礼物的形式,以所有者决定的价格委托、出租或出售权利的全部或任一部分。"以上三种属性被 Alchian 认为是私人产权的三个基本要素。

Alchian 认为,私人产权的最基本目的和成就在于"消除了对于经济资源控制权的破坏性的竞争。明晰界定和完善保障的产权以和平的竞争手段替代了暴力的竞争手段"。国家财产权是没有价格的,因而人们无法通过购买产权实现把资源用到更好的生产用途的想法。由于这些代理人既不会因为财产价值的增加而获利也不会因为价值降低而承受损失,他们不会有任何激励去关注市场价值的变化。因而这些国有资源的使用更多地受到代理人个人的性格等特征的影响。

2. 关于企业的产权理论

企业理论一般认为起源于科斯 1937 年的开创性文章——《企业的性质》(The Nature of the Firm)。在这篇文章中,科斯认为企业的存在、企业的界限和企业的内部组织可以通过把"使用价格机制的成本"引入经济学的分析中来解释:因为市场

---

① 举例而言,一个小偷对于他偷的物品不具有法律上的产权,但是却具有事实上的经济产权。

运作的成本不为零,从而企业作为另一可行的交易模式存在。三十多年后,四篇开创性的文章引领了现在的企业理论的四个分支:交易成本经济学(Williamson,1971),产权理论(Alchian and Demsetz,1972),代理理论(Ross,1973)和团队理论(Marschak and Radner,1972)。这些理论的缘起可以说都是因为对新古典经济学企业理论的不满。

新古典理论认为市场就是斯密"看不见的手"(价格机制)最有效率和无成本地协调经济活动的经济系统,因而稀缺资源被使用在最有生产力的用途上,最终市场达到帕累托最优的产出和分配结果。从而在新古典经济理论中企业的存在就是一个悖论:相对最优的和无成本的市场调节机制,为什么需要企业呢?反过来说,企业的存在——作为市场价格机制的补充或替代,必然是因为价格机制不能最优地或无成本地调节经济活动。

3. 新产权理论和古典产权理论

两种产权理论有着不同的侧重点:科斯与Alchian、Demsetz和Barzel等人开始的"古典产权理论"侧重于研究形成与改变产权的历史与制度的环境;Grossman、Hart和Moore等人开始的"新产权理论"则试图对所有权和激励结构进行正式的模型化。接下来我们简要介绍一下两种企业产权理论的主要观点。

古典产权理论是科斯20世纪60年在《社会成本问题》(The Problem of Social Cost)一文中提出来的。他认为私人产权是不能完备地详尽列举的,这一现实困难导致不同的产权分配结果,因而法律制度影响着最优的经济结果。在科斯之后,Demsetz认为"产权的主要功能之一是引导激励以实现外部性的更大(程度上的)内部化(internalize)"(Demsetz,1967,第348页),并且私人所有权将集体所有权导致的许多外部性给内部化了。在Alchian之后,Barzel区分了经济与法律权利,这一区分的原因在于个人在追求自己经济权利最大化的过程中受到他人最大化经济权利和有保障的法律权利的分配的双重约束。他把企业定义为"由集中的权益资本(equity capital)担保的且不需要国家协助来执行的各种协议和协议的各个部分构成的联结点。企业的范围是它的保证资本金(guaranteeing capital)与它的预期的保证支付(guarantee payments)的比例"(Barzel,2001,第21页)。建立在以上这些概念基础上的文献构成了"古典产权理论"。

Furubotn and Pejovich(1972)认为,包括交易和生产在内的所有的经济活动都是产权集束(bundles)的交换。正如将产权分为使用权、收益权和处置权等,把产权定义为多个维度的概念具有重大的经济意义:许多人能够拥有同一个资源的不同方面的产权。从而,不仅前述的产权的初始分配会影响契约各方的激励,而且如果这些个人拥有同一资源的不同方面的产权的话,预期的(收益)分配也会影响集体合作(team production)中的个人行为(Libecap,1989)。进一步而言,这种同一资源的产权在不同用途上的细分又可以汇总为产权的集束(Alchian and Demsetz,1973)。这些产权集束如果分配给最能有效生产的交易方,相应的经济激励就会为每一个集束的所有者创造出来。因而在任何一个有两个以上契约方的制度安排下,资源所有者必须把这一资源的一些属性的控制权转让给对应的交易方。Barzel(1997)认为这种控制权的转让正是交易(transacting)的定义——在交易的各方之间重新分配产权。

4. 新(现代)产权理论[①]

新产权理论奠基于两篇文章：Grossman and Hart (1986) 和 Hart and Moore (1990),故而这一理论又被简称为"GHM 模型"。新产权理论试图解决的主要问题是资产的所有权对于交易双方在事前投资于不可契约化(non-contractible)资产的激励问题；它特别强调了两种权利的区别：一个是可以在初始合同中事前明确契约化的"非剩余控制权"(non-residual rights of control)或称"特定权"(specific rights),另一个就是不可以在事前契约化的"剩余控制权"(residual rights of control)。

第一篇文章开篇即提出所要解决的问题："什么是企业？决定企业活动是纵向联合(vertically integrated)还是横向联合(laterally integrated)的因素是什么？"他们把企业定义为它所拥有或控制的资产的集合,并进一步假定资产的所有者拥有这个资产的剩余控制权,即对没有在合同中明确说明的关于这个资产的各个方面的控制权。这些权利(比如事前的投资)之所以不能在合同中确定,或者是因为太复杂了以至于无法描述清楚,或者是因为代表了无法由第三方(如法庭)验证的管理者的努力程度或决策。他们假定契约双方所面对的是如何通过分配所有权来最小化事前投资的扭曲程度。通过一个正式的模型,Grossman 和 Hart 得出结论："如果一个企业的投资决定相对另一个企业是特别重要的,联合是最优的；反之,如果两者的投资决定是差不多重要的,不联合是更好的。"也就是说,产权的分配是会影响到效率的,而原因即在于"契约双方无法在事前对最终产品的各个方面进行谈判,也即契约的不完备性(the incompleteness of the contract)"。

在 Grossman 和 Hart 之后,Hart 和 Moore 建立更正式的模型来回答相似的问题。同样地,他们"把企业与它所占有的财产等同起来,认为所有权就是企业资产的剩余控制权：决定这些资产如何使用的权利,除非某些用途已在初始合同中确定"。他们强调了所有权(ownership)的一个特殊的重要权利：禁止他人使用这一资产的权利(排他性)；并且这一对物质资产的权利导致了所有权对使用资产的人(或者更广泛地说,"人力资产"(human assets))的控制。在这样的产权定义下,最优的产权分配取决于交易双方的投资及资产的特征。举例而言,共同所有权(joint ownership)是次优的(suboptimal),其原因就在于这种所有权给交易方在人力资产投资上所提供的激励较低。

新产权理论从一开始就受到了来自各个方面的挑战。

[①] 这部分大量借鉴了 Garrouste (2004)。

(1) 所有权(ownership)与控制权(control)。在古典产权理论中,所有权与控制权是分开的(Demsetz,1967;或 Barzel,1997),而新产权理论至少在开始的时候是不加以区分的,认为两者是等同的,如 Hart and Moore(1990)区分了"定义为对'资产剩余控制权的占有的'所有权和定义为对'可验证的(verifiable)资产利润流的占有的'所有权"。他们的研究集中于第一种定义——最优所有权的分配。上面提到的关于最优所有权分配的结果受到了 Maskin and Tirole(1999)的挑战。他们同样使用新产权理论的模型并加上纳什讨价还价解(Nash Bargaining Solution)来证明,在一定的条件下①,对于买卖双方来说,不存在外在的交易机会并且不可能比联合所有权(joint ownership)做得更好。

(2) 企业的范围(scope)及其组织结构(organizational structure)。一直到20世纪90年代末,新产权理论并没有过多探讨企业的范围(firm scope)问题。Hart and Holmstrom(2002)认为企业的新产权理论强调了企业的所有权(即企业的界限)的决定是为了鼓励关系特殊性(relationship-specific)的投资活动。这一理论更适用于所有者管理(owner-managed)的企业,而不是大公司。为了解决这一问题,他们扩展了新产权理论的模型。主要的不同在于一个假定——"决策只能通过所有权进行转达(transfer),而且即使在事后也不是可契约化的"。这篇文章的主要观点就是既然资产的所有者在决定资产的使用上不是无成本的,他可以把这个决策委托给他人。也就是说,在企业中有一个"指令链",企业中的个人科层(hierarchy)处在这个链条的不同位置,而他们的位置决定了各自所有的权利。

(3) 讨价还价(bargaining)。前面提到,这两篇开创性的文章主要分析了所有权对于交易双方(事前)投资激励的作用,从而假定了交易后的剩余(surplus)由双方在事后通过讨价还价来分享,而且也假定了所有权对有效的讨价还价没有作用。同时,在模型化讨价还价时,Hart and Moore(1990)使用了夏普里值,而 Maskin and Tirole(1999)利用了纳什解。直到最近,Matouschek(2001)的研究表明:"在存在私人信息(private information)的情况下,所有权的变化——通过改变不同意状态下的支付(payoffs)——可以显著地影响管理者之间讨价还价的有效性。"这个研究表明四种产权结构都可以是最优的:买方一体化(integration)、卖方一体化、不联合(non-integration)和联合所有权。

(4) 再谈判(renegotiation)。最初,新产权理论没有考虑再谈判的问题,但是在非完全契约理论里,再谈判的可能性是一个重要的很难回避的问题。新产权理论对此的辩护是:如果要解决的问题是最优的所有权分配,而且所有权等同于控制权,并且讨价还价是有效的,那么再谈判是不相关的。这一解释自然受到了挑战。首先,经验数据证实了所有权和控制权是可分的;其次,Maskin and Tirole(1999)将再谈判成功地引入了新产权的模型中(Garrouste,2004)。

---

① 当买方与第三方交易时,卖方的成本很高;或者当卖方与第三方交易时,买方的收益很低。

（5）实证的证据。新产权理论的实证证据非常稀少，原因有二：一是一直以来有一种观点认为新产权理论是交易费用理论的正式版，所以直接检验交易费用理论的实证分析被认为是间接检验新产权理论。这一观点已被抛弃（Garrouste，2004）。二是按照新产权理论，资产的特殊性（specificity）不会影响所有权的分配，因为投资仅是由边际回报所决定的，所以"实证的检验是有问题的，部分是因为当没有价格时，边际是很难观察到的，部分是因为一些关键性的边际回报来自假定（hypothetical）的投资，这些投资在均衡状态下是不存在的"（Holmstrom and Roberts，1998）。最近的一些研究表明，直接的实证检验是可能的。Baker and Hubbard（2004）通过考察美国的卡车运输业来检验契约完备性对所有权的影响。引入车载计算机增强了可契约性（运营者与司机之间），减少了卡车司机拥有卡车的可能性，从而导致了更高程度的资产所有权的一体化。Elfenbein and Lerner（2003）通过分析100个互联网门户与其他企业之间的联盟（alliances）合同，提供了很强的证据支持Grossman and Hart（1986）的理论预测：双边关系中的资产（比如网址和用户数据）应该由边际努力程度对项目的成功有较大影响的一方所拥有。他们研究的另一个重大发现是控制权对于交易双方的讨价还价能力很敏感：控制权的分配方式与所有权略有不同——决定于双方相对的金融与产品市场的力量，从而也提供了实证的证据：所有权与控制权是有区别的，不能等同视之。Feenstra and Hanson（2005）通过考察中国的出口企业，发现所有权与控制权是分离的。一般为外国企业拥有生产工厂的（至少部分）所有权而中国企业控制着投入购买权。在他们的产权模型中，当附加值低或人力资本（human capital）的特殊性低的时候，所有权与控制权倾向于为同一方所拥有；反之，当附加值高或人力资本的特殊性高的时候，所有权与控制权就会为交易双方分别持有。而中国的数据支持了这一产权模型的预测。

上述叙述表明，当产权的研究陷在制度层面时，关于产权交易的研究就会让位给商学院的金融工程和衍生品交易的探讨，而关于交易平台的讨论本身可能被忽略。

四、中国产权市场的交易实绩及宏观经济效应

在全球金融危机条件下，我国产权市场保持了较大的抗压弹性，延续了2005年以后的增长态势。

（一）中国产权市场在国际金融危机条件下稳健成长

2008年，我国产权交易十大市场增长速度为13.7%。虽然当年有个别交易所合并，可能造成了重复计算而偏高，但增长的趋势是可以确定的（见图3）。这一稳健增长业绩的存在可能与内生性质的资本市场和国内经济变量耦合程度较高，较少受国际资本市场变量的冲击性影响有关。

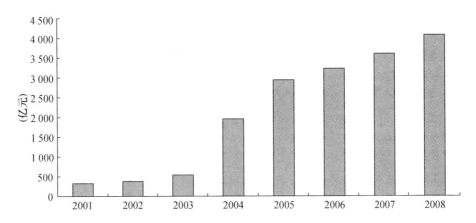

图3　2001—2008年我国产权市场发展情况

资料来源：根据相关年份《中国产权市场年鉴》及收集数据整理。

相较之下，市场制度意义上外嵌性质的资本品交易，比如上证和深证市场受全球市场影响较大。从图4可以看出，我国上市公司数量2007年为1550个，2008年增加到1625个，增加4.8%。同期，受全球金融危机影响，沪市股指下降65.39%，沪深股票市场大幅波动，交易下降42.3%。

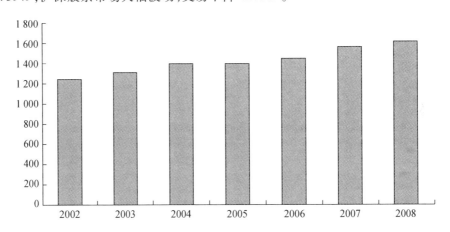

图4　2002—2008年深沪两市上市公司增长情况

资料来源：根据相关年份《证券统计年鉴》数据整理。

严格意义上说，沪深市场虽然存在于中国经济之中，但其生成方式不是由地方性资本市场整合而成为全国性市场的，而是借助行政和立法等非市场变量以发达经济为模板法令促成全国性市场的。在交易方式和制度安排上，将发达经济的交易制度"镶嵌"在中国资本市场中。这种生成方式，模仿和学习发达经济的成分浓，在短时间和国际接轨程度高，但在和自身经济内生变量的整合上还有很长的路要走。正是由于这种外嵌性质，当世界经济出现危机时，由于和国际市场接轨程度更高,受到冲击时影响也更直接。

近年来,我国产权交易市场按IPO口径融资规模已经超过沪深两市A股首发融资规模。2007年,我国产权市场交易额约为3 513亿元,沪深两市的IPO融资规模为4 591亿元,产权市场融资额只有沪深两市融资额的76.5%。2008年,我国产权市场交易额约为4 072亿元,沪深两市的IPO融资规模为1 034亿元,产权市场融资额大大超过了沪深两市的融资额(见表3)。在金融危机下,产权市场的成长更具抗压弹性。

表3 我国股票市场和产权市场融资额比较　　　　　　　　(单位:亿元)

年份	股票市场筹资额	IPO口径的融资额	
		产权市场	股票市场
2002	961.75	500.00	516.96
2003	1 357.75	1 000.00	453.51
2004	1 510.94	1 913.84	353.42
2005	1 882.51	2 926.00	56.74
2006	5 594.29	3 193.93	1 572.24
2007	8 680.17	3 512.88	4 590.62
2008	3 852.22	4 072.00	1 034.38

注:股票市场筹资额为A、B股筹资额;由于没有产权市场筹资额的统计,我们把产权交易成交金额近似地看作是产权市场融资额;2008年产权市场的融资额为预测值。
资料来源:根据相关年份《证券统计年鉴》数据整理。

(二)我国产权市场稳健成长的区域基础

我国产权市场以地方性实点市场为分布特征,覆盖了全国各地的绝大部分市场。但是,产权交易量和经济发展的重心密切关联。图5反映我国按区域划分的GDP权重图。东部十省市占据了GDP的50%以上。同样,图6的产权交易权重占到了80%以上,这说明,产权交易份额比GDP份额更偏向于发达经济地区。

作为资本市场的内生变量,中国产权市场的成长应该具有区域性基础。深入到中央和经济大区性实点交易所,京津沪渝和经济大区产权交易所的业绩在2008年总体增长态势明显。需要指出的是,实点性的产权交易的波动应该是正常的。由于产权本身的异质性,一宗大的产权交易可能使后续几年的交易出现额度上的下滑。另外,重庆产权交易所成立不到两年,虽然创新和成长性很好,但还不能在统计数字上反映出来(见图7)。显然,大区性基础在这里是起作用的,但并非所有的经济大区在交易规模上都呈现出一致的增长记录。

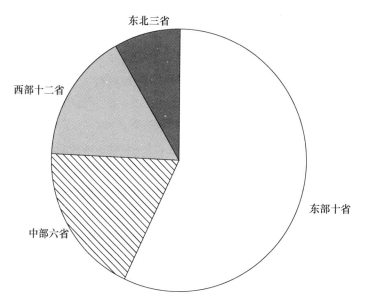

图 5　按地理位置的 GDP 分布

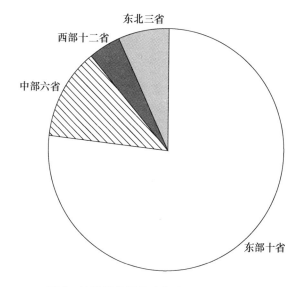

图 6　按地理位置的产权市场交易额分布

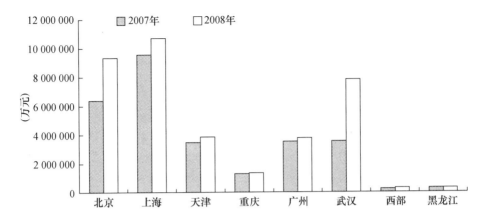

图 7　全国中央和大区性产权交易情况

注:2008年武汉产交所统计口径略有不同。
资料来源:相关年份《中国产权市场年鉴》。

(三) 我国产权市场的跨区跨境开放程度和融资能力

作为实点性交易市场,跨地区边界和跨境交易是融资能力的一个重要测度标志。近年来,我国产权交易所的境外交易处在徘徊状态(见图8)。异国交易在6%左右,异地交易在15%左右。

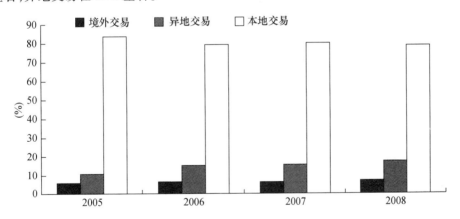

图 8　我国市场跨境开放程度

资料来源:相关年份《中国产权市场年鉴》,其中2008年为预测值。

跨境交易份额较小是内生资本市场的早期形态。市场跨境规模越大,融资能力越强。因此,在早期成长阶段以后,我们期望异地交易比重增大。规模多大尚不具备预测与数字前提,但高于50%应该是个合理数字。在这一点上,产权交易所应向纳斯达克学习,一个全国性的纳斯达克市场报价系统,应该能够增加异地交易的权重。但是切记,一个类纳斯达克系统的存在,不应该以挤压地区性实点市场为前提。

(四) 中国产权市场增长的宏观经济效应

由于产权市场的私募特点,统计异常困难。关于产权市场与宏观经济变量的关联可以这样来理解:在宏观经济总量中,消费份额下降的同时是固定资产投资的活跃,固定资产投资是资本市场活跃的一个测度,可以为我们透视 GDP 与产权交易的关联提供判断性支持。从支出法 GDP 各构成部分总额(见图 9)来看,2003 年之前,消费占 GDP 的百分比维持在 60% 以上,而最近几年消费占比逐渐降至 50%。2004 年以前,消费与资本形成总额之和占 GDP 的百分比约为 97% 左右,从 2005 年开始,净出口占比逐渐升高,至 2007 年达到近 9%。

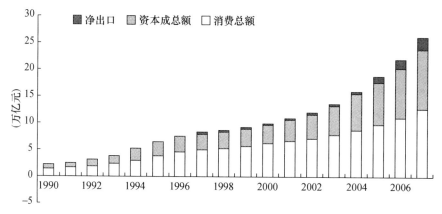

图 9 支出法 GDP 各构成部分总额

支出法各构成部分对 GDP 增长贡献(见图 10)显示,净出口拉动 GDP 增长百分点的波动很大,1992 年和 1993 年对 GDP 增长的贡献为负(见图 11)。结合固定资产

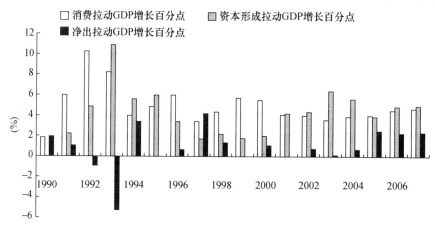

图 10 支出法 GDP 各构成部分对 GDP 增长贡献的比重

增长与滞后期 GDP 增长关系(见图12)以及季度名义 GDP 增长率与固定资产总额增长率的关系(见图13、图14)可以看出,名义 GDP 滞后于固定资产总额增长约两个季度。

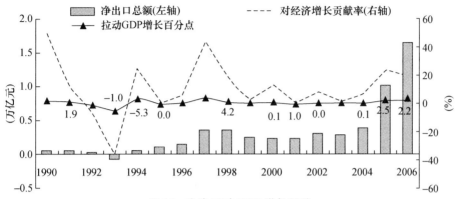

图11 净出口对 GDP 增长贡献

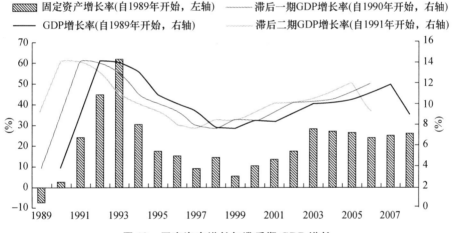

图12 固定资产增长与滞后期 GDP 增长

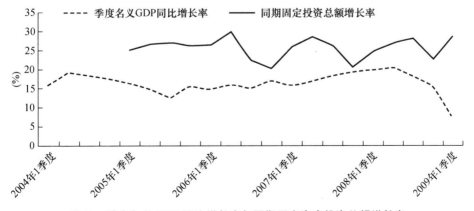

图13 季度名义 GDP 同比增长率与同期固定资产投资总额增长率

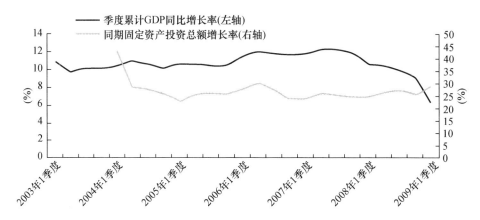

图 14　季度累计 GDP 同比增长率与同期固定资产投资总额增长率

一部分产权交易通过金融机构借款利用杠杆来完成(如法国威立雅水务集团并购我国的水务公司就采用了高杠杆的并购模式),而且借款利率与产权交易过程中的其他融资方式之间也存在着密切联系,因此考察金融机构贷款总额和利率与产权交易量的关系是必要的。同时,产权市场和股票市场是我国资本市场的重要组成部分,既有替代效应又受到宏观经济因素的共同影响。替代效应体现在产权交易市场和股票市场都有为企业融资的功能,也为风险资本提供退出渠道,因此这两个市场在为某些企业尤其是中小企业提供融资方面存在一定的替代关系:无法通过上市融资的中小企业可以通过产权市场融资。

从贷款与产权交易成交额(见图 15)来看,金融机构人民币各项贷款合计以及中长期贷款在 1990—2008 年间总体平稳上升,然而股票市场融资额大起大落。众所周知,从 2001 年开始到 2005 年股票市场经历了漫长的熊市,然而同期产权交易成交额稳步增长,并且在 2004 年和 2005 年超过了股票市场融资额。在经历了

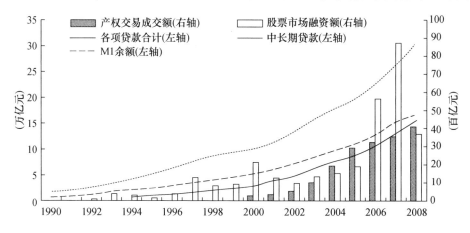

图 15　贷款与产权交易成交额

2006年和2007年的大牛市之后,2008年股票市场融资额(约3700亿元)又锐减为不足2007年(约8700亿元)的一半。

令人欣慰的是,2008年产权市场仍然活跃,根据我们对产权市场成交额的预测,2008年产权市场成交额(约4100亿元)将再度超过股票市场融资额。2000—2004年,产权市场成交额占各项贷款余额合计的比例逐渐升高,2004年首次超过1%(约1.08%);而2005—2008年这四年,该比例维持在1.4%左右。从贷款增长率与产权交易成交额(见图16)来看,2002年之前,中长期贷款增长率的变化滞后于M1的变化约两年,而滞后于股票市场融资额的变化约一年。然而,从2003年开始,这种以年为单位的滞后性已经不复存在,M1、股票市场融资额以及中长期贷款增长率几乎同时同向变化。

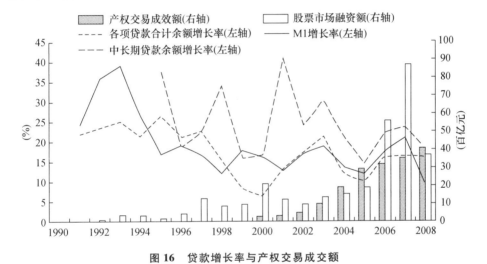

图16 贷款增长率与产权交易成交额

从贷款利率与产权交易成交额(见图17)来看,1年期贷款利率与3—5年期贷款利率走势基本一致,2006—2008年股票市场融资额与贷款利率有显著的正相关关系:融资额越高(2007年达到最高点),贷款利率也越高(2007年达到极值点,约7.5%,见图18),反之则相反。

我们现在来看看产权市场与宏观经济绩效的关联情况。

由于统计数据的口径误差,我们分别对2008年各省数字取对数绘点(见图19),国内生产总值和产权市场交易额成正相关关系,但是趋势不明显。我们分别对国有资产总量和产权交易总量取对数时,发现在大宗交易的省份中,关系走向了收敛。这说明产权交易和宏观经济的相关关系弱于和国有资产总额的关系。另外,交易数额和国有资产额成正比且在大数额上收敛,说明我国产权市场和国有资产交易的关系仍然密切,尚没有断开自己出生的脐带。联系到我国国有产权交易必须进场的法律优惠,这种相关掺杂了更多的行政因素和法律因素,市场因素相对薄弱。这是中国产权市场和民间市场相比草根性不足的一个隐忧。

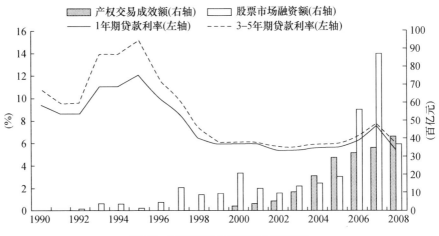

图 17　贷款利率与产权交易成交额

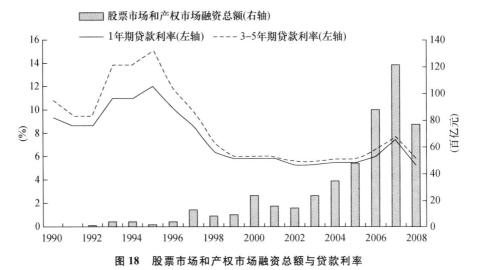

图 18　股票市场和产权市场融资总额与贷款利率

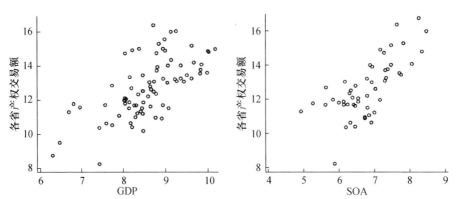

图 19　各省产权交易额与 GDP、国有资产总值(SOA)的关系

为了找到影响国有产权交易额异于国内生产总值的因素,选取省级的面板数据来控制不可观测的变量。SOA 代表各省的国有资产总值,VOLUME 代表各省的产权交易额的自然对数,GDP 表示各省的国内生产总值的自然对数。考虑到可能存在异方差的问题,使用怀特异方差一致估计量,同时考虑了多重共线性问题(使用了工具变量方法)。

先以 GDP 对 SOA 的回归残差作为工具变量,考察 GDP 在控制 SOA 后对交易额的变异的解释能力(回归结果见表 4)。

表 4 交易额的随机效应模型系数估计

变量	系数	标准差	t 值	$P>|t|$
VOLUME				
SOA	1.432087	0.2303155	6.22	0.000
IV	0.7501858	0.4476419	1.68	0.094
Constant	3.007471	1.57539	1.91	0.056
R^2	Within	Between	Overall	
	0.008	0.5985	0.5069	
	Hausman(chi2)	sigma_u	sigma_e	Rho
	1.14	1.0123496	0.76050071	0.63924861

从表 4 的结果发现,IV 系数的 t 值不是在 5% 的显著性水平范围内。这意味着在控制国有产权后,国内生产总值的解释力是很弱的。再以国有产权对 GDP 回归后的残差作为工具变量,考察 SOA 在控制了 GDP 后对交易额的变异的解释能力(回归结果见表 5)。

表 5 交易额的随机效应模型系数估计

变量	系数	标准差	t 值	$P>|t|$
VOLUME				
GDP	1.465548	0.2420818	6.05	0.000
IV	0.8646007	0.4263524	2.03	0.043
Constant	0.1622964	2.097029	0.08	0.938
R^2	Within	Between	Overall	
	0.008	0.5985	0.5069	
	Hausman (chi2)	sigma_u	sigma_e	Rho
	1.14	1.0123496	0.76050071	0.63924861

结果表明,在表 5 中,IV 系数的 t 值是在 5% 的显著性水平内。这意味着即使在控制国内生产总值以后,国有产权的解释力仍然非常强大。国有产权能解释 VOLUME 50.69% 的变异,因此国有产权是 VOLUME 主要的解释变量。所以,每个

省的国有资产总值是每个省产权市场交易额的主要原因。它同时也反映出中国产权市场目前的主要功能仍是解决国有产权的处置,初期出现的 OTC 市场因子薄弱。正是在这个意义上,我们无法推断产权交易对 GDP 增长的弹性数据。

产权市场对宏观经济更重要的影响在于国民经济成分的改变。前述关于产权市场的数据不足以为我们提供产权交易市场对宏观经济影响的量化关联。但是,产权市场的许多交易创新却在预示资本市场实实在在的进步。这里仅仅提出几个典型案例,以飨读者。

北京产权交易所在产权交易中推出了企业并购贷款业务。这一业务的重要性有两点:一是将商业融资环节带入了企业并购项目的整合过程,这不能不说是一个创新。从产业链延伸角度看,这使得长期市场融资和短期商业融资在一个资本交易项目中于上下道工艺顺序上出现了跨行业性质的延伸。这正是产权交易所悄悄地撬动资本市场构造"板块移动"的市场整合现象。

上海产权交易所在上海置信集团初创期,通过股权跨时治理,在股权上巧妙切割知识产权,在技术转让上整体交付产权技术的案例,事实上打破了西方通过专利制度保护知识产权的点变量做法,将知识产权和市场及股权交易结合起来,使得知识产权不仅落实在法律保护的长度和宽度上,而且落实在了融资和市场上。虽然发达经济存在类似的产权交易过程,但离开产权交易所平台的时候,这种知识很可能只有通过师傅带徒弟的方式单传下来。在交易所交易的时候,这完全可以成为供其他产权交易所学习的公开秘密。

广州产权交易所创造的产权托管业务事实上是把资本品交易的今天市场和未来市场联系在了一起。这种交易在发达经济资本市场上是不可想象的。跨地交易可以,跨时交易可能吗?但是联想到货币远期市场和期货市场的种种限制,谁不会为这种无限制产权跨期交易叫绝呢!在处置广地花园资产时,广州所不是剥离资产,而是注入资金,清除企业治理结构中的漏洞,将资产回复价值后再行销售出去。这种先是诊断后是疾病治疗的服务,和发达经济中投资银行业务相比,不恰恰是中国版的投资银行业务吗?

天津产权交易所在进行知识产权交易时,不是对其简单评估上市,而是将该技术与产业园区孵化区的服务结合起来,在发明人工作调动,子女入托,初期融资,注册企业,帮助初试、中试,甚至市场开放方面提供一揽子服务,这种先为知识产权附着可评估的实体经济形式,再行销售的做法,不像美国波士顿 128 大道早年创造,后来被硅谷高新技术开发区发扬光大的中国版吗?

在各个交易所制度创新的同时,我国还出现了交易所之间的横向合作案例。比如,长江流域产权市场、北方产权市场、全国产权创新联盟等横向拓展的市场网络,谁能断定它们今天的尝试在未来不会结出令人惊异的成果呢!总结下来,我国产权交易市场累积的宏观经济效应到目前尚未在 GDP 因子上显现出来,但一个肯定的影响是,通过产权交易的创新,我国产权交易所正在以"板块移动"的方式更改着我国资本市场的收敛和未来均衡路径。

五、结语:中国产权市场成长与中国资本市场未来

作为中国资本市场的内生形式,我国产权交易市场亟需完备的伴生制度集合来支持。"外源"借鉴性质的规制思考,认为美国在20世纪70年代后实点性市场归并于纳斯达克是发达经济的趋势,在国家层面虚位规制是应对一种过渡性质市场的权宜,实在是一种简单的"拿来主义"思考。

中国产权市场已经成为中国资本市场不可分割的重要力量之一,但是中国产权市场现在获得的制度支持不够,产权交易市场与民间资本市场的自觉整合还未见系动性冲动。中国资本市场在全球化经济发展的今天,已经不具备在演化条件下"一源"制度独立发展的条件。中国产权市场的成长在某种意义上成了发达经济与发展中经济对接的世界级试验场所。如果吸收国际资本市场最先进经验并与自身发展实践相结合,中国产权市场将会成为中国资本市场乃至世界资本市场的一个东方创新基地。本报告是中国产权市场的初次尝试,意在澄清中国产权市场的资本市场含义,以及与发达经济中OTC市场的差异。关于产权市场的规制和政策性规范,将是后续经济年度的重要内容。

参考文献

曹和平:《二次成长阶段跨国企业集群行为特征与规制途径》,《中国社会科学》2006年第5期。

张曙光:《中国制度变迁的案例研究》,上海人民出版社1996年版。

中国产权交易赴美考察团:《加快我国产权交易市场规范发展的建议》,《产权导刊》2006年第2期。

长江流域产权交易共同市场等:《中国产权市场统计年鉴》(2006—2008),上海科学技术文献出版社。

Alchian, A. A. (1965). "Some Economics of Property Rights", Il Politico 30: 816—829. Reprinted in Alchian A. A. (1977). *Economic Forces at Work*. Liberty Fund: Indianapolis:127—149.

Alchian, A. A. and H. Demsetz (1973). "The Property Right Paradigm", *Journal of Economic History*, 33: 16—27.

Baker, G. P. And T. N. Hubbard (2004). "Contractibility and Asset Ownership: On-board Computers and Governance in U.S. Trucking", *The Quarterly Journal of Economics*, 119(4): 1443—1479.

Barzel, Y. (1997). *Economic Analysis of Property Rights*(2nd ed), Cambridge University Press.

Barzel, Y. (2001). "A Measurement Cost Based Theory of The Firm", mimeo, University of Washington.

Baumol, William, and J. Gregory Sidak (1995). *Transmission Pricing and Standed Costs in the*

Elelctric Power Industry. Washington, D. C.: American Enterprise Institute (AEI) Press.

Besley, Timothy, Stephen Coate, and Glen Loury(1993). "The Economies of Rotating Savings and Credit Associations", *American Economic Review* 83: 792—810.

Bratland, John (2004). "Contestable Market Theory as a Regulatory Framework: An Austrian Postmortem", *The Quarterly Journal of Austrian Economics*, Vol. 7, No. 3:3—28.

Coase, Ronald H. (1937). "The Nature of the Firm", *Economica* (N. S.) 4: 386—405 (November).

Demsetz, H. (1967). "Toward a Theory of Property Rights", *American Economic Review*, 57 (2): 347—359.

Elfenbein, D. and J. Lerner (2003). "Ownership and Control Rights in Internet Portal Alliances: 1995—1999", *Rand Journal of Economics*, 34(2): 356—369.

Feenstra, Robert C. and Gordon H. Hanson (2005). "Ownership and Control in Outsourcing to China: Estimating the Property Rights Theory of the Firm", *Quarterly Journal of Economics*, 120(2): 729—761.

Furubotn, E. G. and S. Pejovich (1972). "Property Rights and Economic Theory: A Survey of Recent Literature", *Journal of Economic Literature*, 10:1137—1162.

Garrouste, Pierre (2004). "The New Property Rights Theory of The Firm", *The Elgar Companion to The Economics of Property Rights*, Edward Elgar Publishing.

Grossman, S. J. And O. D. Hart (1986). "The Costs and Benefits of Ownership: A Theory of Vertical and Lateral Integration", *Journal of Political Economy*, 94(4): 691—718.

Groves, T., and Ledyard, J. (1977). "Optimal Allocation of Public Goods: A Solution to the Free Rider Problem", *Econometrica*, 45:783—810.

Hart, Oliver and B. Holmstrom (2002). "A Theory of Firm Scope", mimeo, MIT and NBER.

Hart, O. D. and J. Moore (1990). "Property Rights and The Nature of The Firm", *Journal of Political Economy*, 98(6): 1119—1158.

Holmstrom, B. and J. Roberts (1998). "The Boundaries of The Firm Revisited", *Journal of Economic Perspectives*, 12(4): 73—94.

Libecap, G. D. (1989). *Contracting for Property Rights*. New York: Cambridge University Press.

Maskin, E. and J. Tirole (1999). "Two Remarks on The Property-rights Literature", Review of Economic Studies, 66: 139—149.

Matouschek, Niko (2001). "Information and the Optimal Ownership Structure of Firms", *Kellogg School of Management*, Northwestern University.

Varian, H. (1974). "Equity, Envy, and Efficiency", *Journal of Economic Theory* 9:63—91.

Varian, H. (1992). *Microeconomic Analysis* (3rd ed), Norton & Company.

Walter, E. James (1957). *The Role of Regional Security Exchanges*. Berkeley and Los Angeles: University of California Press.

Yoram Barzel (1997). *Economic Analysis of Property Rights* (2nd ed). Cambridge University Press.

后危机时期的中国产权市场[*]

首卷产权市场蓝皮书——《中国产权市场发展报告(2008—2009)》年度总报告的思考基点是:近年来,我国资本市场四大类别——沪深两家证券交易市场、260家产权交易市场(目前更多)、超出商业期限融资的各地民间资本市场、大型金融机构旗下金融资产管理公司偕跨国金融机构参与下的并购投行类资本市场——呈现出板块式涌动且并行成长的弱收敛态势。这种"外嵌"和"内生"共源的资本市场结构似乎在重复着我国工业化成长期引致的产业二元结构宿命。

首卷年度总报告认为,我国资本市场四板块中高速成长的产权交易市场是中国资本市场的内生制度因子,以其实点性市场群(Spot Markets Group)的成长方式更改着中国资本市场的收敛和未来均衡路径。

今天看来,形成上述思考的基点事实仍然存在,其内含的逻辑构成尚未改变。中国产权市场在2009—2010年度的快速成长正是上述内在逻辑展开的具象表现。2009年下半年后,产权及关联业界的从业者对上述过程进行了新一轮的实践和思考。今年的产权市场蓝皮书作者试图从① 后危机时期我国产权市场恢复强劲增长,② 国有产权交易体系持续完善伴随市场边界多元化拓展,③ 产权市场发展中的前沿创新与交易边界拓展的失衡之处,④ 区域产权市场中国特征与未来的可能收敛方向四个方面,来描绘中国产权市场在2009—2010年度的发展及潜在收敛趋势。

一、后危机时期我国产权市场恢复强劲增长

2009年下半年金融危机出现复苏后全球范围的增长实践并不平衡。但是,关于世界范围内增长不平衡的根源在理论界逐渐有了新的认知。比如,贸易类失衡

---

[*] 曹和平:《中国产权市场发展报告(2009—2010)》,社会科学文献出版社2010年版,第1—28页。本文为《中国产权市场发展报告(2009—2010)》总报告,标题为编者所加。

不再被认为单单是斯密增长(出口导向战略)带来的国别和区际产业转移问题,全球意义上的贸易协调甚至深层次的制度协调应负更大的责任。在这种理解上,发达经济也许因其权重因子可以被看作世界经济的核(心)部分,但绝不再被看作既是世界经济的核(主部)又是未来进步方向的人类经济的洪范九畴了。

最近一轮金融危机始发于美国经济体,但危机复苏的领骑衫却不仅被美国,而且被整个发达经济体丢失了。发达经济的制度设计近20年的领骑角色暴露出巨大的非普适性本质。某种意义上,正是这种不当的领骑作用带来了世界范围的不平衡后果。具体说来,四个方面的失衡最具全球性且会影响到新一轮经济的恢复和增长。

(一)金融危机后凸显全球性经济失衡的四个观察性事实

1. 商品(包括服务)贸易市场存在世界范围失衡

过去20年间,商品市场贸易出现长时间失衡。比如,美国贸易连续多年出现赤字,不仅中国对美国出超,日本和德国同样保持对美出超(见表1)。

表1　2000年以来美对日、德贸易条件　　　　　　　　　(单位:亿美元)

年份	2000	2001	2002	2003	2004	2005	2006	2007	2008	2009	2010上半年
日本	-815.6	-690.2	-699.8	-660.3	-762.4	-833.2	-897.2	-843.0	-741.3	-446.7	-266.3
德国	-290.6	-290.8	-358.8	-392.8	-458.5	-505.7	-479.2	-447.4	-429.9	-281.9	-151.3

资料来源:U.S. Census Bureau。

当把上述商品市场上的失衡现象放到发达经济和发展中经济之间比较的时候,发达经济和发展中经济的概念分野似乎失去了数据支持。比如,发展中经济中国对发达经济日、德表现出较长时间的贸易逆差。在日、德对美国经济表现出较长时间顺差的同时,低于日、德经济发展阶段的中国经济体却也对更高阶段的美国经济体表现出了长时间的持续出超(见表2)。贸易条件和市场成熟度不成线性关系说明,较长时间的承受贸易逆差的能力,或者说较长时间保持贸易顺差的能力与市场成熟度、市场竞争性程度,或者说与市场的"优劣"程度无关。那么,其制度累积的秘密(动力学机制)何在呢?

表2　2000年以来中国对日、德、美贸易条件　　　　　　　　　(单位:亿美元)

年份	2000	2001	2002	2003	2004	2005	2006	2007	2008	2009	2010上半年
日本	1.4	21.5	-50.3	-147.4	-208.2	-164.2	-240.5	-319.3	-344.7	-330.3	-263.4
德国	-11.3	-40.2	-50.4	-68.5	-66.0	18.0	24.4	33.3	34.2	-58.9	-38.6
美国	297.4	280.8	427.1	586.0	802.9	1 142.7	1 442.4	1 632.9	1 710.2	1 433.7	770.5

资料来源:国家统计局网站,海关统计资讯网。

2. 资本(品)贸易市场出现世界范围长期失衡

与此同时,在资本市场上,上述动力学机制似乎指向了相反的方向。在过去20年间,发达经济多是资本输出者。中国和美国是世界外商直接投资(Foreign Direct Investment,FDI)接受大国,并且中国一直是资本净输入者。是什么样的原因造成了这种盈余呢?是什么样的动力学机制造成了这种资本品贸易失衡的持续存在呢?经常账户顺差和资本账户顺差(事实上是资本品贸易逆差)反映的是一种什么样的世界产品贸易和资本品贸易机制呢?是不是霸权经济在输出资本,而外围经济在输出劳动和资源要素呢?

3. 储备货币市场出现世界范围失衡

虽然新兴市场经济和发展中经济保持多年的贸易顺差,积累了不小的汇率升值压力,但一般来说不愿意自己的货币相对于储备货币升值。相反,不少经济体都使自己的货币挂钩在核心货币,比如说美元基数上,长期保持区间稳定,不管美元的币值升高还是降低。外围货币几乎不关心自己的币值在短期汇率市场上的升降与否,萦绕于心的却是自己贸易条件的稳定与否。世界经济的贸易现状表现出一个片面的因子追求——只追求非货币市场(进而资本市场)的产品和服务贸易。资本品还不是一个贸易品,而是拥有资本品输出能力者的一种天使性质的施舍(因而才有要素品让利引进外资的衍生行为)。这种唯美元比率而后自己比率的取舍的世界货币制度(体系)设计是怎样的一种子制度设计呢?

在上述行为综合下,外围货币国家累积了巨量的核心货币储备。2010年7月,美国经济中的货币基数(Monetary Base)为1.95万亿美元,而同期世界外汇储备为8.1万亿美元。其中,约四分之三的份额为美元标的储备。我国一家累积了多达2.5万亿美元当量的外汇储备,其中大体同样的份额是美元储备。凭什么一个经济为美国经济三分之一的国家,其仅仅有一小部分产品和世界发生贸易,却在美元储备上和美国经济整体的流通中现金差不多?在全球化和技术高度发展的今天,为什么世界国别经济要把全球性储备货币(体系)放在个别国家货币(美元体系)身上,任凭核心货币制度在平衡国别和世界问题之间出现冲突时,总是把国别利益排在第一呢?为什么国际货币基金组织不解决这种问题,甚至连研究的连贯性也看不见呢?

4. 储蓄率(消费—储蓄市场)在世界范围长期失衡

长期以来,储蓄率被认为是国别经济内部的事情。给定一个经济时间单元,收入中用于储蓄的部分越高,投资率越高;投资率越高,经济增长速度越快。提高储蓄率的问题似乎成了20世纪80年代后赶超发达经济的金科玉律。但是,如果将消费—储蓄统筹起来考虑,则可以发现一个近乎让人吃惊的现象,中国的储蓄率一直在世界各国当中名列前茅。自2000年以后,中国的储蓄率一直在40%以上,近年有逼近甚至超越50%的趋势。

世界各国的储蓄率①相差很大。全球平均储蓄率在19%左右。例如,2000年,美国的储蓄率为16.5%,英国为16.7%,德国为19.6%,加拿大为23.2%。西方各国的储蓄率在最近几年呈下降趋势,2008年美国和加拿大的储蓄率分别下降为12.1%和18.2%。与此同时,欠发达经济,例如布隆迪的储蓄率为5.2%,缅甸为11.3%,埃及为15.1%。如果一个经济的消费—储蓄比率反映了今日和明日之间权益取舍的制度机会成本的话,为什么国家间的消费(储蓄)率和"收入高—储蓄率高"的一般经济学判断相悖?为什么消费—储蓄市场在世界范围是割裂的?将这种割裂归结为文化习惯而不从世界范围"消费—储蓄"比率收敛考虑,显然不会得出经济学视角的结论。

金融危机后的经济学思考显然不再认为上述全球范围的失衡事实上是割裂的国别经济或者部门经济现象。恐怕20世纪40年代因血的战争教训始发的战后世界经济合作四引擎——联合国、世界贸易组织、国际货币基金组织、世界银行——在最初的几年草草成形以后,直到今天的六七十年间,包括各国领导人在内的人类经济中最活跃的力量,几乎都忘了改进它们的经济学义务了。

(二)金融危机后发达经济复苏乏力和中国恢复有力的全球市场思考

危机后各国经济复苏之路多不平坦。不久前欧盟公布了有史以来最大规模的危机救助机制,但方案实施到见效尚需时日。美联储数据显示,美国企业目前的负债水平比大萧条以来任何时期都高。2010年3月,美国银行、信用合作社和其他放贷机构等金融机构的净放贷额同比下滑了5.4%。在经历了大萧条以来最为严重的国际金融危机之后,企业和银行将不会像20世纪90年代和21世纪初期那样富有进取精神,在经营活动方面可能会更加保守。高失业率、严重的产能过剩、进取精神不足等问题将造成发达经济复苏动力不足。②

主要国家经济复苏乏力及个体行为向审慎方向改变,对中国经济增长来说是一把双刃剑,但在近期来看,并未给增长恢复带来不可挽回的影响。从2009年第三季度开始,中国经济在刺激内需政策推动下出现复苏。当时,许多国内外专家认为中国的恢复是四万亿政策一揽子投资的结果,持续性应该打上问号。但事实是,在2009年以前的两到三年间,中国中部多数省份和西部部分省份的增长就一直逼近沿海五省三市的速度。2008年金融危机发生后,中西部两个组团中的不少省份增长速度迅速超过沿海五省三市(见图1)。从2010年前半年的增长态势看,这一超越明显不是个别现象。我国经济2010年第一季度增长11.9%,第二季度在宏观

---

① 这里指总储蓄占国内生产总值的比重,和个人储蓄率有一定的差别。
② 美国联邦储备委员会公布的数据显示,截至2010年3月底,非金融类企业已经储备了1.84万亿美元现金和其他流动资产,较2009年同期增长26%,创下1952年以来的最大增幅。包括工厂和金融投资在内的企业总资产中约有7%为现金,创下1963年以来的最高水平。

调控条件下仍然保持10.3%的增速,中西部经济贡献了不小的增长份额。

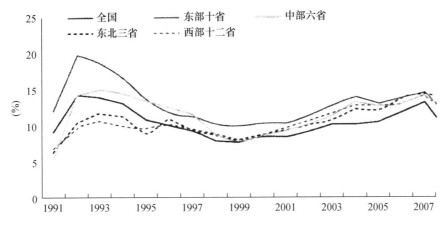

图1　全国各区域经济增速的收敛趋势

资料来源:国家统计局网站。

如果中西部在近年陆续进入人均GDP 3 000美元的中低收入阶段,加上东部更高的人均收入,中国经济的消费市场就是一个非常可观的世界性市场。2009年,中国住宅销售折合当年的汇率超过了美国和英国销售住宅的总和。近年来,保守估计中国的汽车销售稳稳超过1 600万辆,而美国历史上最高年份的汽车销售只不过1 620万辆左右。换句话说,延展消费经济的两个最重要指标汽车和住宅销售,中国都超过了美国。中国市场在规模意义上成熟了。虽然人均收入我们还远远落在发达经济的后面,但平衡中国产能过剩的内需市场已经具备了结构平衡的最低规模。我们有理由相信,中国经济增长在危机后的迅速恢复有经济刺激的成分,但恢复有力是结构变化使然。这为中国经济的持续增长奠定了坚实的基础(当然,我们也并不认为中国经济的结构问题就此解决了)。

(三)国际资本市场持续波动背景下中国产权市场迅速恢复

2007年金融危机以来,国际资本市场持续波动。美国资本市场最大的房贷资本品受让人两房公司出问题后,以AIG公司和雷曼兄弟公司灾难为标志,美国和欧洲资本市场出现危机,后续从资本品类(主要是衍生品)金融机构波及零售类金融机构。直至今天,美国的股市还没有恢复到十年前的最高水平,美国资本市场在本土投融资潜力持续受限。人类经济在21世纪的头十年出现的资本品过剩似乎和20世纪头十年世界贸易大发展后出现的资本品(金银通货)过剩如出一辙。广义上的货币不少,但是能够吸纳广义资本品的项目在国家间出现严重失衡。

2008年,我国传统狭义资本市场波动幅度较大,受全球金融危机影响,沪市股指下降65.39%,沪深股票市场大幅波动,交易下降42.3%。同期,我国产权市场交易额增长速度为25.76%。2009年,尽管受到金融危机严重影响,我国产权市场仍然保持了13%的增长速度,交易市场成交金额超过了5 000亿元人民币。如果按照IPO融资口径兑算,产权市场融资额大大超过了沪深两市的融资额。2010年上半年,我国产权市场增长很快,整体出现稳健增长,部分产权市场出现超高速增长。同期,我国传统狭义资本市场,比如上海证券市场,股指由3 200点左右下降到2 600点左右,交易量也大幅下降。中国产权市场出现稳健且高速成长的趋势。

二、国有产权交易体系持续完善伴随市场边界多元化拓展

2003年12月31日,国务院国资委和财政部联合颁布了《企业国有产权转让管理暂行办法》(简称"3号令"),规定企业国有产权转让应当在产权交易机构公开进行。3号令出台从法变量角度确立了国有产权(资本品)流转过程的配给制度向市场交易制度的转化。我们知道,世界范围权益性产品的交易最优过程的解决要让位于政治经济学过程的解决,3号令堪称国有产权交易的一个里程碑式的市场建构过程。2009年6月,国务院国资委下发了《企业国有产权交易操作规则》(简称"120号文"),是我国国有产权交易在程序法变量问题解决后向市场变量解决过程的标志性过渡。

(一) 国有产权交易体系持续完善

一令一文事实上是国有产权交易体系的标志物。京、津、沪、渝四个国有样板性产权交易机构将上述法变量的赋权变为实施细则,贡献唯巨。2008年3月,四央企交易机构在上海正式签署合作协议,共同建设统一的交易制度体系。根据协议,四机构成立联合工作组和磋商机制,对各自交易制度体系中的规则和流程的异同点,举行定期或不定期磋商。在此基础上,形成体系一致但又不限于规则及下目在信息披露、受理、竞价、结算、审核、收费、调解办法的次级差异。在统一交易制度体系的基础上,四机构按照统一交易系统的需求,根据情况对系统进行修订和完善,以满足交易体系最优需求。另外,交易系统是场内规范,近一段时间以来,四方积极探索实现国有产权联合发布、联合受理、联合竞价等深度合作,表明四机构在做市制度方面协调的同时向成市制度方向整合。这是市场制度进步的又一个重要标志。

2009年6月,国务院国资委发布了《企业国有产权交易操作规则》后,京、津、沪三机构在同年10月份共同发布《企业国有产权交易操作细则》,承诺接受国资委和社会各界的监督,其中包括9个操作细则和3个实施办法。9个操作细则分别是《产权交易争议调解操作细则》《产权交易中止和终结操作细则》《产权交易保证金操作细则》《出具交易凭证操作细则》《结算交易资金操作细则》《组织交易签约操作细则》《登记受让意向操作细则》《发布转让信息操作细则》《受理转让申请操

细则》；3个实施办法是《企业国有产权转让招投标实施办法》《企业国有产权转让网络竞价实施办法》《企业国有产权转让拍卖实施办法》。2010年1月22日，根据《企业国有产权交易操作规则》制定的四机构统一交易系统在北京验收。至此，京、津、沪、渝四家央企产权交易机构完成了交易规则、操作细则、交易系统和交易监测的四统一。

四机构在操作规则的基础上，贡献了9个操作细则和3个实施办法，形成了一令一文的法规体系以及若干个细则和办法构成的交易体系。两体系群和国资委监管验收确认，使得国有产权交易体系以及一般产权交易体系出现了在中国人努力的基础上形成的制度基准和框架，标志着中国改革开放后跟在西方资本市场后面亦步亦趋地建立自己资本市场时代的终结。

（二）中国产权市场边界多元化拓展

我国市场板块间联动机制的缺失形成了第二个非收敛性因子。我们知道，地方性市场只有在形成竞赛性意义上的市场（contestable market）构造的前提下才和全国性市场是互动的。但我国过去十年间平均每年地方输送全国性股票市场的小于100个企业的过程不是竞赛性过程，很大程度上是证监会上市部门、地方主管和关联单位以及企业三方在很小范围的非市场性信息互动过程。上市数量的小数性质和信息过程的近乎私密性质，不具备任何成熟意义上的竞赛性市场特征。两相看来，我国地方性市场和全国性市场是相对独立发展的。

由平行发展的股票市场和产权市场共同组成的有中国特色的资本市场，在结构和功能上已经明显优于只有股票市场的西方资本市场。在我国的产权市场上，可交换的资本品更多，可服务的企业更广，既可满足各类公有产权阳光流转、保值增值的需要，也可适应广大中小企业的直接融资和优化管理的需求；既能为上市公司服务，也能为非上市企业服务。

产权市场作为我国近年来发展最为迅速的市场，已经受到越来越多资本市场参与者和学者的关注。它是我国资本市场发展过程中产生的一个我国独有的现象。作为内生成长起来的市场，中国产权市场正在更改我国多层次资本市场的发展前景和收敛路径。

2009年以来，我国产权市场出现了一系列前沿性质，包括发达经济刚刚出现，有些甚至尚未出现的市场形式，比如技术交易所、环境交易所和文化产权交易所，等等。但是，机构快变年份出现的这类新市场形式，尚未在交易的意义上形成量的规模，故而还不是一个事实上的重要板块。在积极的意义上，我国资本市场四板块的非收敛性平行发展为产权市场留下了巨大的发展空间和收益空间。

也正是在国家资本市场成长的地方使命意义上，我们在理论认知上不同意将我国资本市场说成已经是多层次资本市场的政策主流判断，谁能说地方性资本市场仅仅就像中学给大学培养学生一样，具有层级上的高和低之分呢？毕竟，最发达的资本市场——美国资本市场——上市公司总数也不到市场企业总数的5%。如果世界上大众化教育指数以19.6为划界参数的话,美国上市公司的大众化指数参照现实还差得远呢!地方培育了二十份企业数量,最发达的资本市场地区仅仅能够消化其中的一份。为这样的市场设计制度培育企业,不是一种巨大的地方市场资源浪费吗!地方性资本市场的发展缺失是世界级和世界范围的难题。美国资本市场的技术进步路线在20世纪70年代以后基本上走错了。[①] 地方性资本市场的稳健成长和在交易技术上的前沿创新,是弥补目前世界范围国家级资本市场贵族化而非平民化趋势的另外一维的现实。

三、产权市场发展中的前沿创新与交易边界拓展的失衡之处

2009年,我国320家产权交易机构的交易规模达到5 000多亿元,而同口径的上证和深证两所形成的国家性一级资本市场(IPO)的融资规模仅为2 000多亿元。从服务的企业类别来看,产权市场既能为大型骨干企业提供融资和股权服务,也能为中小企业提供服务。而不像今天的股票市场,仅仅能为骨干企业和创新企业中的明星提供服务。

(一)我国产权市场良性发展中的前沿制度创新

我国产权市场交易方式和品种服务涵盖了资本品业已存在和刚刚呈现生命力的所有领域。在提供资本品交易品上,产权交易几乎做到资本品种市场全覆盖,既包括权益类资本品,也包括物权类,甚至包括法权类资本品交易,比如可交易的排污权、频道权、知识产权、技术产权甚至文化产权,等等。如果突破当前产权市场中存在的某些问题,可以预见,产权市场将成为资本市场板块中交易品种最为丰富的主流市场。

1. 金马甲创新为分立的实点交易所提供了一个联盟性质的有界网资源

2009年12月22日,中国产权市场创新联盟宣布,我国首家定位于为各类产权交易提供在线服务的第三方电子商务平台"金马甲"成功融资,设立"北京金马甲产权网络交易有限公司"。金马甲是由分布在全国30多个省市的产权交易机构和相关实力机构创立的基于互联网的资产与权益交易服务平台。

这是中国产权市场发展的一项重大突破:金马甲网好像一个以交易所金融载具为单元的"高速公路网"。有了这张网之后,交易所就像一个个"交通运输公

[①] 曹和平:《中国产权市场发展报告(2008—2009)》,社会科学文献出版社2009年版。

司",将自己的产品运载到各个目的地。近十年来,与 PE①资本品交易市场相对应的 PE 公司呈现了比公众上市公司更好的治理结构形式。这一企业制度形式不是产生于制造行业而是派生于金融中介行业,说明从事资本品生产和交易的企业更需要与信息处理和耦合相对应的技术。20 世纪 70 年代后,成熟的各种证券和股票交易所推行公众上市公司制度,相对于 PE 公司制度,其市场设计已经落后了。而产权交易所本身的信息披露、反馈和谈判方式,更适合从事股权资本品生产和交易的企业的生存和发展。

作为内生性质的制度因子,以服务和产品全覆盖为特征的我国产权市场,其成长的国民经济基础和更靠近草根金融的本土优势将会使其成为四板块市场中发展最快、成长性最为稳健的市场。

2. 区域资本市场及区域资本市场创新

地方产权交易市场的合作形成事实上的我国区域资本市场。目前我国区域资本市场主要有:长江流域产权交易共同市场、北方产权交易共同市场、广州产权交易共同市场、海西联合产权交易市场和西部产权交易共同市场。各大交易市场的成立时间几乎横跨整个产权交易市场的发展过程。区域资本市场的成立、发展充分表明,我国地方性产权交易市场不是孤立发展的,而是在相互借鉴、相互学习的过程中不断壮大。区域资本市场中的金融机构应该通过何种方式组成一个有序竞争、孕育创新的"俱乐部",区域资本市场的实点边界以多大为好,以及区域资本市场收敛的最终形态如何仍然是理论和实践探讨与验证的问题。不管怎样,长江流域产权交易共同市场的发展见证了产权市场发展的曲折过程,并最终成为区域资本市场的典型。

1997 年产权市场经历的第一次挫折催生了长江流域产权交易共同市场(以下简称"共同市场"),开创了我国跨地区产权市场之先河。目前共同市场已经成为一个辐射南北、联结东西、跨越中部、面向国际,在中国最具市场影响力的区域性产权大市场之一,成为我国跨区域资源配置、并购重组和资本流动的重要市场平台。《中国产权市场年鉴》数据显示,2004—2009 年间,共同市场共计成交 102 945 宗,成交金额合计达到 10 626.07 亿元,宗数和成交金额分别占同期全国总量的 50.59% 和 49.74%,年均复合增长率达到 20.77%。

2003 年 3 号令的发布使当时尚存的各地产权交易所真正获得了业务发展上的自由,助推了共同市场的规范化发展以及统一信息发布平台的建设和合作机制的构建。目前共同市场已经在规则制定、年鉴出版、产权交易国家级奖项评选活动以

---

① PE 市场常常被资本市场的技术专家译为私募股权市场。虽然在操作的意义上不致出错,但在市场创新的意义上其不准确性容易束缚人的思维。在市场构造形式上,将 PE 市场理解为私募股权市场,不如理解为与大众市场(竞争性市场)相对应的小众市场更易为市场制度创新;在企业治理结构上,将私募股权公司理解为与大(公)众公司对应的治理结构形式,其激励耦合设计比公众上市公司更为有效,更能把握资本市场的前沿拓展方向。

及市场创新等方面做出了突出成绩。区域性交易规则是区域性产权交易市场发展过程中各会员机构积淀下来的成功经验总结。2003年由共同市场牵头组织编纂的我国唯一一部产权市场年鉴——《中国产权市场年鉴》问世，且已经成为研究产权市场的基础性数据来源。

类似学科交叉形成的创新性学科——交叉学科在20世纪推动科学技术创造了无数辉煌，交叉金融创新为产权市场不断增添新内容、新课题。有不同教育和工作背景从业人员参与的产权市场在思想的碰撞中渐渐创生出世界上独一无二的金融业务和产品。汇聚更广范围智慧的共同市场在各种形式的交流中也不断涌现出形形色色创新的生动案例。共同市场的创新不仅包括产品和业务创新，还包括金融工程式的平台建设。2006年至2009年年底，江西产权交易所通过股权质押融资业务共为中小企业融资26.47亿元。2009年3月18日，武汉光谷联合产权交易所排污权交易正式启动。福建省产权交易中心提出了探索引入台湾地区上柜、兴柜市场交易机制，促进两岸股权交易模式的统一与融合的基本构想。上海联合产权交易所2008年成立了上海环境能源交易所、南南全球技术产权交易所之后，2009年又先后揭牌设立了上海文化产权交易所、上海农村产权交易所和上海知识产权交易中心等新的专业交易平台。共同市场创新逐渐成为区域资本市场创新的主要力量和地方产权交易机构创新力量传导的主渠道。

3. 文化产权、林业产权和私募股权的创新意义

2009年，产权市场边界的拓展逐渐分化成两个方向：基于产权交易标的的自然属性的拓展和基于标的的社会属性的拓展。前者包括碳排放、文化产权、技术产权、林业产权等产权交易机构或平台的兴起；后者主要表现为各地公共资源交易平台的普遍成立以及对私有产权交易的探索。

产权市场边界在这两个方向上的拓展从一个独特角度反映了产权市场资本品交易全覆盖的特征，并且由市场的进一步动态拓展印证。基于交易标的自然属性的拓展说明，排除其归属性质（私人、共有、公有、国有），只要是产权就有通过市场交易的可能。基于社会属性的拓展说明，进入市场交易的产权与归属性质也没有关系，只要产权所有人全体在法律上达成一致意见就可以进场交易。

文化产权是一种非常特殊的产权，其特殊之处在于文化产权的基础财产是无形的，人们对文化的理解千差万别。这种无形资产价值评估带来的交易问题在供求双方有限的偶然相遇过程中几乎无法得到解决。但是，没有关系，产权市场内含的制度设计能够将这个市场建立起来。新的市场带来的社会福利将是无法估计的。文化产权交易市场的领衔者——上海文化产权交易所和深圳文化产权交易所已经成立了包括新闻、出版、发行、广播、电视、电影、文化艺术、建筑艺术、演艺经纪、创意产业与数字软件、策划、广告会展、网络文化及休闲娱乐、品牌时尚、收藏鉴赏、奢侈品、旅游、酒店餐饮、体育卫生社会福利和教育等在内的诸多平台。这反映了产权市场在一令一文的法规体系以及若干市场办法和细则之下的自由化超越了

西方发达国家现行制度下的市场繁荣。

林业产权也是一种非常特殊的产权,其特殊之处源于林业在国民经济中的特殊战略地位。林业在国民经济中的战略地位是由林产品的特殊属性决定的。首先,绝大多数林产品是基础原材料,是进入林木产业链条纵向加工序列的起始一端。林产品供应和价格的变动,会通过林业产业链条由始点传导到国民经济各个纵深环节,对国民经济有重大影响。其次,林产品的商品化率很高。林业产品加工的深度和广度不仅比粮食,而且比绝大多数原材料还要高。林产品贯穿行业链条多数部分且分布在一群产业链条中,具备了战略原材料的意义。最后,林业苗圃、成长林、成熟林(商业林)和湿地、山地、远山林(公益林)本身的存在,不仅是当地居民栖于其中的环境,而且超出区域甚至国家范围成为更广泛意义上的"地球之肺"的构成部分。正因如此,建立林权交易市场更具战略意义。整合江西省53家县级林业要素市场的南方林业产权交易所也已形成统一的交易平台、交易规则、信息披露平台、保证金等支付平台和监管平台。自2009年11月成立以来,该交易所林权交易非常火爆。这种几近爆发式的交易现实是对产权市场出现之前的制度缺失的一种呐喊,也是对市场边界进一步拓展的呼唤。

产权交易市场的发展既不是纯粹偶然的过程,也不是孤立的自我进步。2009年下半年以来,中国风起云涌的私募投资与中央四万亿经济刺激政策系列形成另一场令世界艳羡的经济盛会。西方国家延续多年的上市公司制度在理论和实践上都逐步丧失了先前的光辉。私募股权基金渐渐在更稳健的意义上登上现代资本形成和运营的核心舞台。作为私募股权流转最为重要的平台,产权市场将和民间资本市场在私募股权基金的发展过程中逐步融合成为我国资本市场的核心力量之一。

(二)产权市场良性发展中边界拓展的失衡之处

纵观我国资本市场的发展演变过程,产权市场已经逐渐演变为我国资本市场中非常重要的一个组成部分。我国产权市场的发展经历了类似于经济周期的繁荣、衰退、萧条、复苏的循环,在否定之否定的运动中逐渐走向阶段性成熟。产权市场已经从为国有企业改制提供产权流转的平台发展成为我国非上市各种所有制企业的融资平台,可以说是强制性制度变迁和诱致性制度变迁共同作用的结果。

我国产权市场服务企业的数量是证券市场的10倍以上。2009年,我国各地产权市场为不少于20 000家地方企业提供服务,而同一时期证券市场IPO上市不到2 000家。同一时期,我国有1 000万家股份制企业,如果都要消费股权的话,证券市场不是它们应该寻资的大众水源地,全国各地的产权市场和民间市场的结合,才能变成我国中小企业融资的"人民解放军"。

上证和深证主板市场,由于上市标准较高,注定只是大型骨干企业的直接融资渠道。2000—2009年,我国在上证和深证上市的公司数从1 088家增长到1 718

家,平均每年新增60多家,而且由政策和投资者可能的行为偏差引致的股票市场波动使得企业在衡量上市筹资成本决策后选择的上市时间相对集中,上市企业数的年波动幅度也较大(2007年有116家企业净上市,2005年仅有4家)。根据国家工商总局的数据,2002—2008年我国上市公司占全国企业的平均比例仅仅在0.017%左右(见表3)。对于99.983%的其他国有企业和20世纪90年代开始不断发展的民营经济而言,唯一的融资渠道只有银行贷款。但是以国有股份制商业银行为主导的银行体系发放的贷款大部分投向了国有企业。

表3 2000—2009年全国企业和上市公司情况

年份	GDP（亿元）	全国企业（不包括外资企业）（万户）	上市公司（个）	上市公司占全国企业比例（%）
2000	99 214.6	—	1 088	—
2001	109 655.2	—	1 160	—
2002	120 332.7	708.34	1 224	0.017
2003	135 822.8	741.08	1 287	0.017
2004	159 878.3	782.17	1 377	0.018
2005	183 217.4	821.6	1 381	0.017
2006	211 923.5	881.4	1 434	0.016
2007	257 305.6	923.32	1 550	0.017
2008	300 670.0	927.96	1 625	0.018
2009	335 353.0	928.38	1 718	0.019

资料来源:根据《中国证券登记结算统计年鉴》和国家工商总局网站数据整理。

其中,2009年GDP为国家统计局初步核算,2009年全国企业数(不包括外资企业)为国家工商总局发布的《2009年一季度全国市场主体发展报告》中截至2009年3月的中国内资企业数。

中小企业板块只是深圳证券交易所的一个组成部分,并不是资本市场中一个独立的层次,其交易系统和监管标准与主板市场相同,只是上市标准略低于主板市场。

创业板2009年10月在深圳证券交易所正式开板,目标定位为中国的纳斯达克,主要面向成长型和高科技企业,上市标准比主板低,但是出于保护投资者的好意,制定的上市标准相对于国外的创业板较高。就目前来看,创业板主要定位于有成长潜力的创新型中小企业,但是和我国上千万的中小企业数相比,创业板市场本身能够为我国中小企业带来的直接融资渠道还是十分有限的,它更多地是形成我国中小企业的融资环境,形成一种示范效应。在我国目前严重缺乏多种类投资工具,以及部分企业尚无法真正进入产业投资领域的情况下,涌入股票市场的投资催生的低成本融资机会,使得企业上市竞争异常残酷,上市资源有限的事实不经意间产生了非常高的租金,甚至极有可能衍生出投资者不愿意看到的丑闻。而产权市场可以为不能在主板、中小板和创业板上市的900多万家企业提供更广阔的投融资平台,并且由于市场参与者绝大多数是机构投资者,相比有众多受行为偏差困扰的个人投资者参与的股票市场似乎更为理性。

作为内生性质的制度因子,我国产权市场具有稳健成长的国民经济基础和更靠近草根金融的本土优势。从近几年发展看,我国产权市场成长速度很快。2009年,我国前320家产权交易机构的交易规模达到5000多亿元,而同口径的上证和深证两所形成的国家性一级资本市场(IPO)融资规模仅为2022亿元(见表4)。从服务的企业类别来看,产权市场既能为大型骨干企业提供融资和股权服务,也能为中小企业提供服务,而不像股票市场仅仅为骨干企业和创新企业提供服务。

表4　我国股票市场和产权市场融资额比较　　　　(单位:亿元)

年份	股票市场筹资额	IPO 口径的融资额	
		产权市场	股票市场
2002	961.75	500.00	516.96
2003	1 357.75	1 000.00	453.51
2004	1 510.94	1 913.84	353.42
2005	1 882.51	2 926.00	56.74
2006	5 594.29	3 193.93	1 572.24
2007	8 680.16	3 512.88	4 590.62
2008	3 852.21	4 417.85	1 034.38
2009	5 056.00	5 000.00	2 022.00

注:由于没有产权市场筹资额的统计,我们把产权交易成交金额近似地看作是产权市场融资额;2009年股票市场筹资额、IPO口径的融资额和产权市场融资额为预估值。
资料来源:相关年份《中国产权市场年鉴》《中国证券期货统计年鉴2009》。

从某种意义上,产权市场的存在弥补了世界资本市场上20世纪70年代以来证券交易市场只为骨干企业和创新企业服务的锦上添花式融资制度设计的缺陷,可以延伸市场边界惠及中小和微小企业。如果突破当前产权市场中存在的某些问题,可以预见,产权市场将在规模上远超证券市场,成为资本市场版块中的第一大市场。

产权市场内涵的各种新制度因子是明天资本品交易的主流市场。近十年来,与PE资本品交易市场相对应的PE公司呈现了比公众上市公司更好的治理结构形式。这一企业制度形式不是产生于制造行业而是派生于金融中介行业,说明从事资本品生产和交易的企业更需要与信息处理和耦合(匹配)相对应的技术。20世纪70年代后成熟的各种证券和股票交易所推行公众上市公司制度,相对于PE

公司制度,其市场设计已经落后了。而产权交易所本身的信息披露、反馈和谈判方式,更适合从事股权资本品生产和交易的企业的生存和发展。

另外,发展产权市场可以有效解决我国资本市场发展不平衡的问题。目前我国经济最发达的地区是东部地区,中部和西部地区经济发展相对缓慢。2008年我国东部地区的GDP是中部地区的2.8倍,是西部地区的3倍,在证券市场中的A股IPO筹资额和发行量都占到了80%以上(见表5)。但是在各个地方建立的产权交易机构却弥补了证券市场的缺陷。特别是对于资本市场不发达的地区,产权市场可以满足当地企业的融资需求,活跃当地的经济活动,促进当地经济的高效发展。

表5 按区域划分的2008年GDP和A股IPO情况

地区	GDP（万亿元）	筹资额		发行量	
		金额（亿元）	比例（%）	数量（亿股）	比例（%）
东部十省	17.8	866.2	84	101.9	89
中部六省	6.3	29.4	3	2.1	2
西部十二省	5.8	124.6	12	9.7	8
东北三省	2.8	14.2	1	1.3	1

资料来源:《中国统计年鉴2009》《中国证券期货统计年鉴2009》。

伴随产权市场良性发展,基于标的社会属性的市场边界拓展也有失衡之处。在一个足够自由化的市场环境下,国民经济中的公私产权比例与产权市场上交易的公私产权比例应该不会有太大差别。然而从产权交易实绩看,产权市场上的公有(国有和公共资源)产权交易量仍然占有绝对优势。究其原因,似乎是强制性制度变迁使然,但是我们更期待未来这种市场拓展失衡能够得到纠正。毕竟,适合国有产权交易的一令一文真的也同样适合其他权属性质的产权交易吗? 产权交易市场参与者尚缺乏对于其他类产权的交易制度的探索,而这一领域可能是未来产权市场发展的主要方向之一。在此过程中,那些能够提早探索并有所成绩的将在未来产权市场的发展中处于领头羊地位。

(三) 产权市场交易分析

1. 交易量逐年攀升,金融危机呈现较小的波动

2000年以后,我国产权成交金额逐年攀升,2008年达到4417.85亿元,总成交数34762宗。从成交额增长率来看,呈现倒"U"形趋势,在经历了2006年、2007年的低增长后,2008年开始反弹(见图2)。

将产权交易成交额增长率、人民币各项贷款增长率和股票市场筹资额增长率相比较,我们可以看出,2001—2008年,产权交易成交额增长率和人民币各项贷款增长率成显著的正相关关系(见图3),预计产权市场2009年成交额达到5000多亿元。

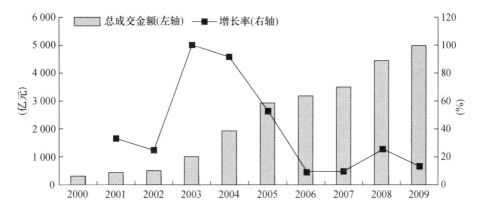

图2　2002—2008年我国产权市场发展情况

注：2009年产权交易成交额为预估值。

资料来源：相关年份《中国产权市场年鉴》。

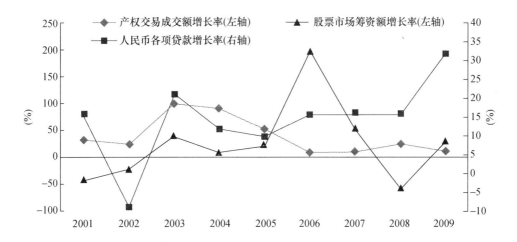

图3　人民币贷款、股票市场融资增长率和产权市场成交额增长率关系

注：2009年产权交易成交额为预估值。

资料来源：中国人民银行网站、相关年份《中国产权市场年鉴》和《中国证券期货统计年鉴2009》。

2005—2009年股票市场筹资额增长率相对于产权交易成交额增长率来说波动幅度非常大：2005年为24.6%，2006年猛增至197.2%，2007年下滑至55.2%，2008年为-55.6%，2009年反弹至31.2%。另一方面，我国股票市场在经历了2006年至2007年前10个月的牛市后，开始直线下滑，2008年10月末至11月初降到最低点后开始逐渐回升，至2010年5月份一直维持在2600点左右（见图4）。

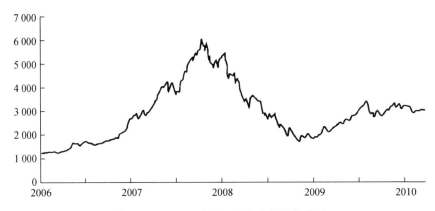

图4　2006.1.4—2010.5.31 上证综指情况

资料来源:新浪财经。

2. 国有产权交易稳中有升,非国有产权交易上升明显

2005—2008年,除了2007年有所回落外,其余各年份国有产权交易成交额都有所上升,各年份都保持在2 000亿元以上(见图5)。国有产权交易成交额占总成交金额比例平均为69.41%,非国有产权交易成交额增长明显加快。2007年开始,成交额突破1 000亿元,2008年稳步增长。通过数据可以看出,国有产权交易依然占据了产权市场交易的重要部分,非国有产权交易从2007年开始呈现快速增长的趋势。

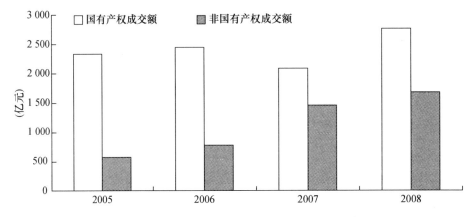

图5　产权交易分国有和非国有产权交易成交额情况

资料来源:相关年份《中国产权市场年鉴》。

3. 跨区跨境融资能力尚显不足

跨区跨境交易量是实点性交易市场融资能力的一个重要测度。2005—2008年我国产权交易按地域分布情况分类看,本地交易依然占据最主要的位置,总体在79%左右,2008年有下降的趋势,异地交易总体维持在15%左右,但有逐年上升的趋势且上升的比重不是很大,而境外交易总体维持在6%左右(见图6)。

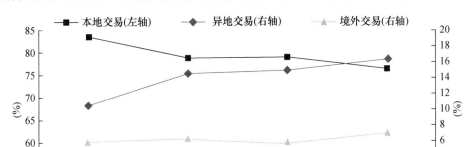

图 6 产权市场交易地域分布

资料来源:相关年份《中国产权市场年鉴》。

4. 协议仍是主要的成交方式

目前,协议转让依然是产权市场的主要交易方式,2005—2008年,协议转让占比在60%左右,拍卖占比在10%左右,招标占比在5%左右,竞价在2005年和2006年占比10%以上,2007年和2008年降到6%左右(见图7)。这几种交易方式各有优缺点,协议转让在价值增殖方面逊色很多。

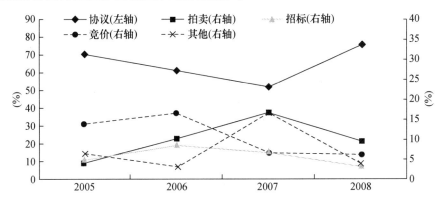

图 7 交易方式所占比例情况

资料来源:相关年份《中国产权市场年鉴》。

5. 产权市场集中度高

2006年的数据显示,6家成交额在100亿元以上的产权交易机构成交额占全部机构[①]的比例为74.85%;23家成交额在10亿—100亿元的产权交易机构占比为19.62%;成交额在1亿—10亿元的产权交易机构有38家,成交额占比为

---

① 全部机构指全国提供交易数据的76家机构。

5.36%;成交额在 1 亿元以下的产权交易机构有 12 家,成交额占比为 0.17%。数据表明我国产权市场的市场集中度非常高(见图 8)。

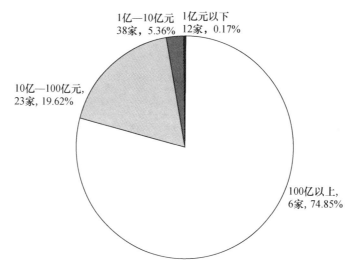

图 8 市场集中度情况

资料来源:相关年份《中国产权市场年鉴》。

6. 企业国有产权进场交易制度复制到其他公有产权和社会公共资源配置

从全国的情况,特别是从京、津、沪、渝以及一些省级交易机构的情况来看,企业国有产权进场交易制度开始复制到其他公有产权流转和社会公共资源配置,比如金融资产、行政事业资产、涉诉资产、社会公共资源配置和土地资源的进场交易,正在陆续开展。

在涉诉资产处置方面,重庆联合产权交易所走在了全国的前列。重庆联交所将司法拍卖和产权交易两者有机地连接起来,通过广泛的信息发布和以电子竞价为主的交易方式有效防止了司法拍卖中的寻租行为,这对全国其他地区的涉诉资产处置起到了很好的示范作用。

社会公共资源配置方面,珠海市在这方面树立了典型。珠海市成立了在产权交易市场的基础上运行的珠海市公共资源交易中心。2008 年 5 月,《珠海市公共资源市场化配置管理暂行办法》规定了珠海区域公共资源配置必须进场交易的制度。2009 年 8 月,珠海市下发了《珠海市 2009—2010 年公共资源市场化配置目录》,业务范围涵盖 9 个方面,并要求所有目录中的公共资源项目必须进场交易。珠海市的成功经验已经开始推广至周边的城市。

这一系列的复制兴起是一个历史起点,既表明了国有产权进场制度体系和相关实践得到相对完善,积累了初步的经验,又表明它已经产生比较深刻的影响。

四、区域产权市场的中国特征与未来的可能收敛方向

(一) 危机后复苏的宏观经济与稳健增长的产权市场

2008 年名义 GDP 的绝对增长与 2007 年几乎一致。消费和资本形成对 GDP 增长的贡献率都有上升,而净出口贡献率下降超过 10%。受金融危机影响,2008 年净出口拉动 GDP 增长的百分比是 0.8%,较前三年有大幅下降。消费和资本形成拉动 GDP 增长的百分比旗鼓相当,为 4.1%,但较 2007 年低了 1 个百分点左右,结果全年 GDP 增长率较 2007 年低 4 个百分点(见图 9 和图 10)。

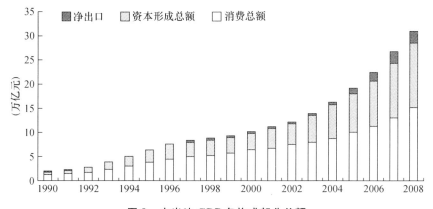

图 9 支出法 GDP 各构成部分总额

资料来源:国家统计局网站。

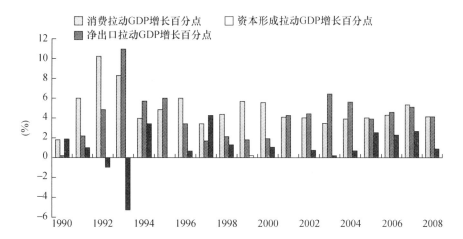

图 10 支出法 GDP 各构成部分对 GDP 增长贡献的比重

资料来源:国家统计局网站。

2009年M1月增长速度明显加快,尽管有数据显示产权市场成交额较股票市场融资额略低(见图11),但一方面,产权市场成交额的数据可能被低估,而股票市场融资额数据很准确(见图12);另一方面,产权市场成交额延续前几年的趋势平稳增长。2009年除M1表现出较快的增速外,中长期贷款以及各项贷款也都大幅增加。1年期贷款利率以及中期贷款利率变化不大(见图13)。

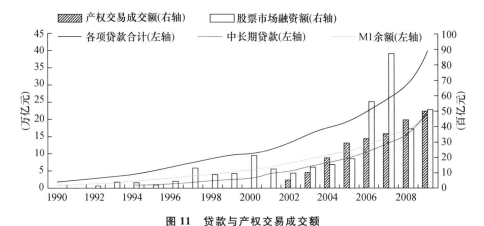

图11　贷款与产权交易成交额

资料来源:中国人民银行网站、相关年份《中国产权市场年鉴》和《中国证券期货统计年鉴2009》。

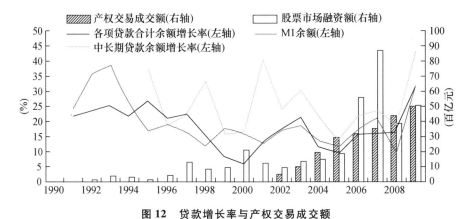

图12　贷款增长率与产权交易成交额

资料来源:中国人民银行网站、相关年份《中国产权市场年鉴》和《中国证券期货统计年鉴2009》。

(二)区域产权市场的中国特征

为了规范国有企业改制工作,2003年11月,国务院办公厅转发了国务院国资委颁布的《关于规范国有企业改制工作的意见》(国办发[2003]96号),要求非上市企业国有产权转让要进入产权交易市场。2003年12月31日,国务院国资委、财政部发布了《企业国有产权转让管理暂行办法》,即3号令,确立了我国国有产权进

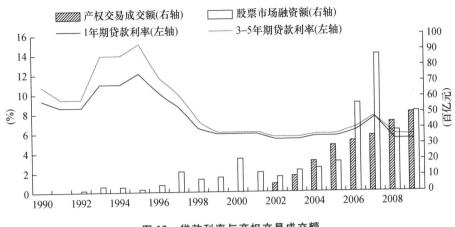

图 13 贷款利率与产权交易成交额

资料来源：中国人民银行网站、相关年份《中国产权市场年鉴》和《中国证券期货统计年鉴 2009》。

场交易制度。数据显示，2008 年国有企业产权交易成交额占总成交额的 62.26%（见表 6），说明目前我国产权市场交易主体是国有企业。非国有企业的成交额也呈逐年上升的趋势。

表 6 2005—2008 年国有和非国有产权交易情况

年份	国有和非国有产权交易情况			
	国有产权交易		非国有产权交易	
	成交额（亿元）	占比（%）	成交额（亿元）	占比（%）
2005	2 341.97	80.04	584.03	19.96
2006	2 435.69	76.26	758.24	23.74
2007	2 075.41	59.08	1 437.47	40.92
2008	2 750.55	62.26	1 667.30	37.74

资料来源：相关年份《中国产权市场年鉴》。

但是随着近几年国有企业改制工作接近尾声，产权市场的交易主体也将从以国有企业为主向涵盖各类所有制企业转变。所以，未来产权市场应该成为满足各种类型企业投融资需求的交易平台。

1. 省级产权交易机构将加速整合

目前，全国有很多省级产权交易机构已基本完成或正在进行省内产权交易机构的整合。我国目前有众多产权交易机构，单个省内既有省级交易机构，也有很多的市、县级交易机构，并且事业制的产权交易机构隶属于不同的政府部门。这种市场结构将整个市场割裂，而且由于监督机制的缺失，交易规则不能得到统一，很多不规范的交易行为不可避免。整合省内产权交易机构，通过共用一个交易平台，制定统一的交易规则,将原本割裂的市场重新连接成一个大市场,更能有效发挥产权市场价格发现功能,尽可能避免不规范行为的发生。

2. 产权交易创新不断

2010年,我国先后成立了两家金融资产交易所——北京金融资产交易所和天津金融资产交易所,金融资产交易市场已经开始形成。目前,金融资产交易主要集中在金融不良资产的处置,其次是金融企业的股权转让,未来随着金融资产交易的不断深入,金融资产的创新活动也会更加频繁。金融资产交易未来的市场空间很大。

林权交易随着我国林业制度改革而开始明朗化,江西省是我国最早进行林权改革的省份,通过整合省内林业要素市场组建了南方林业产权交易所,它是我国第一家区域性的林业产权交易所。目前,全国很多的省份已经开展了林权制度改革,并制定了工作时间表。相信随着林权制度改革的深入和完善,林权交易会成为产权市场未来发展的一个热点。

环境权益交易已经成为市场的一个热点,我国目前规模比较大的环境权益类交易所有北京环境交易所和上海环境能源交易所两家。交易的范围包括碳排放交易、排污权交易、清洁发展机制(CDM)等。未来中国环境权益交易的发展需要政府、企业和个人的共同努力才能实现。

农村产权制度改革进展比较缓慢,成都作为我国最早实行农村土地改革的地区,在改革中取得了一些成绩,但也产生了一些问题。农村产权制度改革的总体目标是在确权的基础上,使农村产权得到有效流转。随着农村确权工作范围的扩大和不断改进,农民的权益不仅可以得到有效保护,而且在此基础上的农村产权流转更能够提高农民的收益。

(三)我国产权市场的未来收敛方向

1. 产权市场将和PE资本更加紧密地结合

21世纪以来,我国产权市场已经发生巨大变化,有了长足发展,这必将成为中国PE快速发展的独特优势。产权市场不仅可以为PE资本提供可投资的项目,而且是PE资本最佳的退出渠道。

对于基金数量多、投资项目多、投资规模相对较小、以人本参与分配、采取中周期运作、多数达不到上市条件就需要流转退出的PE企业而言,由我国首创的产权市场正是适应PE企业资本制度发展需要的另类的新型资本市场。集中了大量产权交易项目、产权交易主体和产权交易服务中介的产权市场,既可以为GP与LP提供信息中介,也可以推动PE基金与受资企业相互联姻。在这里,GP可以比较便捷地寻找到期望的LP,LP也更便于全面考察和发现各个优秀的GP。

通过产权市场,PE基金既可以更加广泛及时地发现值得投资的受资企业,也可以实现更加适时而高效的退出,从而有效降低PE基金项目内部回报率门槛,扩大基金企业可以投资的受资企业范围,大大拓展PE基金的发展空间。当PE基金集中于产权市场后,对于广大非上市企业而言,产权市场就成为其接触和比选PE基金的最好渠道。当PE基金或受资企业需要多次融资或分次退出时,经由产权市场来操作也会比其他渠道更加经济有效并便于监管。当发生在已经投资的PE基金项目中出现LP由于特殊原因而需要提前退出基金的情况时,产权市场还可为该LP提供一个特别有效的转让通道(即PE基金投资的二级市场——LP份额转让市场),从而及时免除或化解GP与LP之间的进退纠纷。

2. 市场板块的收敛在于与民间资本的整合

从资本市场的制度因子构成来看,我国资本市场四板块中的第一、第二板块明显是外生制度因子形成的。在观察上,甚至连这两个市场板块中的业务人员的岗位名称都是个舶来品。第三和第四板块是我国资本市场的内生制度因子促成的。其中,产权市场主要是地方政府运用公共品资源建立起来的;民间资本市场则是真正意义上的中国草根金融。具有中国特色的资本市场制度必须在这里寻找其建成的制度因子。我们不反对学习西方资本市场制度,但是,在目前阶段,我国地方性产权市场和民间资本市场的结合,就像20世纪40年代初期八路军和新四军等正规军与地方民兵武装的结合一样,具有独特的重要意义。

如前所述,阻碍我国资本市场板块收敛的第二个因子是市场板块间联动机制的缺失。截至目前,第一、第二板块不是竞赛性意义上的市场构造,从融资的角度上看,第一、第二板块只是小范围的非市场信息互动过程,这个过程在未来似乎也无法通过合适的制度设计让二级市场投资者有所了解。存在委托代理问题的监管机制在理论上要求对监管者的监管、对监管者的监管者的监管……这样一个高阶逻辑过程。这就需要有一个制衡机制,制衡可以来自知道真相的投资者。这样的投资者越多,制衡效果越强。但是,非市场信息互动过程却没有为制衡机制留下哪怕一点点生存空间。制衡机制的缺失导致市场板块联动机制无法建立。在积极的意义上,我国资本市场四板块当前的非收敛性平行发展促使更多的创新性前沿产权市场相继涌现,并且为产权市场留下了巨大的发展空间和收益空间。

然而地方性产权市场却是一个竞赛性意义上的市场,尤其对于民间资本形成的私有产权类交易来说更是如此。制度设计使得产权市场在交易产权或提供投融资服务过程中披露的信息量远远超过了第一、第二板块市场的投融资过程。不仅如此,国有产权进场交易的强制性制度并不排斥地区性国有产权在众多指定机构之间选择的多样性。从法的意义上说,私有产权交易的意愿性使得地方性产权市场在更深层次形成一个竞赛性意义上的市场。也正因如此,我们估计民间资本市场更可能与产权交易市场形成真正意义上的联动甚至融合。这在个联动过程中我国地方性市场和全国性市场实现了统一。

参考文献

曹和平:《中国产权市场发展报告》,《中国产权市场发展报告(2008—2009)》,社会科学文献出版社 2009 年版。

中国人民银行货币政策分析小组:《2009 年中国区域金融运行报告》,2010 年 6 月 8 日。

何亚斌:《中国产权交易评述:政策沿革视角》,《中国产权市场发展报告(2008—2009)》,社会科学文献出版社 2009 年版。

周立群、邓路:《产权交易市场:从国资流转平台到多元资本市场》,《中国产权市场发展报告(2008—2009)》,社会科学文献出版社 2009 年版。

中国增长、长链金融与产权市场边界多元化拓展*

我们对世界和国内经济的整体判断是,2010年年初,世界经济出现多种危机后出现复苏迹象,但随后发达经济主要经济增长指标连续多个季度低于预期,引发议会政治缠斗,贻误了复苏期亟需的宏观管理系统性政策跟进,致使原来较小可能的二次探底在2011年后半期出现现实的可能性。

关于中国经济的整体判断是,中国为应对危机投放的4万亿元及更大规模的商业投资跟进为2010—2011年间的增长埋下了通货膨胀的种子。为有效遏制物价上涨,中国综合性长时间的宏观政策组合引致增长速度放缓,预测机构纷纷调低中国的增长预期。

2010—2011年间,中国条条金融及关联机构形成的主流市场为配合国家政策组合趋向,其融资构成快速向过去的体制回归;证券融资及块块性地方资本市场发展受到影响。唯一的快速推进是私募股权市场,但出现政策性和商业性战略投资人短缺、财务投资人和融资投机人满天飞的趋向。资本市场发展出现重大不确定性。

中国产权市场面对全球经济复苏反复和国内增长趋缓的挑战,在稳定主导交易业务的同时,多方面创新发展,大区性质交易市场发展迅速,监管和交易规则有序推进,地方性产权发展出现异化趋势,呈现出产品市场发展指标趋缓、要素资本品交易指标活跃替代的局面。中国产权交易市场发展尚待解决的弱项在于仍然无法克服市场边界拓展的难题。本研究报告将从六个方面来阐述中国产权市场发展的思考:① 以美国为首的世界经济体复苏应对策略;② 中国增长、产业链整合及资本市场发展;③ 长链金融理论和权益类要素市场理论;④ 产权市场边界多元化拓展分析;⑤ 产权市场发展中面临的瓶颈与外部新冲击;⑥ 产权市场未来可能收敛方向分析。

---

* 曹和平:《中国产权市场发展报告(2010—2011)》,社会科学文献出版社2012年版,第1—29页。本文为《中国产权市场发展报告(2010—2011)》总报告,标题为编者所加。

一、以美国为首的世界经济体复苏应对策略

和平时期经济增长有利于技术、技术型人力资源团队和对应专家型国家管理团队的发展。当出现类似于2008年发自发达经济体的金融危机时,需要思想家类的技术创新出现,需要战略型技术人力资源团队,需要全球性政治家在世界范围合作。在寻求走出危机的时期,占主导力量的专家型和工程型人力资源团队表现出了视野上的狭窄,应对世界危机出现综合性战略的缺失。危机和走出危机时期更加需要的是思想,或者是突破性思维。

(一) 世界头号经济体在战略管理资源缺失条件下的复苏应对困局

2008年雷曼兄弟公司倒闭时,发达国家经济体中最不相信这一事件会引起全球性金融危机的国家是美国。因为当时寻求救助的金融机构有两家,一家是雷曼,一家是当年和花旗资产差不多大的金融机构——美国国际集团(AIG)。美国人选择救助后者而放弃救助雷曼兄弟的原因就是,那不是个具有战略性意义的指标事件。后来的事实恰恰证明当时的危机应对策略是错误的。因为相对于救助的几百亿美元,三次量化宽松政策放入经济中的货币已经是两万亿美元了。加上增长速度的损失和关联债务链条的放大作用,损失岂能是用万亿美元来衡量的?

美国应对金融危机的方法无外乎在新古典经济框架下的供给管理和凯恩斯需求管理之间徘徊。当两党将主权债务上限上升到国家最高决策的头等大事时,共和党无外乎是说,减税可以减轻生产者和消费者的负担,从而增加企业的利润;利润增加,储蓄增加;储蓄增加,投资增加;投资增加,经济增长速度加快。总供给管理好了,哪还有付不起税的道理。民主党则说,增加税收,可以增加投资需求;增加投资需求,可以增加就业;就业增加了,增长岂不到来。把总需求管理做好了,哪还会有加税会伤害生产者和消费者的道理? 当然,两党经济常识性质的争论背后有专家团队详尽的理论推演方案的支持。

问题在于,美国的增长真的是总供给管理和总需求管理两锦囊二者得其一就可以治天下的妙计吗? 纵观美国的战后增长,我们发现,当美国人20世纪50年代在艾森豪威尔主导下修建高速公路的时候,60年代依赖福特流水线作业生产的巨量家用轿车摆到了各地高速公路上。当高速公路上的收费站点源源不断将收费返还给50年代的投资人的时候,支付了过路费的美国家庭因获得了更大的工作和生活半径而获得了更大的收益。60年代的汽车业大发展使汽车工业成为主导产业,投资汽车及关联领域能够获得创业报酬率。更为重要的是,汽车业的发展没有排斥高速公路行业,而是使高速公路的早年投资获得了适度的基础设施建设回报。在这种产业递进逻辑下,当年的主导产业投资能够获得较高的回报率,后来的产业发展不排斥和替代早年的主导技术链条。银行乐意为企业贷款,企业发展也能够

为金融业带来丰厚的报酬率。70年代的大型家电、80年代的电子和微电脑技术，90年代的信息高速公路和互联网革命，似乎都在重复着一个同样的产业成长、家庭消费和金融业配套的产业群成长的路线。上帝好像在有意无意之间选择了西方经济作为20世纪的子民，他们的技术和产业进步周期如此好地得到了拟合，致使管理者使用的新古典自由政策加凯恩斯主义政策操作从技术上升到了模式和教义。

2003年互联网泡沫出现以来，美国等发达经济超过半个世纪屡试不爽的"技术进步—产业递进—金融配套—管理有效"的增长路线似乎失去了方向。互联网以后的技术时代是什么技术，是新能源技术群吗？似乎美国的投资和世界上其他国家相比，尤其是和发展中经济相比，还达不到平分秋色的水平。是新的生物基因技术吗？美国的投资也失去了总量上主导的资质。是新型材料和关联技术吗？也不见其能在三到五年内引导整体经济走出"埃及"的那种神圣力量。问题在于，新技术的创新周期和放诸产业的周期既不是新古典和凯恩斯周期，也不是议会政治周期，但似乎美国在用后两个周期管理前两个周期。这是一个大胆的管理定式，于是美国经济的反复也是个可以预期的"大"结局了。

（二）欧盟复苏的内部难题与日本复苏的外部条件

欧盟自称是世界上最大的经济体，但欧洲的复苏不像是一个单一经济体的复苏。其复苏政策在联盟内部长期达不到协调和统一。也难怪，以国别经济为单元形成的经济联盟体，仅仅在货币方面达到协调，在资本和劳动要素跨国跨境方面达到协调，在市场整合方面达到协调，但没有在统一的货币政策和分散的财政政策之间达到协调。在超越财政和货币政策综合协调的深层制度整合方面，虽然欧盟经济体是世界上整合程度最高的自由贸易区，但毕竟不是可以调整部分国别利益来帮助另外一部分国别经济的国体。欧洲中的强大经济板块，比如德国和法国，绝对不会像美国和中国的强大板块——加州和江苏那样通过一个中央性质的分配机制来应对危机。在欧盟经济体中，当"欧猪五国"财政和福利政策冲撞，复苏的举措需要国别改革，需要其他国家救助的时候，协调的能力非常有限，更遑论短促应对了。我们的判断是，欧盟经济整合虽然达到或者超过世界同类自由贸易区顶端，但非经济类的整合在扯其经济的后腿。短期内，欧盟经济不可能是世界复苏的领头羊，欧洲的问题来自其内部。

日本经济体在出现失势，或者说出现调整的十年后，按理说应该出现增长的苗头了。但是，日本经济虽然价值计量巨大，但其国土面积的回旋尺度、其产业纵深和广度、其综合指标在世界范围的比重，不是一个严格意义上的世界性力量和节点。日本的复苏需要世界的复苏，但是日本的政策组合与自己的世界定位相冲突。比如，日本的复苏需要全方位与世界各个经济体保持良好的双边关系。观察发现，日本长期以来优先日美关系，联盟日澳关系，加盟日韩关系，但同时不断忽视或者看轻日中关系。比如,在战后长达半个多世纪中,日本人在国民的认知平均数上,从来没有痛痛快快地向中朝等国道过歉。因为,在日本看来,它与中朝等双边关系是可忽视,有时候是可伤害从而用来补充优先关系的。差别对待国别的经济,使日本没有办法获得自己成长所需要的全方位国际环境。

(三) 中国面对世界金融危机后复苏的应对策略

同美国在 2008 年一样,在新兴市场和发展经济体中,中国是最不相信会出现全球性金融危机的国家。一个典型的观察事实是,直到 2008 年奥运会在北京召开的 8 月份以前,中国还一直在落实双防策略——防止个别行业增长过快变成全面的经济过热,防止个别地区的物价上升变成全面的通货膨胀。

多年来,虽然中国的出口导向政策使得中国的贸易开放度达到 60% 左右,但中国却奇怪地在产业政策方面采用开放经济政策的同时,在货币政策方面采用了封闭经济的政策取向。一个最典型的观察事实就是,在限制资本账户的条件下,长时间将货币与美元挂钩,同时实行统一结售汇制度。

2006 年以来的较快经济增长使得中国更加向内审视自己的增长周期问题,货币政策和财政政策组合的"双防"趋向是在完全忽略国际金融危机的条件下实行的紧缩性宏观政策。但是,当年底美国传来金融危机,我国上海、北京、广州等贸易指标城市,以及山西、内蒙古、宁夏等资源型省份增速大幅度下滑,在几乎毫无时间回旋的条件下,中央政府投放 4 万亿元拉动基础设施建设,引起 21 万亿元的配套跟进,埋下了日后长达两年的通货膨胀因子。

中国应对危机的时间周期是值得肯定的,但危机前的政策取向显露出其在金融危机前对世界金融危机判断上的缺失和不情愿:中国和世界资本市场之间有防火墙;中国的增长有其相对独立性,产业发展不大会受到来自世界金融危机的影响。事实证明,上述判断是不全面的。

由于应对危机时货币大规模的投放,在面对世界经济复苏出现反复时,中国不得不紧缩自己的货币规模,放缓自己的增长速度。当宽松性的货币政策无法运用时,中国只能眼看美国多次实行量化宽松式的扩张性货币政策,把自己的走出危机政策挤到了产业政策的一维方向上。客观讲,我们应对世界危机的智慧平均数并不比美国高多少。在全球复苏出现反复,需要超越传统思维寻找新一轮增长的产业成长点和新型的配套政策时,中国和世界几乎都处在创新思维缺失的状况。正是在这个意义上,我们认为,全球经济的复苏更多的是呈反复的"W"形曲线。

二、中国增长、产业链整合及资本市场发展

世界经济复苏的反复性需要我们了解我国经济增长、产业链整合及其与资本市场共同成长的基本逻辑。

(一) 中国增长及产业链整合

1991年以后,我国经济增长的周期性特征不断减弱,与以往的波动幅度相比,收敛性趋势相当明显。① 1993年是具有转折意义的周期年度。当时的经济增长速度处在14.0%的高位,以后逐年下滑并令人意外地将收缩期延长到七年,1999年以后的扩张期又延续八年,直至出现金融危机的2008年(见图1)。

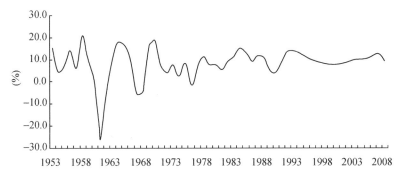

图1 1953—2008年GDP增长趋势
资料来源:《中国统计年鉴》。

近年来,经济增长的波幅不仅在时间序列上走向收敛,在区域经济之间的空间排列上也走向收敛。1991年以来,各省市区在增速结构上出现趋同特征。

中国经济增长在增速上的趋同可以从车间经济的大发展和产业增长模式在全国各个区域间的趋同上来了解。2010—2011年间,我国大体上生产了全世界三分之一左右的物质产品,但占世界经济价值总额的比重还不到8%。这种物质产品份额巨大和价值实现份额过小的大分流现象在于我国经济中的车间经济成分太多,价值实现能力或者说定价经济成分太少。

一个经济价值实现能力过小,是因为企业资产的形成基本上不反映劳动要素和设备要素之外的资本品,比如土地和各种配套资本品的价格,仅仅按照产品价格中的劳动价格和原料及设备价格来定价。在这种经济中,工商企业的形成速度非常快,但产业链上下道工艺顺序整合基本上以自身经济体外的产业链成长为前提。比如,创新、设计、会计、品牌形成和市场拓展等都在自身经济之外,产业长链中的车间份额巨大,车间之前的创意以及车间后的物流采购、供应链管理和整合信息技术份额非常小。产业链不是长链而是车间及关联部分的链条。与之对应,资本市场也是和车间经济相关的工商企业信贷金融,而不是创意金融、产业长链金融、中介类金融和定价金融。资本市场发展常常处在数个板块之间平行发展、互不相关

---

① 刘国光:《宏观经济若干问题思考》,《2005年:中国经济形势分析与预测》,社会科学文献出版社2004年版,第1—23页。

的分离状态。

(二) 中国增长和金融市场边界拓展

中国有着令人惊讶的储蓄存款。图 2 给出了我国居民资产中 1978 年以来一个几乎不变的储蓄存款区域。图中,居民手持现金在大幅度减少,但直到今天,用于股票和资本关联投资的份额增加几乎都是手持现金份额的减少带来的。

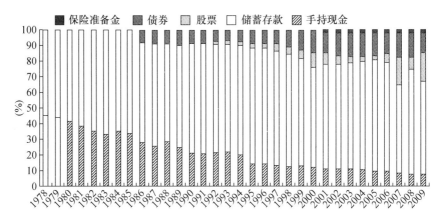

图 2　中国居民金融性资产结构多元化
资料来源:北京大学中国产权与 PE 市场研究课题组统计整理。

图 3 帮助我们揭开了上述谜团。图中,高净值客户中,随着居民存款向 1 000 万元人民币门槛迈进,从 1 000 万元向 10 亿元迈进,私募股权和风险投资份额快速加大。原来,只有资产在 1 000 万元以上的客户,尤其是 5 000 万元以上的客户才能够较为轻易地进入资本市场。

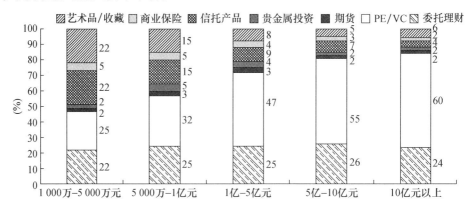

图 3　高净值人群的另类投资结构分析
资料来源:由北京大学中国产权与 PE 市场研究课题组根据《福布斯 2010 中国财富管理报告》等资料整理。

只有高净值客户才能分享到私募股权和风险投资市场资源,这说明除了3000家企业的股票和一些保险理财业务外,我国资本市场对绝大多数民众和对应经济实体还是缺失的。

(三) 中国增长与股票市场总体分析

1. 股票市场一年发展回顾

回顾2010年以IPO为代表的中国股票市场,可以说是在经历了金融危机之后进入了强势复苏阶段。纵观2010年中国企业IPO情况,共有490家中国企业IPO,比2009年增长155.7%,融资规模为1069.76亿美元。其中有347家企业是在境内资本市场IPO,融资规模为719.98亿美元,143家企业在境外资本市场IPO,接近IPO企业总数的30%,融资规模为349.78亿美元,接近国内IPO融资金额的50%。

在境内IPO的347家企业中,26家企业在上交所上市,融资金额281.14亿美元,204家企业在深交所中小板上市,融资金额296.68亿美元,117家企业在创业板上市,融资金额141.15亿美元。在深交所IPO的企业总数为321家,深交所取代上交所成为中国企业境内IPO的主要渠道。

在境外IPO的143家企业中,有82家企业在港交所上市,融资金额299.2亿美元,22家企业在纽交所上市,融资金额26.28亿美元,19家企业在纳斯达克上市,融资金额12.57亿美元。中国企业赴美上市的企业数量是自1992年以来最多的一年。

截至2010年年底,我国境内股票市场筹资额达到了10275.2亿元,A股IPO融资额为4882.63亿元,超过了全球股票市场IPO融资总额的一半。

另外,在这490家上市企业中,具有VC/PE背景的上市企业有220家,占上市企业数量的44.8%,比2009年增加143家,参与投资的国内外机构有269家。

从我国股票市场这一年来的发展情况我们可以看出:第一,我国资本市场已开始走出金融危机的影响,中小板和创业板开始发挥作用,资本市场多层次结构逐渐显现,并加快了更多新兴企业上市的步伐;第二,我国众多有上市意愿的企业从国内外各种不同方式寻找合适的上市渠道,并且从境内外IPO看,在境外IPO企业的数量占企业总数的30%,融资额占50%,说明境内股票市场不能满足部分企业的融资需求,而境外多层次的市场结构和相对宽松的上市要求使得越来越多的企业在境外股票市场中寻求融资服务;第三,越来越多的VC/PE机构参与企业IPO融资并分享其中的高额回报率。

2. 股票市场分析

经历金融危机后,证监会加快了新股审批速度,再加上创业板的启动,2010年是我国股票市场迅速恢复的一年。根据中国证监会和深交所数据,截至2010年12月底,我国A、B股上市企业总数为2063家,中小板上市企业为531家,创业板上市企业为153家(见表1)。

表1 2000—2010年中国企业境内IPO情况

年份	A、B股	中小板	创业板
2000	1 088		
2001	1 160		
2002	1 224		
2003	1 287		
2004	1 377	38	
2005	1 381	50	
2006	1 434	102	
2007	1 550	202	
2008	1 625	273	
2009	1 718	327	36
2010	2 063	531	153

资料来源:中国证监会和深交所网站。

尽管如此,和国外发达股票市场相比,我国股票市场仍然存在一些本质性的问题。

(1)股票市场规模依然不大。和国外发达股票市场相比,我国股票市场发展规模过小,参与股票投资的人数占总人数的比例比其他发达国家低很多。以股票市场为例,从股市总市值占GDP比例来看,全世界股票市场总市值与GDP的比例大约为92%左右,美国、英国、法国等发达国家均已超过100%,即使是韩国和印度这样的新兴国家,比例也已接近100%。而我国2009年的市值总值与GDP的比例仅为71.64%,2000—2009年平均为46.67%,如果扣除不流通的部分,流通市值与GDP的比率为44.42%,2000—2009年平均只有16.79%。

(2)多层次的股票市场结构还处于雏形。2009年创业板开市后,我国逐渐形成了由上交所主板、深交所主板、深交所中小板和创业板组成的多层次市场结构。但是这种结构还处于雏形,并不属于真正意义上的多层次市场结构。第一,中小企业板块只是深圳证券交易所的一个组成部分,并不是股票市场中一个独立的层次,其交易系统、监管标准与主板市场相同,只是上市标准略低于主板市场。第二,多层次市场结构最重要的一个特点是拥有完整衔接的升降市机制。如美国、英国和日本的多层次市场不同经营规模的企业在不同的市场上市,处于高层次市场的企业如果不满足市场标准,则会到下一层次的市场上市,处于低层次市场的企业如果满足了高一层次市场的要求则可以到高层次的市场上市,这就是完整的升降市机制。而我国目前并没有这种机制。因此多层次的市场结构可以说尚处于概念阶段。

（四）中国增长与产权交易板块之间的对应关系

在我国 GDP 总额中诸驱动力量的构成如图 4 所示。

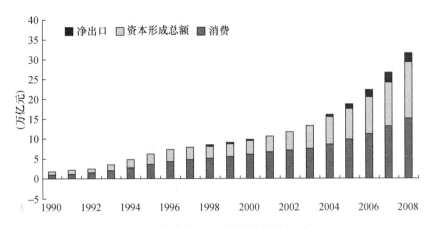

图 4　支出法 GDP 各构成部分总额

资料来源：国家统计局网站。

2010年，居民消费价格指数同比增加3.3%，超过3%的红线，2011年开年依旧处于高位。全部金融机构人民币各项贷款新增7.95万亿元，超过计划信贷规模7.5万亿元，国内通胀压力导致央行采取几次提高利率的手段实施紧缩货币政策。2010年，股票市场进入金融危机后的高速增长阶段，产权市场则处于稳定增长阶段（见图5）。

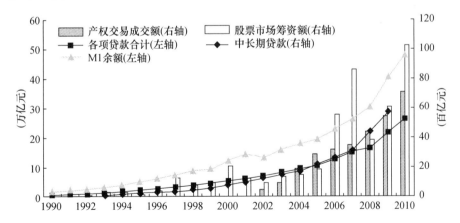

图 5　贷款与产权交易成交额

资料来源：中国人民银行网站、相关年份《中国产权市场年鉴》和《中国证券期货统计年鉴2009》。

1. 产权市场一年发展回顾

产权市场是交易非标准化产品的场所,经过二十多年的发展,交易品种已涵盖企业产/股权、金融资产、林业产权、技术产权、知识产权、环境权益、农村产权、实物资产、涉讼资产、文化产权等十多种产品。

2006—2009 年我国产权市场总成交额基本呈逐年递增的趋势。借鉴国内几个重要的产权交易机构 2010 年成交额数据和我国股票市场 2010 年的发展概况,预估 2010 年产权市场成交额在 7 000 亿元左右(见图 6)。

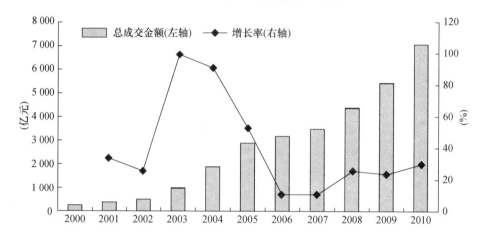

图 6 2000—2010 年我国产权市场发展情况

注:2010 年产权交易成交额为预估值。
资料来源:相关年份《中国产权市场年鉴》。

从 2005—2009 年国有和非国有成交额来看,国有产权交易一直处于绝对优势,2007 年以后非国有产权交易成交额一直维持在 1 000 亿元左右(见图 7)。但是从成交宗数来看,非国有产权交易宗数却处于绝对优势:2008 年非国有产权交易宗数为 21 444 宗,国有产权为 13 317 宗;2009 年非国有为 27 967 宗,国有为 15 460 宗。因此,如果以交易宗数为评判标准,非国有产权交易的活跃度远大于国有产权交易。

从产权交易的地域分布(按成交宗数)来看,本地交易依旧占绝对优势,基本维持在 84% 左右,异地次之,在 12% 左右,境外则只有 2% 左右(见图 8)。

从交易方式统计来看,2006—2009 年基本保持一致,依旧以协议交易为主,按成交宗数比例来看,2009 年为 44.48%,拍卖次之,为 25.61%,竞价为 7.83%,招标为 0.49%,其他为 21.59%。另外,2006—2009 年市场集中度基本保持一致。以 2009 年为例,7 家成交金额 100 亿元以上的机构成交额占总量比例为 82.12%。

从产权交易机构性质统计来看,2006—2009 年的情况也基本保持一致,以 2009 年为例,公司制企业数占 36.84%(其中股份有限公司占 6.58%,有限责任公

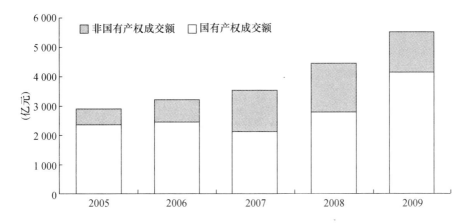

图7 2005—2009年国有和非国有产权交易成交额

资料来源：相关年份《中国产权市场年鉴》。

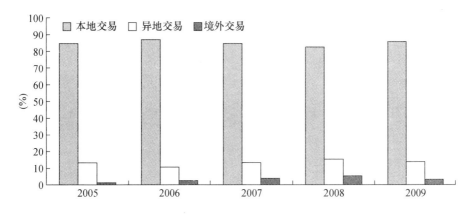

图8 产权市场交易地域分布

资料来源：相关年份《中国产权市场年鉴》。

司占30.26%），事业法人制公司占55.26%，非公司制企业占6.58%，其他占1.32%。

2. 同股票市场相比产权市场的优势

股票市场是发行和交易标准化企业股权的场所，而产权市场是交易非标准化产品的场所，交易品种包括企业产/股权、金融资产、技术产权、知识产权、环境权益、农村产权、实物资产、涉讼资产等多达十多种产品。企业在股票市场上市交易需要达到一定的标准，因此股票市场是为极少数企业提供融资服务的场所。

从表2我们可以看出，我国股票市场只为占全国企业总数不到0.02%的企业提供融资服务，99.8%以上的企业是不能通过在股票市场上市来融资的。

表2 2000—2009年全国企业和上市公司情况

年份	GDP(亿元)	全国企业(不包括外资企业)(万户)	上市公司(A、B股)(个)	上市公司占全国企业比例(%)
2000	99 214.6	—	1 088	—
2001	109 655.2	—	1 160	—
2002	120 332.7	708.34	1 224	0.017
2003	135 822.8	741.08	1 287	0.017
2004	159 878.3	782.17	1 377	0.018
2005	184 937.4	821.60	1 381	0.017
2006	216 314.4	881.40	1 434	0.016
2007	265 810.3	923.32	1 550	0.017
2008	314 045.4	927.96	1 625	0.018
2009	340 506.9	928.38	1 718	0.019
2010	397 983.0	1 033.33	2 063	0.020

资料来源:根据《中国证券登记结算统计年鉴》《中国证券期货统计年鉴2009》和国家工商总局网站数据整理。其中,2010年GDP为国家统计局初步核算,2009年全国企业(不包括外资企业)数为国家工商总局发布的《2009年一季度全国市场主体发展报告》中截至2009年3月的中国内资企业数。2010年企业数来源于中国中小企业协会。

数据显示,截至2009年年底,中国在工商部门注册的中小企业已达1 023万户,中小企业占中国企业总数的99%以上,对GDP的贡献超过60%,对税收的贡献超过50%,提供了近70%的进出口贸易额,创造了80%左右的城镇就业岗位。而对我国GDP贡献非常大的众多中小企业是无法通过股票市场融资的。

在产权市场挂牌交易则没有标准要求,任何产品在经过交易所的审核后都可以在产权市场挂牌交易。因此我们可以得出,股票市场是为极少数企业提供融资服务的场所,而产权市场是为所有类型企业提供融资服务的场所。理论上说,占中国企业总数99%的中小企业都是可以通过产权市场得到融资服务的。另外,如果把产权市场成交额近似看作是产权市场融资额的话,从2008年起,产权市场融资额开始远远超过股票市场(见表3)。因此,产权市场是真正为我国各类型企业提供融资服务的平台。

表3 我国股票市场和产权市场融资额比较 (单位:亿元)

年份	股票市场筹资额	IPO口径的融资额	
		产权市场	股票市场
2002	961.75	500.00	516.96
2003	1 357.75	1 000.00	453.51
2004	1 510.94	1 913.84	353.42
2005	1 882.51	2 926.00	56.74

(续表)

年份	股票市场筹资额	IPO 口径的融资额	
		产权市场	股票市场
2006	5 594.29	3 193.93	1 572.24
2007	8 680.16	3 512.88	4 590.62
2008	3 852.21	4 417.85	1 034.38
2009	6 124.69	5 463.64	2 022.00
2010	10 275.20	7 102.73	4 882.63

注：由于没有产权市场筹资额的统计，我们把产权交易成交金额近似地看作是产权市场融资额；2010年产权市场融资额为预估值。
资料来源：相关年份《中国产权市场年鉴》《中国证券期货统计年鉴2009》和中国证监会网站。

三、长链金融理论和权益类要素市场理论

产权市场是权益类要素市场的重要组成部分，而权益类要素市场作为长链金融的一部分属于长链金融的高端部分。通过分析长链金融理论和权益类要素市场，我们可以从理论角度深刻理解产权市场。

（一）长链产业与长链金融的定义

21世纪的产业结构与20世纪90年代以前的产业结构有质的不同。虽然今天国民经济统计序列中，各国仍然延续库茨涅兹20世纪40年代开始酝酿、50年代渐成体系的统计基础结构的思想，但各国在制定政策，尤其是制定未来发展政策的时候，更多是以上述基础结构为出发点，不断突破国民经济的宏观意义上的产业框架，透过三次产业表层深入到内部细分行业讨论问题。原因在于，在大工业时代，车间经济上下道工艺顺序两两整合完备，且在车间经济总装一段延伸出物流采购（logistics and purchasing）、供应链管理（supply chain management）和整合信息技术（integrated solution technology）三个大类领域，从生产到销售的产业链大大拉长并复杂化了。由于业态形式质的变化，我们在不违反国民经济概念的条件下，称21世纪的国民经济概念下的细分产业为长链产业。它突破原有车间经济上下道工艺内的企业集聚形成产业链整体的概念，包括了车间后与其价值实现过程密不可分的现代服务经济链条部分。

与21世纪长链产业结构相对应，我们称与其相对应成长的金融业态的变化为长链金融。长链金融由低到高初步可以分为五个阶段：① 以银行业为核心的，包括保险、期货及其最高形态的为单个公众上市公司服务的证券业金融等构成的单个工商企业信贷及股票融资等金融。② 投资于长链产业单个链条上集群企业或

者数个链条上企业群的产业链金融,在我国看到的是园区产业授信、银团贷款或者股权置换及融资等金融。③ 以投资银行为基础,引发的私募股权企业及基金企业形成的小众股权投资(俗称私募股权投资)、创业股权投资及各种卖方回购、第三方担保等,包含在信贷、评估、授信、增级、担保、托管、置换、进入、退出等广义现代金融业链条中的中介金融。这时候,金融业不再是附着在车间制造经济物理实体上的服务环节,它本身就是生产产品的一部分,比如股权产品、理财产品、信托产品等。④ 交易所金融。⑤ 以联盟交易所为基础的定价金融。其中,传统工商企业信贷金融和园区金融为长链金融体系的较低端部分,中介金融为中间段部分,交易所金融和定价金融为较高端部分。

(二)要素市场释义及边界界定

1. 要素市场释义

生产要素指生产过程中不可缺少的成分,比如劳动、资本、土地、技术等。生产要素属于厂商消费的物(与)品。其可以分为两类:一是以"投入—产出"物理方式消费的厂商间产品(也称中间品),二是以股权和收益类方式消费的资本品。

要素市场是厂商间交易物品的综合平台。交易中间品的要素市场,在靠近基础原材料一端时通常批量购买,采用标准化或格式化交易,业内称为大宗商品市场。交易资本品的要素市场,涉及厂商间和经济人实体间对一份资产的拥有权(权)和未来收入流的索取权(益),称为权益类要素市场。

2. 要素市场边界界定

早期的要素市场多为"一对一"的实点交易(OTC trade),常常表现为一定数量的经纪商集聚;当集聚达到一定规模,出现一个综合性的交易平台,比如信息发布、登记、交易、结算和托管等独立于"一对一"的双边交易形式时,第三方市场出现了,通常称为交易所。

作为买方厂商和卖方厂商间交易的综合平台,第三方交易市场一般包括五个要件:① 物理载体;② 信息披露与价格发现机制;③ 买卖经纪单元和信用关联中介(人);④ 交易方式(包括登记、支付、结算、托管、认证及风险控制等关联规则);⑤ 法前提等方面的对应组合(仲裁和监管等)。[①] 由于劳动要素的物理、政治、社会和人文属性的复杂结合,本文不涉及劳动要素市场。

要素市场包含两种存在形式:一是合格的第三方要素市场;二是目前尚达不到第三方市场资质,但具有一定发展基础,经过一段时间建设可以变为要素市场的大宗商品(批发)市场和部分"一对一"形式的(场外)股权交易市场。一般条件下,一

---

① 在法经济学中,实点性的物理场所并不是市场的要件。比如,电子交易市场的物理载体和实点市场的物理载体在观察上差别非常大。因而,市场必须有物理载具,但不见得必须有买卖双方见面的传统物理场所。

个合格的第三方要素市场应该具备下述四个条件:①市场形态应该是超越了场外交易形式的第三方市场;② 交易量应该在其自有资金的 300 倍以上[①];③ 交易形式应该是格式化交易(半标准化)和标准化交易;④ 市场占有率在周边 250 公里半径内占据行业 15% 以上市场类交易份额。

3. 要素市场类别

在大宗商品交易中,典型的第三方市场是厂商间的中远期商品交易市场和期货交易市场。近 15 年来,许多原本不具备以期货和中远期方式进场交易的厂商间产品,由于技术进步因素,纷纷形成以不采用期货合约和中远期合约交易的新型第三方市场,孕育出巨大的市场建设收益。

大宗和珍稀特类第三方商品市场一般包括:基础原材料市场、能源市场、辅配料市场;特种化工市场、大宗零部件市场、特种珍稀矿产品市场(黄金、宝石、玉石等)、艺术品市场等。珍稀类及特种类商品交易虽然标的量小,但标的价值大,需要评估、托管和保险等第三方市场业务环节参与,也不断向第三方市场业态趋近。

权益类市场为企业产(股)权市场,包括股票市场和产权市场。

(三) 权益类要素市场观察形式及业态形式

1. 权益类要素市场的观察形式

权益类要素市场的观察形式由低到高有如图 9 所示的八种形态。

2. 权益类要素市场的业态形式

八种形态的要素市场,事实上内含了不同业态的市场形式。这些业态形式都是处理交易标的物信息时产生的。交易标的物的信息处理过程越复杂,市场本身的结构越庞大。但是,任何复杂的信息最后都会集中到价格信息上,因而业态形式可以按照一个市场处理标的物复杂信息时价格收敛的程度来划分。

(1) 实点性一对一场外(spot OTC and one-to-one)交易市场——价格无法收敛(non-transparency)。私下借贷的市场观察形式是一特例。当一束资产交易过后,买卖双方各奔东西,前一次的交易价格作为下一次交易参考的成本较高。

(2) 实点性一对多(或多对一)拍卖市场及其变种(spot auction and one-to-multiple)——多次交易价格可收敛,但不见得是一价式收敛点(half-transparency and converging)。在一方出卖、多方购买时,拍卖的制度安排可以使出卖方的喊价信息在买卖双方和买方各自之间是透明的。在当次拍卖过程中,以买方出价最高者(或者变种)得标。虽然拍卖完毕后价格变动停止,但在买方之间透明的信息作为下次交易参考的成本较低。如果买方初次出价太高,第二次类似的拍卖出现,初次透明的信息可能成为第二次的参考,从而引导价格走向区间收敛。

---

① 根据美国 20 世纪 70 年代和我国现阶段调研获得的经验数据。

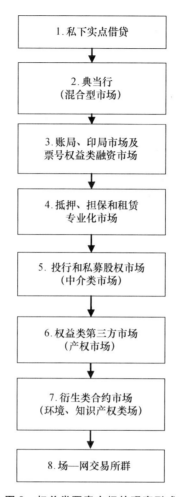

图 9　权益类要素市场的观察形式

（3）实点性一对多的市营商市场(spot dealer)——价格难收敛(half-transparency and converging difficult)。原因在于,无实点性市场伴随的条件下,自营商的目标是最大化自己的中介收入,在披露信息不利于中介收入的时候,倾向于屏蔽信息。自营商拥有建构市场的资源,但由于他的目的是最大化中介费用而不是最大化交易量,因此不是利用该资源建构市场,而是用来建构压低买方(或卖方)需求价格弹性的近垄断网资源。

（4）多对多的第三方市场(spot or network based, multiple-to-multiple)——大数条件下价格收敛(converging)。当信息在买卖双方之间瞬时透明且可连续交易的时候,价格走向了收敛。当买方无穷多(近乎大数),卖方无穷多(近乎大数),信息在买卖双方之间瞬时透明,屏蔽信息的成本高昂的时候,交易市场构造好像是一个一对多拍卖市场和多对一拍卖市场的复合体,交易等价于前两者多次交易的结果,价格瞬时走向了收敛。这正是建构市场的最终目标,交易的结果是社会福利最大,而不是交易商福利最大。

第三方市场出现后,不仅价格信息走向瞬时收敛,而且交易双方信息透明后,评级、授信进入,融资变得可能,因而出现了更高阶段的业态形式。

(5) 具有融资功能的第三方市场(exchange)——因融资风险控制带来的价格快速收敛(competitive)。这时候,权益类要素市场的交易不仅仅是个单项功能的资产权益的过户或处置——进入或退出市场,而是变成权益兑换和变形的市场——具有融资功能的资本市场。北京及周边地区的交易所应该向这类交易所迈进,才能成为交易所金融中具有竞争力的市场单元。

(6) 第三方交易所群(group exchanges)——价格快速收敛(instant converging)。当第三方交易所单元在各自领域内具有竞争力,且能在交易的网资源形式上互相连成一个整体的时候,一个交易所群形式出现了。

(7) 交易市场的交易市场——基准交易所(exchange's exchange)——具有价格瞬时收敛的定价能力(competitive and pricing)。当交易所成群且形成"场—网"资源经济的时候,一个区域的要素类市场已经站在了要素市场的顶端,具备了信息经济业态形式下的定价能力——形成交易所之交易所的能力。北京在周边地区产业链整合中,具有各种信息资源优势,应该朝着拥有交易所之交易所的业态形式发展。

3. 权益类市场的交易形式

和大宗商品要素类市场不同,权益类市场远离标的,因而对信息的收集、披露等业务要求更加严格。规划可用的交易方式可按照我国京、上、广样本性交易所典型交易方式加以适当变化。

四、产权市场边界多元化拓展分析

(一) 中国企业国有产权交易机构协会成立

中国企业国有产权交易机构协会是由民政部批准成立,由国内从事企业国有产权交易业务的产权交易机构组成的全国性、行业性、非营利性社团组织,业务主管单位是国务院国资委,首批机构会员有66家。根据2011年2月15日成立大会上国资委领导的发言,协会成立的目的是"搭建产权交易机构与政府、社会之间的沟通平台,扩大产权交易市场影响力",并"推动国有产权有序流转和国有资产优化配置,保证国有企业改制重组和产权转让的顺利推进"。协会的成立对规范和统一市场起到了引领作用,自此行业有了公共资源服务部门。

（二）产权市场出现了一大批创新性产品

1. 创新性产品的拓展

2008年以来，产权市场在坚持做好传统权益类产品流转服务的基础上，在市场的发展和推动下，拓展了包括金融资产、林业产权、技术产权、知识产权、环境权益、农村产权、实物资产、涉诉资产等多达十多种产品。另外在融资服务方面，相继推出了包括项目招商融资、增资扩股服务、企业整体产权托管服务、企业股权托管、股权质押融资、广告经营权招商、融资租赁在内的多项服务。

2009年12月22日，我国首家定位于为各类产权交易提供在线服务的第三方电子商务平台"金马甲"成功融资，设立"北京金马甲产权网络交易有限公司"。金马甲是由分布在全国30多个省区市的产权交易机构和相关实力机构创立的基于互联网的资产和权益交易服务平台。金马甲最大的特点是动态报价。动态报价是金马甲资产和权益交易服务平台基于产权交易的特点，利用互联网技术所创新的交易方式，现已覆盖全国近50个产权交易机构，处置对象涉及实物资产、二手车、运输工具、机械设备、土地房产、储备土地、产股权、林权、版权、矿业权、经营权、商标、专利技术、债权和项目融资等22个交易品类。

2010年我国先后成立了两家金融资产交易所——北京金融资产交易所和天津金融资产交易所，金融资产交易市场已经开始形成。未来随着金融资产交易的不断深入，金融资产的创新活动也会更加频繁。金融资产交易未来的市场空间很大。

2009年相继成立的深圳文化产权交易所和上海文化产权交易所已经成立了包括新闻、出版、发行、广播、电视、电影、文化艺术、建筑艺术、演艺经纪、创意产业与数字软件、策划、广告会展、网络文化及休闲娱乐、品牌时尚、收藏鉴赏、奢侈品、旅游、酒店餐饮、体育卫生社会福利和教育在内的诸多平台。这反映了产权市场的多元化超越了西方发达国家现行制度下的市场繁荣。

2. 中国资本市场中产权板块的快速发展带来大宗商品交易的繁荣

虽然大宗商品市场不属于权益类要素市场，但是从近几年产权市场的发展来看，国内一些产权交易机构也开始试水大宗商品市场业务。

要素市场包括大宗商品市场和权益类要素市场。大宗商品市场是交易中间品的市场，权益类要素市场是交易资本品的市场。大宗商品市场的发展定位是随着市场的发展而不断演进的。大宗商品市场在发展初期是买方和卖方自发形成的现货交易市场，这时的发展定位是为买卖双方提供一个交易平台。后来，卖方为规避价格大幅波动带来的收益风险而创新性地推出现货远期合约，进而发展成为期货和期权合约，这有效避免了因为供给的大幅波动引致的价格风险，从而有效降低了收益风险。这时的发展定位是套期保值和价格发现，对经济发展起到了稳定产销关系、减少价格波动的作用。

20世纪70年代后,随着世界经济格局的改变,金融期货期权产品开始出现,这时的发展定位除了套期保值和价格发现的作用外,还有对市场的风险管理作用。20世纪90年代以后,大宗商品市场逐渐成为各国争夺大宗商品定价话语权的平台,这时的发展定位是定价中心。

我国目前有200多家大宗商品市场,综观这些市场的地理分布可以看出,市场多分布于大宗商品的生产地,有部分分布于大宗商品的集散地。就交易品种来说,因为市场多是在大宗商品的生产地或集散地建立的,所以交易产品也多是生产地生产的或集散地交易的产品,可以说是一产品一市场、一地一市场。这种市场分布形态多产生在欧美发达国家大宗商品市场发展的初期。这也部分表明了我国大宗商品市场正处于发展的初级阶段,市场的割裂导致生产要素流动的低效率和交易成本的增加,市场法律体系的空缺导致监管不能有效开展。

这些问题的存在让我们看到未来大宗商品市场的发展趋势:① 如果能够摒除导致市场割裂的主观因素这个前提假设,市场的走向将会是由割裂走向融合,即区域内的各个割裂的市场逐渐融合为一个市场,跨区域的市场也存在融合的可能性。② 市场的交易模式和制度将进一步走向规范和统一,不同交易模式的标准化水平导致市场出现不同的层次,呈现多层次市场发展状况。③ 监管体系逐步建立,大宗商品市场的规范化管理办法和相关细则出台,大宗商品市场协会成立。监管体系呈现商务部、大宗商品市场协会和交易市场三个不同层次的监管网络。

(三) 产权交易机构开始尝试集团化和资本化运营

1. 产权交易机构的集团化

近几年,产权市场出现了机构集团化的趋势,几家规模比较大的产权交易机构已经形成了集团化发展模式。2010年7月,广州交易所集团有限公司成立,它是依托广州产权交易所组建的国内第一家交易所集团公司。

目前,广州交易所集团已经形成了广州产权交易所、广州私募股权交易所、广州环境资源交易所、广州农村产权交易所、广州文化产权交易所和广州商品交易所六个交易所平台,以及广州企业财务清算有限公司、广州产权道资产管理有限公司、广州市公物拍卖行、广州产权拍卖行有限公司、广州市君通拍卖有限公司、广州机关策划传播中心等涵盖财务清算公司、资产管理、拍卖机构的12个子公司。

北交所也已经形成"一托十"的集团化发展构架,打造了多种类产权交易平台。目前,北交所投资组建了北京环境交易所、中国技术交易所、中国林权交易所、北京金马甲网络产权交易公司、北京黄金交易中心、北京金融资产交易所、北京国际矿业权交易所,并受托管理着北京石油交易所,此外还在筹备中国文化产权交易所。

上海联合产权交易所也建设了多个交易平台,包括上海文化产权交易所、上海农村产权交易所、南南全球技术产权交易所、国家动漫游戏产权交易中心、上海环境能源交易所、上海知识产权交易中心、上海股权托管登记中心等。

天津产权交易中心拥有天津股权交易所、天津排放权交易所、天津技术产权交易所、天津实物转让调剂市场、天津贵金属交易所、天津金融资产交易所六个专业化交易平台。此外,拟设立的天津农村产权交易所和天津文化产权交易所进入筹备实施阶段。天津产权市场已形成多元化发展的崭新局面。

重庆联合产权交易所也建设了央企产权、国有产权、环境权益、技术产权、涉讼资产等多种专业化的交易平台。

另外,国内其他一些产权交易机构也逐渐形成了集团化的发展模式,可以预见,未来产权交易机构的集团化发展是大势所向。

2. 产权交易机构资本化运营

众所周知,产权交易机构成立之初,多是由政府相关部门组建,因此多是事业法人制单位。有部分机构通过改制由事业法人制转变为公司制企业,但也多是政府下属的国有企业控股。

根据中国企业国有产权交易机构协会2011年对全国56家交易机构的调查,其中26家是事业法人,32家是企业法人,有2家既是企业法人也是事业法人。由此可见,我国产权交易机构向企业法人的形式转变明显,市场化模式运营态势逐渐显现。

随着产权交易机构发展的不断拓展,产权交易机构未来的发展趋势是成为为国有和非国有企业提供产权交易和融资服务的平台。也就是说,未来产权交易机构将由半市场化的机构向全市场化的机构转变,其组织架构也应该是市场化的。市场化意味着资本化运营,因此未来市场化的产权交易机构将采取资本化运营。

2011年1月26日,南北联合林业产权交易股份有限公司成立,公司由南方林业产权交易所和北京环海投资管理中心共同投资5 000万元组建。南方联合林业产权交易股份有限公司是我国第一家引入PE公司的产权交易机构,它的组建是林权市场走向资本化市场建设的重要一步。

产权交易机构是为企业提供产权交易和融资服务的机构,为企业寻找战略合作者搭建了平台。但随着产权交易机构市场化运营的不断深入,机构本身也需要寻求战略合作者。南北联合林业产权交易股份有限公司的成立为国内其他产权交易机构的资本化运营提供了参考。

五、产权市场发展中面临的瓶颈与外部新冲击

(一) 资本市场四板块在过去两年间呈非规律性的演化趋势

我国资本市场有四大板块:六大标准交易所(沪深证券交易两市场和三个期货

交易所)、产权交易260家市场、超出商业期限融资的各地民间资本市场和大型金融机构旗下金融资产管理公司偕跨国金融机构参与下的并购投行类资本市场。我们一直以来的跟踪发现,资本市场这四大板块过去两年间呈现非规律性的演化趋势。

究其原因,我们认为这主要是和我国金融制度和开放程度有关。我国金融制度中政府扮演了管理者的角色,而在发达金融制度中,政府扮演的则是监管者的角色,真正的管理者是由市场决定的。这也直接导致了我国金融开放程度偏向保守,重规范,轻自由环境。

(二)资本市场中的产权板块的成长弱于PE板块

2010年中国私募股权市场迎来了强劲反弹。著名创业投资与私募股权研究机构清科研究中心发布数据显示,2010年中国私募股权投资市场募资、投资、退出案例数量均创下历史新高,当年共有82支可投资于中国大陆地区的私募股权投资基金完成募集,募集金额276.21亿美元。

从表4我们可以看出,2006—2010年PE市场的增长率明显高于产权市场,这说明PE市场比产权市场更加活跃。

表4 2006—2010年产权、PE市场成交额(募集额)和增长率

年份	产权市场		PE市场	
	成交额(亿元)	增长率(%)	募集额(亿美元)	增长率(%)
2006	3 193.93	9.16	141.96	40
2007	3 512.88	9.99	355.84	64
2008	4 417.85	25.76	611.54	51
2009	5 463.64	23.67	129.58	30
2010	7 102.73	30.00	276.21	82

资料来源:相关年份《中国产权市场年鉴》和清科研究中心。

(三)产权市场边界拓展遇到瓶颈

1.产权市场呈现二元结构

作为防止国有资产被贱卖而产生的产权市场自成立以来一直扮演的是国有产权交易平台的角色,随着我国民营经济的发展,民营产权也有交易的需求,但是产权市场交易规则的国有特点使得它无法真正满足民营产权交易的需求,因此产权市场开始呈现二元结构:一方面是相对交投活跃的国有产权交易,另一方面又是交投冷清的民营产权交易。但是随着民营经济在国民经济中的地位越来越重要,国有产权交易需求的饱和,我们也看到了产权市场中民营产权交易量呈逐年上升的趋势。

从近几年产权市场交易数据可以看出,虽然国有产权交易一直处于绝对优势,但是非国有产权交易额逐年递增,并且从成交宗数来看,非国有产权交易宗数却是处于绝对优势。因此产权市场的服务对象已经开始由以国有产权为主向国有和非国有产权齐头并进的态势发展。究其原因,主要有两方面的因素。

第一,国有产权交易法律法规体系已基本完备。国务院国资委、财政部联合发布的《企业国有产权转让管理暂行办法》(简称"3号令")对国有产权的流转做了进场交易的规定,财政部公布的《金融企业国有资产转让管理办法》(简称"54号令")则规定了金融企业国有资产的流转应以通过产权交易机构和证券交易系统交易为主,国务院国资委印发的《企业国有产权交易操作规则》(简称"120号文")是在3号令的基础上对国有产权交易做了更加具体的规定。3号令、54号令和120号文的颁布标志着国有产权交易的法规体系已经基本完备。

第二,截至2009年年底,中国在工商部门注册的中小企业已达1 023万户,中小企业占中国企业总数的99%以上,对GDP的贡献超过60%,对税收的贡献超过50%,提供了近70%的进出口贸易额,创造了80%左右的城镇就业岗位。而这些贡献颇大的中小企业是无法通过股票市场融资的。产权市场作为非标准化产品交易和融资的平台,相比股票市场是更适合为中小企业提供融资服务的平台。

但是,我们也要清楚地看到,产权市场建立的初衷是防止国有产权被贱卖,民营企业和国有企业相比,对交易和融资服务的需求可能更加多样化,单纯照搬国有产权交易的规则是行不通也是不现实的。目前,一些产权交易机构已经推出了部分针对民营企业产权交易和融资服务的产品。市场的潜力巨大,因此还需要更多的创新和探索。

2. 在资本市场出现泡沫化交易的时候,产权市场被重新整合

2010年年底2011年年初,资本市场发生了两起影响较大的事件:其一是河南省科技厅下属的河南省技术产权交易所违规开展非上市公众公司股权交易活动(之后被叫停),其二是天津文化艺术品交易所为代表的文化产权创新产品(份额化产品)的发展。这两起事件都引起了国家相关监管机构的重视。

2011年6月8日,中共中央办公厅、国务院办公厅印发了《关于深化政务公开加强政务服务的意见》(中办发[2011]22号)。其中第十五条要求建立统一规范的公共资源交易平台,完善公共资源配置、公共资产交易、公共产品生产领域的市场运行机制,推进公共资源交易统一集中管理。随着这个文件的出台,少数省市的产权交易所开始被重新整合,也就是省级产权交易机构保留,市级产权交易机构被并进当地的公共资源交易中心。这对产权市场无疑是一次不小的冲击,但也让我们意识到产权市场的发展模式不能复制标准化交易所,而应在为广大非上市非公众公司提供融资服务上寻求创新发展。

六、产权市场未来可能的收敛方向分析

(一) 民间资本与产权市场的结合将更加紧密

当国有产权和产权市场的结合已经达到充分和完备时,接下来将是民营产权和产权市场全面结合的时代。而鉴于国有产权和民营产权之间的差别,民营产权交易和融资服务应该采取差别化的战略,也就是设计适合民营产权交易和融资服务的产品,这样才能真正地满足民营企业的投融资需求。

具体来说,可以根据一个企业成长链的不同阶段设计不同的产品。假如我们设定一个企业的成长链包含孵化期、成长期、飞跃期和成熟期,则我们应制定针对企业这四个阶段的金融产品以帮助处于较低阶段的企业正常运营、适时地扩大经营范围并顺利迈入下一个阶段,协助处于较高阶段的企业稳定运营、扩大规模并实现多样化经营的目标。

企业处于孵化期时,需要的资金量比较小,但是对项目开发、市场研究方面的服务有较大需求,这时产权市场可以提供以短期融资、天使投资、创投、孵化基金为主的金融服务等。

处于成长期时,企业各方面基本进入正轨,主要的需求是融资以满足企业高速发展的需要;同时为了开发股权融资等融资渠道,需要对企业进行股份制改造等。因此,可以为成长期的企业提供股份制改造、股权托管方面的服务。

处于飞跃期时,企业已经成长为一个较大规模的公司,这时需要大规模的资金使公司规模得到飞跃性的迈进并达到在股票市场上市的标准。这时可以为企业提供融资、PE 投资等服务。

进入成熟期时,企业已经在行业内居于领导地位,一方面需要稳固现有的业务,另一方面需要开展多元化经营。这时产权市场可以为其提供兼并重组、PE 投资等服务,促进企业进一步跃升发展。

(二) 产权市场资本化运营趋势将更加明显

和民间资本结合越来越紧密的产权市场,未来资本化方式的运营趋势也会越来越明显。产权交易机构本身就是一个企业,它也要经历和其他企业一样从孵化期到成熟期的企业成长阶段,而资本化运营方式是产权市场长期有效运营的途径。产权市场资本化运营包括两个内涵:

第一,股权多样化是产权市场资本化运营的有效途径。股权多样化就是引入投资者,使产权交易机构的股权更加市场化和合理化。

第二,在产权交易机构处于飞跃期时,适时引入 VC/PE 战略投资者,使产权交易机构成功度过飞跃期并进入成熟期。

（三）信息化发展推动产权市场变革

未来信息化对产权市场变革产生影响的结果之一是，更多种类标的的交易进入产权市场。届时，产权市场将在中国资本市场中占据主要地位，成为资本市场发展的主要推动力量。

1. 产权交易环节进入综合平台

从目前产权市场的发展看，各产权交易所都能够看到统一信息发布和交易平台的大利之处。尽管各产权交易所都有独立的结算方式，但是随着交易平台统一的深入，交易在不同交易所之间发生导致交易结算如何在不同交易所之间进行成为突出的问题。届时，统一结算平台的推出可能在效率上和成本上优于目前的零散结算。此外，统一平台的发展还会使更多的产权交易环节加入到该平台。因此，笔者将该统一平台称为"产权市场综合平台"。

2. 综合平台进一步发展

未来信息化对交易方式的变革莫过于类似证券市场网上交易的普遍发生。网上交易的发展不仅会使更多的私有、公有产权加入到产权交易市场中来，还可能会重构目前的实点交易所格局，导致实点产权交易所交易环节的弱化（因为这一环节的统一导致各交易所在此环节没有实质性差别，交易所在此方面不再表现出竞争力）和其他环节的强化。届时，交易所之间的竞争重心将会是除信息发布环节和交易环节等共有环节之外的其他服务环节，包括可行性分析、交易鉴证[①]和市场服务[②]等。

参考文献

曹和平：《中国产权市场发展报告》，《中国产权市场发展报告（2008—2009）》，社会科学文献出版社 2009 年版。

曹和平：《中国产权市场发展报告》，《中国产权市场发展报告（2009—2010）》，社会科学文献出版社 2010 年版。

---

① 包括交易挂牌审核、信息披露、资格审查、出具凭证、监督交割等。
② 包括交易咨询、方案设计、洽谈撮合、项目推介、招标拍卖、变更登记、改制重组、增资扩股、股权托管等。

中国产权市场新一轮规范、创新与发展趋势*

产权交易比资本市场的主要部分——股票交易——的外延要广,这一点在中国过去十年的资本市场上得到广泛证实。2011年,我国产权交易规模持续扩大,市场分布遍及大江南北,存在类别延伸至金融、环境、文化,甚至一系列在发达经济中尚未出现的特种市场领域。以国资委成立为起点,在产权交易大发展的十周年之际,不仅国有资产保值和升值登上了一个高高的台阶,而且还以国资产权交易市场为依托,出现了更大一批股份制产权交易市场,形成国家和民间两条腿走路的可持续局面。可以这样来评价:这一年是产权市场建立二十多年来发展情况最好、社会各界接受程度最高的一年。

因应于交易市场数量和分布在过去数年间的快速增加,市场交易以及关联业务出现了极个别机构的行为与存量资本市场监管条例相违背的案例,引起监管部门的重视。2011年11月,国务院发布《关于清理整顿各类交易场所切实防范金融风险的决定》(国发[2011]38号);2012年7月,国务院办公厅发布《关于清理整顿各类交易场所的实施意见》(国办发[2012]37号),对各类交易场所进行清理整顿。令人欣慰的是,清理整顿工作基本完成,产权交易协会会员单位无一因为不规范而被清理停牌,产权交易市场规范健康发展得到整顿检查的证实。

另外,因应于产权市场数量和规模的拓展,原来我们所不理解的第三方市场的场内交易机理及场内外联动过程,尤其是长期存在于西方但一直未有突破的实点OTC交易、证券类OTC市场和第三方市场之间的关系被中国版式的资本市场丰富起来,甚至出现打通三大领域从而引领发达经济的一丝亮光。这种极其珍贵的中国版实践及其演化所获得的市场前沿突破资源,在我国"拿来主义"占据主导地位的今天,非常有可能被主流认知忽略进而被监管层整顿之手捎带出舞台中央,造成"阿喀琉斯之踵"式的制度神话遗憾。

---

* 曹和平:《中国产权市场发展报告(2012—2013)》,社会科学文献出版社2013年版,第1—29页。本文为《中国产权市场发展报告(2012—2013)》总报告,内容有删节。

基于上述考虑,本年度报告适当调整往年方式——年度现状描述、业内实绩总结、问题反映及未来趋势展望等谋篇布章做法,从中国产权交易市场新一轮规范发展、业务创新与后续趋势分析的思路来展开报告的内容。毕竟,国有产权和民间产权市场规模的壮大和类别延伸的速度,带来了在更高层面上回视自己的问题进而寻找道路启明星的需要。本研究报告主要阐述六个方面内容:① 中国产权市场认知周期、管理周期和绩效周期错位的警示;② 国务院整顿各类交易场所在全国范围阶段性展开;③ 产权交易所交易规范取得突破;④ 产权交易所业务创新及市场建设上新台阶;⑤ 结语:产权市场"十二五"后续年度与国民经济共成长。

一、中国产权市场认知周期、管理周期和绩效周期错位的警示

近一两百年来,人类对一个实体行业的了解——认知过程,基于认知之上的从业绩效——工商实施过程,以及对应于实施之上的规制——管理过程,如果说各自有周期的话,只有当三者在方向和期长上大体拟合的时候,才会给实体行业的发展带来前所未有的高效率及行业群板块的整体进步。

当三者周期出现错位甚或方向差异达到一定程度时,对实体行业的迟滞甚或发散式的摩擦非常显著。我国产权市场在过去二十年间的发展,内含了三者大体上拟合,但更多时候是周期错位的观察现象。虽然各自周期都有自身的内在力矩性因素,但是三者拟合的错位,无疑为最近几年和未来更长时程的发展带来行业直至国民经济崛起的迟滞。尤其是最近几年,三者之间周期错位的程度在增加,这在某种程度上挑战着我国产权研究、一线产权市场实体以及政策规制层的整体智慧。

(一)参考史实Ⅰ:第二次世界大战后人类关于制造经济的三类认知周期大体拟合

到第二次世界大战前夕,人类大体上形成了战后至今70年间仍在沿用的科学方法论。基于其上,战后学科体系成群出现,应用技术序列爆发,制造业板块以前所未有的速度发展。在经济领域,基于维也纳学派的方法论、英国剑桥学派的边际理论、奥地利学派的效用理论、马克思主义价值观(政治经济学)等精华被继承和包容,形成了宏观管理上的凯恩斯主义和新自由主义规制原理,并在央行和财政口径将其细化为操作流程。观察下来,上述三种过程——制造行业认知、对应技术和产业实施及管理规制三周期——大体上处在互相协调的良性拟合过程中。

其展开逻辑是,20世纪50年代基于技术和制造认知,美国出现高速公路和基础设施建设热潮,凯恩斯主义总需求管理思想推动了上述建设热潮的实现;60年代汽车及关联产业群大发展——技术发明周期与高速公路建设周期相拟合——补偿了60年代高速公路投资的成本;70年代大型家电及关联产业群的爆发,使得高

速公路产业、汽车及关联配套产业以及大型家电产业群之间形成进一步增长的外部性;80年代电子通信和计算机技术产业群问世,看似是技术爆发的纯粹后果,事实上也是前三个十年产业诸群外部性的助推后果。试想,如果没有汽车产业将家庭的一日活动半径从5公里拓展到35公里,如果没有家电技术将商业实体大型单元变换成微型单元走向家庭,远距离通信技术也许就失却了家庭消费的活动半径基础和家庭结构裂变后计算机信息处理的新需求的基础。90年代互联网和信息高速公路产业群的出现,也是以十年为单元观察到的典型产业进步案例。

事实上,我国改革开放后加工出口贸易带来的家电生产爆发,稍后一些时段的电子计算和通信技术,以及20世纪90年代末期起始的汽车产业会战,21世纪房地产业、资源型企业和互联网信息高速公路产业,何尝不是上述战后人类车间制造产业群大爆发的中国版式呢?但改革开放后产业群的爆发中我们奉行的是跟进战略,前任经济体有了路线图,我们自己复制和管理,前沿产业的创新和市场群的建设几乎都在国外。这种自知之明我们还是应该铭记在心的。

滞后一段时间的东方在第二次世界大战后70年间每十年一次的产业和经济大变化,经济认知和管理工具基本上都跟上了时代步伐,起到了良好的促进作用。[①] 人类战后70年间的经济认知、技术进步和宏观管理三者合一,是迄今为止所能知道的最佳黄金增长长周期。但是,三者归一的美好时世不是外生变量嵌入的,而是数千年积累带来的极其稀缺的黄金增长年轮而已。我们不能寄希望三者归一的过程无限期存在,也不能寄希望于其可以信手拈来。

---

① 20世纪40年代以后美国经济周期和技术周期耦合及大调整提供了最好的观察事实。二战后的50年代,艾森豪威尔在美国930万平方公里的土地上每隔几十公里铺上高速公路。如果美国60年代没有成千上万辆汽车在上边奔跑,投资可能就收不回来了。非常幸运,美国60年代出现大工业生产,福特汽车在40年代发明的流水线生产技术,经过20年的初试、中试和付诸商业,把数百万辆车摆进了高速公路网。高速公路在50年代的投资,于60年代获得了加倍的报酬。汽车产业和高速公路产业形成的产业群联动效应为产业带来了巨大的变化,配合家庭消费结构变化,美国经济进入到了一个更高的形态。反过来看当时的金融资本市场,由于投资于当时经济的主导产业——汽车行业有利可图,银行愿意给汽车行业贷款,非银行类的金融机构愿意跟进,汽车投资出现高潮,比如,汽车零部件和4S店以及各种各样衍生商店如雨后春笋般成长起来。

60年代高速发展的汽车及关联产业群,经过十年的强劲发展,投资报酬逐渐趋向平均,由主导产业变为成熟产业。70年代出现大型家电冰箱、彩电、洗碗机、洗衣机行业重复60年代汽车产业投资银行跟进、关联产业成群的过程;当产业周期投资报酬率需要技术周期跟进、提供新产业形成的技术条件时,家用电子技术的进步周期及时赶了上来。

大型家电不排斥汽车产业,汽车产业不排斥高速公路网,技术进步路线并不是美国人有意识设计出来的。巧合的是,经济投资报酬率十年高增长和技术变迁报酬率下降,需要技术变迁升级换代的时候,80年代的微型电脑和电子信息技术、90年代的互联网和信息高速公路技术重复了同样的逻辑。经济上帝似乎特别偏心,每每第一个把美国经济拉入天堂的乐园。

90年代冷战结束的时候,美国学者福山沾沾自喜地预言:"资本主义和社会主义之间的制度竞争似乎一劳永逸地终结了历史。"人类将会沿着一条康庄大道——"美国梦"指向的大道走入经济的天国。不巧的是,2003年互联网泡沫破灭以后,到今天已经十年了,我们还没有像20世纪50年代、60年代、70年代、80年代、90年代那样,取得产业投资的高报酬率。技术推进寻找新的创新产业群,产业投资高报酬率趋于平均,技术周期适时跟上,上帝在第七次挑选自己经济选民的时候,似乎不再眷顾美国人了。

(二) 参考史实Ⅱ：第二次世界大战后关于金融资本经济的三类认知周期拟合度不高

与消费品类制造产业不同，人类对金融业的认知在战后仅仅在货币银行领域有可观的进步，但也远非完满。战后 70 年间，人类对金融资本行业群的认知、对应的工商实施以及宏观规制三者在多数情况下是分离的。经济学关于金融资本行业群的认知尚处于各个分类学科形成自己理论框架的时期。20 世纪 70 年代末期当爱德华·肖[①]和罗纳德·麦金农[②]得出拉美经济存在金融抑制(financial repression)导致稀缺信贷资源误置损失效益结论的时候，理论界才感知到货币和利率并不是金融本行业知识的全部。但 80 年代中期主流经济学理论的成熟、证券投资理论的爆发和稍后一段时间金融工程产品设计的亮点，加上 90 年代西方冷战胜利，直到以福山为代表的学者关于华盛顿共识终结了人类历史进步形态的观点之后，经济学在金融领域的羞愧感才不再引人注意。毕竟，谁还能对这些指导了西方经济"伟大"成功的理论提供更好的设计方案呢？

20 世纪 90 年代本该是金融资本行业整合存量理论走出方法论突破的十年，但西方不仅将自己在经济和政治方面的成功当成了历史的终结，而且还将自己在金融资本理论方法论方面的些许进步和与之对应的衍生品设计知识的成熟当成了金融资本理论研究方法论方向上的终结。事实上，人类在各个亚类金融资本行业的探索并没有达到基本方法论上的突破，更谈不上在综合方法论的高度上形成政策和流程操作了。在金融规制领域，虽然金融产品和金融中介——评估、授信、增级、回购、信托、租赁、托管、置换、进入、退出及法律和会计关联等——超出了银证期报等传统中介形式，需要新的管理和对策，但对策流程在顶层还是一般意义上的凯恩斯主义的总需求管理以及新自由主义一只"看得见的手"和一只"看不见的手"的决策轮回（期间加上短暂的总供给管理——长期意义上凯恩斯主义过分强调总需求管理的政策矫正），认知流程没有先置，实体金融资本行业发展出现非体系性质的中介离散，监管流程又落后于实体资本中介业务。

2008 年金融危机爆发时，不仅经济学家没有预测到这种危机会从华盛顿共识的经济体中出现，而且他们还认为危机会像往常的周期一样能够在两到三年时间内自恢复。直至今天，发达经济仍然深陷债务危机而不能恢复到正常的增长速度。金融资本行业需要一个更高层面的关于金融业态形式的综合认知理论，主流经济学框架只能提供关于各类市场，包括金融资本市场将会是走向归一的均衡收敛总

---

① 爱德华·肖，美国经济学家，曾任美国斯坦福大学经济系教授、系主任，代表著作有《经济发展中的金融深化》《金融理论中的货币》（与约翰·格利合作）等。

② 罗纳德·麦金农，加拿大经济学家，美国斯坦福大学经济系教授，代表著作有《经济发展中的货币与资本》。

过程的老生常谈式的见解。"看不见的手"和"看得见的手"不仅能够管理,而且能够万能到让市场分群总体协调,既细分又综合发展的地步。人类的三种亚群——研究、实施和管理的互动协调在这一时期太骄傲了。

金融资本的工商实施在1945—1975年间主要集中在工商企业信贷金融,对应的企业实体是商业银行,其关联风险管理和评估业务多数停留在商业银行内部,而不是第三方独立中介。第三方中介初始出现在保险领域,但主要是为企业实体及其他经济人的从工从商风险提供关联服务,而不是车间制造意义上产业链上下道工艺顺序上集合类业务的第三方中介业务(20世纪80年代以后才出现)。60年代大发展起来的证券市场业务虽然让融资从间接模式走向第三方市场直接融资,但相对于需要融资的企业整体来说,能够上市融资的不到合格企业的3%。第三方市场——极少量的交易所——内部的中介无法满足更大范围的融资需要。70年代大发展起来的债券市场业务,大多是商业银行业务的外包延伸。借助于70年代后衍生于各地OTC市场的投资银行和关联中介的支持,债券市场出现了快速成长的趋势。但是,从资本市场的逻辑看,这些金融业务尚处在工商企业信贷金融及关联服务阶段,至于产业链金融——银行类金融机构和非银行类金融机构对应于聚集在某段产业链条上的工商实体或者工商项目集合,还是到80年代中期以后才出现的融资现象。建立在工商企业信贷金融和产业链金融之上的中介类金融——金融业发展的较高级阶段——直到20世纪末才形成规模。

在监管层面,由于缺乏综合性金融方法论的认知支持,金融规制的目标常常失准。关于投资银行的监管就是典型一例。脱胎于20世纪80年代地方性OTC市场的投资银行实体,在当时的金融监管法规看来是企业性质的中介,不属于银行类金融机构。其实,投资银行不是制造类实体,而是市场类实体,当投资银行中介在自身内部建立了投融资双边市场,依托信息屏蔽和披露技巧把资本(信用)供需双方分离,将融资杠杆放大到超过商业银行数倍(巴塞尔协议Ⅱ允许商业银行杠杆最高达到12.5倍)以后,美国的时存法规不仅不懂得投资银行的内部融资市场应该和商业银行的工商信贷市场一样必须受到监管,而且更为遗憾的是,2008年金融危机爆发以后,美国监管条件趋向严格,把绝大多数投资银行又逼回到商业银行内部或者商业银行关联金融机构去管理。结果是,投资银行在过去二十多年间发展起来的资本市场边界拓展的技术进步被不理解投资银行业务合理一面的监管周期给扼杀了。这一次,监管周期滞后于工商实施周期,运用滞后的法规将工商实施逼回类商业银行业务,金融资本市场的发展走了一次大大的弯路,退回到90年代以前。检讨下来,人类关于金融资本市场的认知周期,基于其上的工商实施周期和监管周期的长期分离,是上述金融资本技术倒退的重要原因。

(三)中国产权市场十年发展中最近几年出现三者分离加大趋势值得警惕

中国对产权市场的认知、工商实施和规制三者周期蕴含了拟合的因子,但多数情况下三者的周期是错位的。令人担心的是,三者错位在近年有距离加大之势,应该加以警示。

中国产权市场成长的背景是,20世纪80年代后半期农村改革取得成效①后,国有工商企业改革步入议事日程。改革的目标是增效减亏。引进社会资本和人力资本要求某种意义上的产(股)权市场和薪酬性股票期权——没有选举权但可交易的股权——出现。这一时期,各地积极试验,规制鼓励发展。时间大约持续在80年代中期到90年代中期十年间。

与中国改革受发展经济学影响很大一样,中国产权市场的改变受科斯和西方证券市场理论的影响太多。数十年来,我们自觉不自觉——更多的时候是监管层自觉地——把股票类市场和债券类市场的综合当成资本市场的全部(这是西方20世纪70年代形成并被接受的但在今天看来是狭义性质的资本市场观点)。只要是西方理论框架中和实践中不存在的东西,虽然监管顶层声称要按照中国的实际情况创新资本市场,但在规制的细则上为了更行稳妥和不犯错误,绝大多数情况下是一刀切死。后果是,西方的经验我们在学习,西方制度设计的内在不合理我们也加以继承。反过来,授权监管部门中有不少对产权市场——内生于中国本土的资本市场——的优点一直疏于理解,勉为其难地被动管理,在支持力度上一直不如对证券市场大。在这部分监管者眼里,产权市场怎么看也不像是西方发达经济走过的道路,因而不是正统的。这种当年学习苏联模式时碰到的教训在90年代以后三者认知主体——理论研究、工商企业实施和监管层——中似乎被忘记了。现代国家管理团队代际的集体记忆连传统家庭代际的记忆都比不上。

中国金融资本市场借鉴(确切说是复制)②西方的指标之一是镶嵌式地向中国植入了上证所、深证所等几家交易市场,遴选培训了几百家做市商队伍,影响了超过1亿个机构和自然人实体加入到证券市场之内,业绩是为约3 000家企业在直接市场上融资。遗憾的是,我国股份有限公司约有1 000万家,股份制企业约有3 000万家。在制度设计者眼里,它们都需要融资。为不到3 000家公司提供资本服务,对于那些不处在龙头和高新地位的"沉默"的大多数企业来说,不能算是公平式的制度设计。这和奥运会式的国家体育队制度一样,离全民健身的国家体育锻炼目标太远。

从对产权市场的扶持角度和规制角度看,中央监管部门对产权市场规制内容大于支持的力度。这与地方对产权市场的支持力度形成鲜明的对照。通常的观察现象是,在每一次清理整顿之后,都是地方政府通过直接渠道和间接渠道请求条条

---

① 中国农村联产承包制改革的成功,事实上是政治经济学认知瓶颈的突破,而不是艰深的理论经济学问题。这从农村经济体制在20世纪90年代长期滞后于非农经济的发展的观察事实中可以得到验证。

② 当然,部分监管者会理直气壮地说,能复制就不错了。但复制毕竟缺少了创新,不管你把复制说得有多好。

部门宽容和批复。我国产权市场近20年来的大发展,我们调查组几乎没有看到任何金融监管部门正式的褒奖和系统性政策支持。反倒是一旦有与存量条例不相符合的地方实践,就惊恐地祭旗封杀。

没有经过资本市场制度自下而上的内生发展,短时间内镶嵌资本市场前沿形式满足了监管业绩的需要,但是也重复了我国产业二元经济的过程。这种不能幸免的二元现象是发展经济学理论的出发点,也是我国19世纪40年代以后受西方发达经济影响的思想方法论桎梏。先贤们看到了这种中国精神与西方技术难以结合的现象,但后辈们仅仅在理论顶点上强调中国特色,在操作层面上复制西方。我国的监管部门不能简单地因为上证所等几家交易所和存量债券市场的业绩而得高分。毕竟,在创新意义上,那只是模仿;在理论联系实际上,忽略了太多中国的实际。我国金融资本市场百年来理论认知欠缺中国基础,工商实施过程中西方一元(维)市场压制了草根性质的另外一元(维)——地方资本市场。建立在二者的基础上,规制层面把西方认为是先进的不加咀嚼地认为是中国所需的,对国家层面的证券资本市场恪守西方框框,对草根性质的地方资本市场进行诸多限制,大大强化了金融资本市场二元共存的现象。但求稳定无事,少求创新风险,这是近十几年来我国规制主体的通病。三种认知周期差距太大的时候,伤害的是中国资本市场进步的效率和效益,急需引起警示。

二、国务院整顿各类交易场所在全国范围阶段性展开

产权市场是我国资本市场的重要组成部分,其最大的优点是出于国有企业改制和地方资本市场融资的内生制度需要。虽然不同于绝对草根性质的民间资本市场,但也与纯粹借鉴国外资本市场的国家层面的交易所制度形式不同,这种内生于国家和草根两个层面之间的市场也带来了"省—省"之间的差异性,自然出现了部分交易实点对国家层面存量交易规则的模仿,也出现了对草根层面资本品兑换形式的提炼。前一方面的模仿数次带来了自上而下的"矫正"——整顿;后一方面的"提炼"由于区域范围限制,尚未受到应有的关注。

2005年11月,国资委、财政部、发改委、监察部、国家工商总局、证监会联合发布《关于做好企业国有产权转让监督检查工作的通知》(国资发产权[2005]294号),形成了一部门牵头、多部门参与,每两年一次的联合评估和核查机制。八年来的实践证明,这一机制是符合国情的,是有效的。

(一)对产权市场前两次清理整顿事件的回顾与思考

从1988年5月27日全国第一家产权交易的实体机构"武汉企业并购事务所"成立至今,中国的产权市场已经发展了25个年头。以2003年年底国资委、财政部联合颁布《企业国有产权转让管理暂行办法》(简称"3号令")为界,产权交易市场

的发展可大致划分为三个阶段,即1988—2003年的初级发展阶段,2003—2008年的迅速发展阶段,2008年至今的革新发展阶段。回顾前两个阶段的发展,发生过两次因违反当时规定而导致清理整顿的事件。

1994年,北京产权交易中心、上海城乡产权交易所、天津产权交易中心先后成立,同时山东、四川、江苏、武汉、深圳、河北、辽宁、河南、海南、福建、吉林、江西等地产权交易所也如雨后春笋般纷纷成立,产权市场达到了第二轮发展高潮。在此期间,一些市场偏离主营业务,从柜台市场变相成为股票市场。例如,四川乐山的企业产权市场将国有企业的产权进行柜台交易,当地人将这些股票放入箩筐中进行出售,演变成所谓的箩筐交易市场。1994年4月25日国务院办公厅发布《关于加强国有企业产权交易管理的通知》,宣布暂停企业产权交易市场和交易机构的活动,开始了第一次的清理整顿,产权市场步入低潮。1995年,国家国有资产管理局发布《关于加强企业国有产权转让监督管理工作的通知》,次年1月,国务院发布《企业国有资产产权登记管理办法》,对国有产权的登记管理和转让进行了规定,形成了产权市场发展的行政规定依据。

这一时期的相关法规停留在产权登记和转让等通则意义上的市场边界界定,边界内部更重要的交易类细则——比界定边界更为复杂——尚未成形,地方一线执行起来很容易将上证所和深证所模式当作业务模板。通则上上证所的连续、拆细和标准合约格式的交易被定义为这几所的独有,但在时下业界的认知中,连续和拆细交易恰好是可盈利的最直接部分。由于产权交易创新模式在当时尚未形成新维度的工具形式,上述盈利模式一再被没有授权的新建市场所复制。

这一时期,一些省市的产权交易所开始不满足于企业整体或部分产权交易。部分产权交易所利用山东淄博产权交易所的报价系统,将非上市股份公司的股权进行拆细交易。至1997年,全国有12家产权交易所与淄博进行了联网,将一些外地非上市企业的股权拆细成单股在淄博产权交易所交易。业内的股权拆细至与货币单元相近的程度,在不加门槛设限的条件下有可能变为和货币资本的流动性接近,再次引起了有关部门的高度重视。

1997年的全国金融工作会议决定,对涉及拆细交易和证券交易的场外非法股票交易进行清理整顿。武汉、成都、淄博、乐山等一批产权交易市场因此关闭,只有比较规范的上海、深圳等少数几家仍正常开展活动,全国范围内的产权交易市场再次走入低潮。第二次产权市场的清理整顿全面展开。

1998年国务院10号文件"不得拆细、不得连续、不得标准化"规定出台,如今这"三不"规定依然是产权市场业务拓展和交易方式创新不得逾越的政策底线。

在1994年和1998年的两次整顿中,违规机构利用产权法律不明晰以及监管方式的漏洞,试图以产权交易之名,行股份交易之实,将企业的部分产权进行标准化和拆分化,再利用公开的报价系统进行柜台交易。这类明面是产权交易市场,实质却是场外股票交易市场,造成高流动性第二市场。在这个意义上,国务院在当时关闭产权市场有其合理性。拆细和连续如果形成第二市场体系,无疑会增加资本品的流动程度而冲击尚未成熟起来的货币市场。但这种关闭应该理解为过渡性质,当货币市场完善的时候,这类冲击将会变为第二位的扰动,货币市场的自稳定机制将可以吸纳这种扰动因子且不影响正常运行。过渡期限结束了,应该允许产权资本市场和证券资本市场都运用流动性机理来变形资本品。根本意义上说,让资本品的形态"流动"起来畅顺变形是融资的本质。如果只允许一类资本市场运用流动性机理而不允许另外一类资本市场运用流动性机理,就好像只允许西医医院用CT扫描仪而不允许中医医院运用一样的荒唐。

(二) 因河南省技术产权交易所和天津文化艺术品交易所引发的第三次"整顿"

继1994年和1998年的两次"整顿"之后,产权市场交易规范得到加强。随着十六届三中全会的召开以及国资委的成立,产权市场进入快速发展阶段。2003年,全国产权交易机构达到230多家。2005年,国务院国资委联合六部门组成了产权市场监管体系,对产权市场交易进行日常监督以及两年一次的评审。在国家的重点推进和监管下,产权市场自2003年后一直保持稳步和快速的发展,直到2010年年底2011年年初,河南省技术产权交易所和天津文化艺术品交易所事件引发了产权市场的第三次整顿。

2009年10月21日,工信部出台《关于开展区域性中小企业产权交易市场试点工作的通知》,这个通知让沉寂已久的河南省技术产权交易所看到了希望。2010年4月19日,河南省政府正式下文成立"区域性中小企业产权交易市场试点单位工作指导委员会";随着7月6日工信部《关于河南省中小企业产权交易市场试点工作实施方案的复函》的正式下发,这个被宣传为"中国纳斯达克"的市场步入筹备的快车道。

出于工信部和河南省政府的高度支持,市场开盘前期的强势宣传以及市场具备的强大吸引力,开盘当日的场面火爆异常。当日9点一过,首批挂牌企业的首笔成交价格不断飙升;9点半交易开始之后,挂牌的41家企业全部以高于2元的价格首笔成交;而此后的价格依然狂飙,盘中各股涨幅大多超过100%,甚至200%、300%,灵宝金业更是以1149%的涨幅"惊艳全场"。

之后几天的交易情况比开盘当日少了些许疯狂,而市场上的一些风险与问题开始涌现:市场太小股价易被操纵、信息披露不完整、流动性风险过大等。仅仅几天之内,就产生了两笔异常交易。而更大的风险还在于政策风险和法律风险。《公司法》规定,发起设立股份公司股东不能超过200人;同时,《证券法》规定,发行股票后股东累计超过200人的为公开发行,未报经证监会核准擅自发行的属于非法发行股票。按照河南省技术产权交易所的交易规则,自然人投资者均可开户买卖在该所挂牌的产(股)权,这意味着超过200人是确定无疑的。

事实证明,正是这一市场存在的政策风险和法律风险让其在开盘10个交易日之后戛然而止,11月22日,河南省工信厅出台暂停交易公告,停盘期限为一个月。证监会向国务院指出了这个市场存在的种种问题,认为这个市场以产权之名,行证券之实,涉嫌非法证券交易。国务院随即成立了由证监会牵头的调查组,进驻河南调查此事。

2011年1月26日,天津文交所首次以"拆分"的方式推出了天津画家白庚延的两幅作品《黄河咆哮》和《燕塞秋》。上市30日之后,两幅作品的行情如同过山车般跌宕起伏,非涨停即跌停。截止到3月16日收市前,《黄河咆哮》每份报17.16元,《燕塞秋》每份报17.07元,在30个交易日内暴涨了17倍,两幅作品的流通总市值超过1.8亿元。然而近年来,国内书画作品成交价最高者——齐白石的《可惜无声》作价也仅为9520万元。由此可见,上市交易的这两幅画作的市值,远远超过其本身的价值。(炒作绘画和炒楼盘及炒绿豆一样,有更大意义上资本市场单一和产品匮乏的问题。)

天津文交所采用的"艺术品份额化交易"模式,细节上是将艺术品的"财产权"打包,等额拆细,再以份额为单位向投资者发售,投资者购买的不是实物艺术品,而是艺术品的拆分权益。而艺术品投资是典型的高风险投资,投资者不仅需要较高的风险承受能力,也需要很强的艺术品鉴赏能力。像艺术品份额化交易这种高风险、高收益的投资工具,只适用于有较高风险承受能力的投资者,不宜大众化。

个别产权交易所业务"越界"引发中国证监会恐慌,惊动国务院出手清理整顿各类交易场所。

经过2011年近一年的准备和协调,国务院成立部际联席会议(办公室设在中国证监会,证监会主席兼任办公室主任),负责清理整顿全国各类交易场所,副总理王岐山专责此事。同年11月11日,国务院正式出台《关于清理整顿各类交易场所切实防范金融风险的决定》(国发[2011]38号),上升到防范系统性金融风险的高度。这个38号文最核心的内容是划定了各类交易场所业务与股票交易所业务的边界,具体体现在"五个不得"中:"自本决定下发之日起,除依法设立的证券交易所或国务院批准的从事金融产品交易的交易场所外,任何交易场所均不得将任何权益拆分为均等份额公开发行,不得采取集中竞价、做市商等集中交易方式进行交易;不得将权益按照标准化交易单位持续挂牌交易,任何投资者买入后卖出或卖出后买入同一交易品种的时间间隔不得少于5个交易日;除法律、行政法规另有规定外,权益持有人累计不得超过200人。"

为贯彻38号文,进一步明确界限、措施和工作要求,经国务院同意,国务院办公厅根据38号文执行中出现的新问题,于2012年7月12日发出《关于清理整顿各类交易场所的实施意见》(国办发[2012]37号)。这个实施意见进一步明确了清理整顿的范围,明确了政策界限,特别是对38号文的"五个不得"的具体内涵作了界定。

38号文出台后,各相关部委积极行动,大多发出了在本系统如何贯彻执行的文件。其中,监管交易场所最多的部委如国务院国资委、商务部、文化部、国家工商总局等出台的要求更缜密、更具体。

在38号文出台后仅仅一个月左右,中宣部、商务部、文化部、广电总局、新闻出版总署五部委就在同年12月联合发出《关于贯彻落实国务院决定加强文化产权交易和艺术品交易管理的意见》(中宣发[2011]49号)。这个49号文指明了什么是文化产权交易、文化产权交易所的区域分布、设立文化产权交易所的必备条件和设立审批程序。该文提出要"稳妥"推进文化产权交易试点,"中央文化企业"的国有产权指定到上海文交所和深圳文交所进场交易,其余各省市已经设立的文交所都在清理整顿之列。对清理整顿后的文化艺术品的交易,该文也作了规定。

回顾河南省技术产权交易所和天津文化艺术品交易所两起事件,与前两次引起整顿的问题一样,这次的核心违规问题仍然是将产权交易"标准化、连续化、拆分化",借着产权交易的名义,以证券交易的形式谋取利益。然而,本次整顿与前两次的整顿有着些许的不同。1994年与1998年的两次整顿是由于产权界定和规范的模糊所导致的,当时的产权交易并没有严格的限制,再加上早期人们对于产权交易的概念不明确,很容易使得产权交易演变为股权交易。直到1998年国务院出台10号文件对产权交易做出了"不得拆细、不得连续、不得标准化"的规定,产权交易才逐渐规范起来。2011年的整顿事件中,产权交易相比之前已相对规范,在产权市场监管方面,形成了由国务院国资委牵头、多部门合作参与的评审机制。可以说在市场规范以及监管力度方面,相比1994年或者1998年,2011年产权市场有着长足的进步。而在2011年的两起事件中,天津文化艺术交易所通过艺术品份额化进行交易,而河南技术交易所则是通过工信部出台的通知行使非上市公司场外证券交易。前者钻了艺术品交易的漏洞,而后者则利用了工信部与证监会推出条例的矛盾。与前两次整顿不同的是,此次整顿重点在于细化产权市场交易规定,再次明确了产权市场与股票市场的边界。

在纯粹理论意义上,我们可以做这样一个思想实验,如果20世纪90年代末期美国人将资产证券化的拆细交易定义为自己独有,而不许别人使用,中国人将会何等愤怒。早期的"增气弹"和"增光霉素"何尝不是这种愤怒的正面回应呢?换句话说,当能够隔离货币市场的扰动因素的时候,仅仅允许授权交易所而不允许产权交易所使用连续和拆细的交易工具兑换资本品,在工具意义上是不公平的,毕竟产权处置是需要市场的流动性来支持的。国务院在采纳主管部门"三不"规定的时候,事实上没有穷尽隔离流动性扰动其余货币市场的政策集合。在实践上,我们看到在授权不公和创新不足双重条件下,我国产权市场竟然也重复了投资市场改革前的总观现象,一管就死,一放就在类证券交易或变相证券交易附近轮回。在制度进步上,压制而不疏通的一维制度选择,连当年大禹治水时期也都突破了。

三、产权交易所交易规范取得突破

我国的产权交易市场作为资本市场整体的重要组成部分,实现共用一个交易平台、制定统一的交易规则是长时间以来关注的问题。虽然产权交易市场的政策性因素很强,但是作为资本市场中基础市场的重要部分,体系的规范化、法制化、市场化是必须经历的轨道。近几年来,交易所的交易逐步规范并取得业绩突破。

(一)产权交易所法律法规体系基本完备

2003年12月31日,国务院国资委和财政部联合颁布了《企业国有产权转让管理暂行办法》(简称"3号令")对国有资产的流转作了进场交易的规定。2009年财政部发布的《金融企业国有资产转让管理办法》(简称"54号令")则规定了金融企业国有资产的流转。而2009年6月,国务院国资委下发的《企业国有产权交易操作规则》(简称"120号文")对国有产权交易作了更具体的规定。在这三个文的基础上,国有产权交易法律法规体系已经基本完备。

(二)监管体系进一步完善

为了进一步促进产权市场的健康发展,必须有严格的监管体系和规范的中介自律组织。而一直以来,我国的产权交易市场的监管体系并不健全。中央政府并没有设立全国性的产权交易监管机构,各地方政府对地方市场的管理和监督没有一个统一的体制和管理方法,并且一些地方监管机构较侧重于"管理"而忽略了"监督"。

而在2011年,这些问题得到了一定程度的解决,国有资产的监管体制大格局初步形成,地方经营性国有资产集中统一监管也在逐步推进。各地国资委监管的覆盖面加大,国有资产的监管范围得以拓宽,14个省级国资委监管覆盖面已经达到80%以上。此外,国有产权交易机构协会于2011年2月15日在北京成立,首批机构成员中包含了京、津、沪、渝四地的66家产权交易机构。其成立目的就是要通过统一各地产权交易机构的交易规则,在更大范围内实现国有资产的最优配置。

(三)统一规范的交易平台建设逐步推进

长期以来,我国的产权交易所数量众多。通过建立统一的交易规则和统一规范的交易平台,达到减少交易成本、提高市场效率的效果,是产权市场发展的内在需求。各产权交易所也都看到了统一信息发布和交易平台的大利之处。近一段时间来,产权市场一直都处于融合的过程中。

建设统一的产权交易市场分三个层次:① 在各省、市和自治区建立统一的产权市场;② 构建区域产权市场;③ 建立全国统一的产权交易市场。产权市场整合的三个层次均已展开。2005年,湖北省国资委开启了省市产权市场统一整合的"湖北模式"——统一监管机构、统一交易规则、统一信息发布、统一审核鉴证、统一收费标准的"五统一"模式,八年来的实践证明了它的导向性和持久生命力。这些共同市场拥有统一的信息网络服务平台和统一的信息披露标准等,为资产的高效流动提供了途径。

在区域市场融合方面,2008年3月,京、津、沪、渝四个央企交易机构在上海正式签署合作协议,在共同建设统一的交易体制方面达成共识。在2009年6月国务院国资委《企业国有产权交易操作规则》推出后,京、津、沪三机构发布了《企业国有产权交易操作细则》,其中包括9个操作细则和3个实施办法,承诺接受国资委和社会各界的监督。2010年1月22日,京、津、沪、渝四家央企产权交易所的统一交易系统在北京通过验收。这一系列过程是四机构将法变量的赋权变成具体实施细则的过程,同时为产权市场统一交易体系的形成提供了标准。

2012年5月24日,企业国有产权交易项目信息统一发布系统由国务院国资委开通,集中全国各交易所的国有产权交易信息在此平台统一发布,提供了更大范围、更高层面、更加权威的信息发布平台,为发现投资机会提供了一个新的媒介。另一方面,中共中央办公厅、国务院办公厅于2011年6月发布的《关于深化政务公开加强政务服务的意见》(中办发[2011]22号)中包含了完善公共资源配置、公共资产交易、公共产品生产领域("三公资产")的市场运作机制,实现"三公资产"交易的公开、公平、公正,同时实现保值增值,使"三公资产"的交易开始趋于规范。

四、产权交易所业务创新及市场建设上新台阶

过去两年间各类交易所业务创新不断。一部分存在时间久、省市支持有力的交易所因需要纷纷新设控股性分平台,不但业务类别出现新点,而且一部分原来根生于能源基础原材料、大宗类商品或港口的转运和储运类市场,基于中介类做市成市在一定物理节点的集聚,出现第三方市场特征,也和产权交易市场联姻,推出新的产品,使交易所类市场建设边界获得突破。

(一)大型交易所集团创新业务、细分市场不断出现

北京交易所在集团化方面不断发展,近一两年来在金马甲平台创新获得突破后,还在金融资产交易方面取得佳绩,在石油石化交易、黄金贵金属交易方面大幅跟进。2011年,北交所在企业国有产权交易方面坚持"精耕细作"工作思路,发挥

会员机构、北交所驻沪办的作用,提升服务质量,有效整合资源。央企业务市场占有率继续保持行业领先地位,全年央企挂牌项目数市场占有率46.40%,挂牌金额市场占有率55.34%,企业国有产权项目竞价率达到17.13%,竞价项目平均增值率达到52.97%,全部国资项目增值率达到42.23%。央企实物资产处置呈现集中化特点,企业实物资产进场意愿明显,中外运、中石油、中航集团等央企的实物资产处置工作已经全面启动;北京市属行政事业单位资产处置基本覆盖市全部行政区域,财政系统罚没物资实现进场。各类实物资产交易项目宗数增长44.26%,成交金额增长15.91%。

北京交易所在通过国际合作超前推出创新产品方面做得扎实有效。"熊猫标准"是由北京环境交易所、法国BlueNext交易所、中国林权交易所和美国温洛克国际农业开发中心联合开发的中国第一个自愿减排标准。2011年3月29日,中化集团方兴地产(中国)有限公司通过北京环境交易所成功购买16 800吨"熊猫标准"的自愿碳减排量。此次交易双方均为中国企业,减排量的核算采用本土标准,这在发展中国家尚属首次,体现了中国企业先进的低碳战略与高度的社会责任感,并在碳交易领域迈出了具有里程碑意义的一步。2012年5月,由法国开发计划署资助、大自然保护协会(TNC)牵头,与中国21世纪议程管理中心、云南CDM项目中心等单位联合开发的"退化土地竹子造林方法学"获得"熊猫标准"的正式批准,这是世界上第一个有关竹子造林的碳汇方法学。

举办高质量的项目推介会是北交所的特长。推介系统拓展了认证投资人的深度认同,增加了对非公业务的吸引力。2011年非国资转让项目增长142.86%,成交金额增长207.03%。其中,北交所开展的华龙证券增资扩股融资项目顺利通过证监会的审批,成为产权市场助推企业融资的又一典型案例。金融资产交易、石化交易和黄金成交额分别超过1 700亿、640亿、690亿元,成为2011年业务总量提升的主要动力。之前交易份额较少的非公产权交易额继续保持快速增长势头,同期增长了207%。另外在2010年下半年,北交所发起运营的首家国内金融资产交易所、正在筹建的中国文化产权交易所等基本形成"一拖十"的集团式结构。

上海联合产权交易所2011年全年运行业务多样化并稳定增长,以个性化服务和同类业务整合为主线,为不同属性企业服务。一是在金融资产处置方面,上交所运用多种差异化竞价方式,提升金融企业溢价率和成交量。二是上交所联合长江流域产权交易所与中国产权交易网平台,细分市场,计划在今后两年与24家产权交易机构展开合作。三是异地业务交易活跃,同比增长38%,涉及全国28个省市和境外13个国家。2011年,上海产权市场充分发挥国企改革发展的主渠道功能,成为企业国有产权市场化配置和国资证券化率提升的中心市场平台,通过个性化服务,以同类业务整合为主线,为不同中央企业、中央和地方企业之间、国有企业和民营企业牵线搭桥。2011年,在上海产权市场进行的资产整合和重组并购涉及95家央企集团,其中属于纵向并购的达35.29%,横向收购的达41.18%,被收购的标的主要来自国企、民企和外资,市场呈现出国资向优势行业和企业集中的态势。如中国东方航空公司下属西北航空中心有限公司100%股权及相关债权项目在上海产权市场公开挂牌转让,挂牌价9404万元。全方位的信息发布和市场推介使得该项目吸引了新疆、甘肃、陕西、山东、江苏等省市的5家单位参与竞买,经过两个半小时197轮次的激烈竞逐,最终由山东青岛一家民营企业以13464万元竞得,成交价比挂牌价增值43.17%。

精细化服务与两个市场联动(产权市场与证券市场)、两种资源联动(非上市公司与上市公司)是上海联交所企业产权资源的特色。上海国资通过产权交易注入国资控股的上市公司的项目涉及金额达313.61亿元,同比增长37.93%。如上海家化(集团)有限公司整体改制项目,上海产权市场依托市场网络优势与投资人信息库资源,充分发掘项目投资价值,通过"公开、公平、公正"的市场运行和一丝不苟的专业服务,实现了项目的顺利完成。企业国有产权的公开挂牌交易,带动了外资、民资等非国有产权进场交易,特别是非公企业高度关注产权市场,主动参与产权市场,无论是通过市场出让还是受让,都出现较大增长,民资收购金额达111.53亿元。上海交易所敢为人先的创新精神还体现在与解放日报报业集团合作成立文化产权交易所上。这一尝试解决了宣传口径国有资产和文化关联资产长期无法与市场对接的难题,在很短的时间内成为上海市的重点支持项目。在稍后一段时间,经上海市委市政府推荐,上海文化产权交易所成为中宣部确定的中央文化企业及关联资产的处置和交易平台。

天津产权交易所在深度细分市场方面进行了创造性的探索。一是创新监督机制,开展做市商和其他价格收敛商的培训和监管工作,对入场企业进行业务细则划分、整理清查,形成共享性数据群。二是针对中小型科技企业,制定了企业挂牌的准入创新性制度,优化信息披露流程,适度取消低效率准入审批条件,为天津成为国家产权交易高地继续发力。天津金融资产交易所(简称金融交易所)看准了租赁资产交易机遇,经过充分调研与扎实建设,于2011年6月建立起一个专业公开的融资租赁资产全国性交易平台,并且与海航资本、民生租赁等大型租赁公司签订了战略合作协议,全国近百家租赁公司都成为该所会员,共同促成租赁资产交易的快速流转与价值发现,以达到拓宽融资渠道的目的。目前在金融交易所挂牌的租赁项目已达1032个,涉及金额1235亿元,并已促成多单租赁资产交易。

结合天津金融交易所两年多的实践经验和目前广大投资客户的情况,在租赁产品设计上分步走,设计出不同阶段最合适的产品,是当前提高租赁资产流动性最具操作性的方式。具体而言,可以分三个等级:第一级是租赁资产的直接转让,目前这一步已经得到监管部门的支持,没有法律障碍,关键在于合同文本的标准化。天津金融资产交易所已经在这方面做了一年多的工作,独立开发了可以满足租赁资产和产品交易的系统,各项准备已经基本成型。第二级是在租赁资产的基础上,在目前的政策框架下,设计流动性更强、适合一部分投资者需要的债权类产品。第三级是设计出以租赁资产证券化产品为代表的标准化产品,通过证券化产品的结构性设计和公开发行,将收益和风险同时转让出去,实现收益分享,风险分散。

重交所面对北交所、上交所和天交所等强大竞争对手,以认真负责的敬业精神和优质服务赢得了部分央企的信任。近年来,重交所与中国电子科技集团、中交集团等10家大型国企建立了合作关系,与中国建设银行、中国交通银行等金融央企开展了合作。重交所还加强了与兄弟省市产交所在央企项目上的合作,累计与四川、贵州、广州等省市22家没有央企资产交易资质的产权交易机构建立了合作关系,全年与外地产权交易机构合作项目16宗,金额近3亿元。并且加大了与会员机构的合作力度,与北京合航投资顾问有限公司签订了战略合作协议。2011年全年完成央企交易项目同比增长37.03%,交易额同比增长125%。

重交所诉讼资产交易项目创历史最好成绩,交易额同比增长79.69%;成交率83.1%;增值率19.09%,同比增长7.34%。在最高人民法院的大力支持和指导下,牵头联合广州、贵州、云南、山东等兄弟省市产交所,依托重交所"诉讼资产网"及其交易平台开展互联网竞价交易业务,构建了全国统一的诉讼资产交易共同市场。2012年2月8日,最高人民法院在重庆召开全国法院深化司法拍卖工作会议,启动"人民法院诉讼资产网";8月31日,"诉讼资产网"正式并入"人民法院诉讼资产网"。

在重庆市国资委《关于妥善处理重庆联交所与区县公共资源交易中心关系的请示》上的市长批示以及市政府《关于区县公共资源交易平台与重庆联合产权交易所协作问题的会议纪要》精神指导下,重交所先后与涪陵、黔江、永川、石柱、巫溪、云阳等6个区县政府签订了战略合作协议,与奉节、开县、潼南等十多个区县达成合作意向,开展两个平台间的深度合作,创造了与区县公共资源交易平台合作的涪陵、石柱和永川三种模式。与市工商联签订了战略合作协议,成立专门的交易部门,启动民营资产进场交易,全年交易民营资产项目28宗,实现交易额4.77亿元。与重庆4家知名二手房经营企业共同组建了二手房交易网络"联房网",挂牌房屋1.5万套94.21亿元,已成交94套5400万元。正与北尊信息公司及专业团队合资合作组建联合易动房产公司,主要从事全市二手房交易,条件成熟时推向全国。与涪陵区政府合资组建了中西部首家林权交易所——涪陵林权交易所,以林权交易起步,探索农村"三权"交易。与杭州、宁夏、贵州、昆明产交所建立战略合作关系,合作机构已扩展到22家。新引进会员单位4家,会员单位总数增加到122家。创新会员机构合作模式,与北京合航签订合作协议,全力开拓金融央企市场。全年与会员和外地产权交易所合作央企项目挂牌金额8.3亿元,成交额8.08亿元,同比增长30.69%。与重庆海关签署战略合作协议,重庆海关罚没财物正式进入重交所公开挂牌交易,并在全国率先引入互联网竞价交易模式。首宗采用互联网竞价的海关罚没车辆成交金额124.4万元,平均溢价10%左右。

广州交易所集团在创新交易品种、完善集团化运营平台方面有大区性交易平台特色。2011年10月,广州林业产权交易中心挂牌成立。2011年11月,国内第一家专注于各类物流交易和综合配套服务的区域性专业机构——广州物流交易所挂牌成立。该交易所借助现代电子技术手段,改变传统的交易模式,将有形的物流市场和无形市场相对接,致力于打造第三方物流交易公共服务平台,为物流企业提供物流信息交易、物流设备交易、物流项目招投标、物流业产权转让、企业并购、融资咨询等专业服务,加快企业物流信息对接,提高物流效率,降低物流成本,解决融资难题,并通过市场化手段有效地减少物流市场欺行霸市、信用缺失等问题,促进广州物流向高端服务业发展。

广交所发挥专业优势,助推资产重组、金融驱动与市场平台的有效结合。广州产权交易所不断强化"存量转让与增量吸纳并举"的产权交易模式。例如,通过公开的市场平台,为广州纺织工贸企业集团有限公司主导筹建的广州T.I.T国际纺织城科贸园和产业园项目引入合生(广州)实业有限公司38.476亿元的注资。又如,在市领导的带领下,积极参与广州银行的资产重组工作,为其引入战略投资者提供相关咨询、策划服务,促成广州银行通过产权交易市场第三方平台,引入了高素质的境外战略投资者,确保国有资产保值增值,维护国有资产权益。广州私募股权交易所参与研发国内首个集原酒先期发售和后续交易于一体的创新交易模式。2011年7月,广交所集团举行的国窖1573大坛定制原酒广州认购推介会开创了高端商品新的交易模式,丰富了投资者可选择的消费收藏品种。广州农村产权交易所研发了以公开市场方式为农产品交易合同征集受让方的新型交易品种。2011年8月,广州农村产权交易所受托为佛山市高明区杨梅丽堂蔬菜专业合作社自有技术种植的"丽堂菜心"向社会征集收购方,引导农民遵循经济规律实施生产和自发对农产品生产基地进行升级改造。广州文化产权交易所在促进广州传统文化与国内外先进文化模式对接等方面做了大量行之有效的探索和尝试。2011年5月,广州文化产权交易所参加了第七届文博会,成为入驻演艺馆的唯一一家交易所,并得到政府部门、文化企业的热烈关注与支持,现场委托予以牵荐衔接的文化活动项目涉及金额约217万元。此外,兴业、民生两家银行提出优先对广州文化产权交易所推荐的文化企业、项目开辟融资绿色通道的意向,两家银行计划为此安排专项贷款额度合计40亿元。广州环境资源交易所积极致力提高企业和公众的绿色、环保意识,推广自愿减排、碳中和理念,成功协助兴业银行购买碳减排信用额,用于抵消兴业银行大厦在建造和营运期间所产生的542吨碳排放。

(二)交易所业务边界不断切近中国资本市场发展实际

案例之一是白酒市场的金马甲创造。白酒是中国特有的消费品,在西方白酒中酒精含量最高的是伏特加酒,仅有42度。在非鸡尾酒饮用者——中国消费者经验中,绝大多数西方白酒喝起来是水酒分离的,毫无味道可言。这种因消费者人群的味觉经验差异形成的地方特种产品,具有不可替代性,加上传统的工艺形式和独特的地理位置,形成了因收入水平提高而价值提升的稳定空间。这种既有稀缺属性又有升值前景的产品,如果加上保真和价值升值的特征,就可能在消费者、投资人、商品供应商、发售机构、资金结算银行、物流公司等之间形成市场。金马甲高端商品交易过程主要分为认购阶段和后续交易阶段。

在认购阶段,投资人在金马甲注册认购账户,签订认购合同并缴纳一定数额的订金,然后由发售方组织认购;后续交易阶段,投资人在资金结算银行开设资金账户,与银行签订第三方托管合同,并在金马甲开立交易账户,将资金账户的账款划拨至交易账户进行交易。2011年7月,金马甲携手"浓香鼻祖"——泸州老窖股份有限公司和发售方——深圳市私享一号酒业有限公司共同推出"国窖1573大坛定制原酒网络交易"。这是国内高端白酒首次启动网络交易项目。本项目限量交易的国窖1573大坛定制原酒共计8万坛,每坛2.5升,发售价格为6900元/坛,全数用于金马甲原酒交易,不会通过其他任何市场渠道或方式投放。认购完成后,认购投资人可委托发售方在金马甲"国窖1573原酒网络交易专厅"进行后续交易,也可以选择提取提货卡或提货,交易期限为3年。选择领取提货卡的投资人可以选择转赠,委托再交易,或者提取原酒。只要投资人不选择提取原酒,原酒在交易过程中始终储藏在泸州老窖所属的藏酒洞——"纯阳洞"中,为标的的保真、仓储提供了根本上的保证。金马甲的创造为土特可储产品——比如茶和特种蚕丝,为价值因消费偏好在总收入中比例提高而增加较快的艺术品和耐用消费品提供了创新的参照。这是拓展权益类交易的一个中国案例。

案例之二是广州客车牌照总量市场调控平台的建设。2012年7月,为缓解广州交通拥堵现状,广州产权交易所率先在全国发起"无偿摇号+有偿竞价"的客车增量指标配置模式。广交所成立专项工作小组,在时间紧、保密要求高的情况下,针对交易环节、交易时间、资金监管等核心问题进行反复研究、推敲,设计了国内独一无二的网上竞价模式:竞买人凭有效编码及报名时填写的手机号码进行资格激活,自行登录竞价系统进行报价;竞价时间是每期增量指标竞价公告规定的竞价日当天9:00至15:00,不间断地连续竞价6个小时;在此规定的时间内,竞买人可以报价1次,修正报价2次,以最后一次有效报价为准。竞价时间截止后,竞价系统自动将竞买人的有效报价按照"价格优先、时间优先"的成交原则确定买受人。

为能及时解答市民关于增量指标竞价活动的咨询,广交所组建了广州市中小客车增量指标竞价热线客服中心,配备了12名专业客服人员,并在广州交通服务热线96900下设竞价客服专线10个坐席答疑。竞价热线客服中心自2012年8月开通运作,至今共接入中小客车增量指标竞价业务咨询超过10万宗,为广大市民提供了优质专业的标准化咨询服务,有效指导市民通过互联网参与竞价活动。该中心已被广州市交通信息指挥中心授予"2012年度信息化服务管理标兵单位"荣誉称号。其实,大体上在同一时间,我国不同地方的交易所都有近似或类似的创造,比如公共资源平台建设和特种市场建设,都具有基于中国权益市场而新设交易产品和平台的创造。

(三)地方交易所出现新成长模式

长期以来,在我国江浙一带活跃着一批服务中小型企业融资的权益交易平台。以浙江省产权交易所为例,目前仍属于买方市场,交易量增长迅速,且投资者多为机构投资者。2011年,交易所应对上海交易所带来的挑战,不断加强与上交所的合作,并快速融入长江产权交易市场。浙江是我国中小企业最多的区域,我们的调研发现,依托产权交易市场的制度积累,一大批起源于出口导向经济的大宗商品和中间品市场,也在借用产权交易市场的许多形式。比如浙江嘉兴的茧丝绸市场,200多家江浙及其他地区对茧丝绸原料有需求的企业采购中介平时从事厂商和厂商之间的双边交易,但在一定时间积聚了足够的市场供需后,二三百家的市场撮合中介、市场导入中介和各种服务,包括法律和关联中介集合在一起,形成短时间数个小时的第三方市场业务。这种基于大宗商品市场和某个行业中间品市场业务兴起的批发和做市活动形成的短时间的第三方市场活动,在动力学机制上非常像早年最终商品市场上的逢吉利日赶集——一种特定的第三方市场原型的过程。幸运的是,当地的产权交易市场事实上已经介入这类市场形式。最让人心动的是阿里巴巴模式,当年阿里巴巴的创始人在北京由于竞争而无法立足,走向杭州上下八府的中小企业的汪洋大海中的时候,"支付宝"创新成为场外双边交易向场外第三方交易市场迈进的最重要创新形式。我们期待有一天,场外大宗商品市场和产权市场能合二为一。

最近,国务院批准深圳前海和珠海横琴建设金融改革综合实验区。我们期待,大宗商品市场、货币市场、证券类市场和产权市场能够打通各自的市场边界,成为国际上联通上述市场的首成之地。

五、结语:产权市场"十二五"后续年度与国民经济共成长

中国产权市场因应于国有企业的改制而生,也在与发达经济体资本市场导入中国后占据的主流地位相竞争,存活下来已经是个奇迹(拿今天中医和西医的地位相比较确实不容易)。中国大地上的东西,自1840年鸦片战争始,到五四胜利时止,从知识分子到各个阶层,除了在行为上的东西不自觉而改变较少——吐痰和大声说话为两例——之外,绝大多数领域我们都拜倒在了西方的面前,资本市场也不例外,产权市场的发展也受到西方资本市场的巨大影响。在资本市场上学习了西方二十多年,该是反思自己,将经验和心得体会总结一下向世界贡献点什么的时候了。

产权市场经过四分之一世纪的伟大实践,积累了丰富的行业经验,国有产权

的升值和保值上了一个高高的台阶。同时,产权市场与民间资本市场相结合,与长链产业类大宗商品市场相结合,已经具备了在资本市场意义上与长链产业相应的长链市场相结合的基本条件。我们希望,我国产权市场能够在上述结合的意义上与国民经济相对接,为中国经济的产品市场和资本市场的共成长贡献一份力量。

我国私募股权市场流动性环境变化及改进路径

2012年后,私募股权基金在地方资本市场上遭遇了声誉滑铁卢。① 与之同时,国际投资银行机构似乎在一夜之间也退出了中国市场。另外一个观察事实是,我国"京、津、沪、广、深"等中心城市纷纷将建设不同类型金融机构集聚区作为发展的重头戏。三类表面上相距甚远的观察事实,背后有没有一致性的力量在起作用呢?

本研究发现,上述三类观察事实是资本市场上长期资本品与短期资本品(流动性)互换不畅的供需失衡力量所致。笔者将在定义私募股权市场流动性环境的基础上,依次讨论我国流动性市场的形成小史、运营机理、累积资源配置以及改进路径,以期为我国私募股权行业发展提供走向常态路径的方法论思路。

一、导论:私募股权市场流动性环境释义

2012年后,私募股权业务收缩、国际投行退出以及地方政府加快建设金融集聚区三类看上去相距甚远的观察指向了资本市场上流动性资产有效供给不足。流动性供给不足,业界一般直接理解为货币发行不足。上个世纪经济学家对货币市场上流动性观察现象的总结,对私募股权市场的流动性环境理解很有帮助。

(一) 有关流动性概念的文献思路

自从20世纪中期开始,莫迪列阿尼(Modigliani)关于货币有多种价格的理论为我们打开了一扇理解流动性的窗户。货币不仅仅有利息价格——放弃一份当期消费在下一期应该得到的偏好补偿(这是货币作为资本品的价格),我们在经济中

---

① 2012年夏天,一个省会城市的金融办主任很直白地告诉我们:"如果是来谈私募股权基金的事情,最好不要再张口。"调研组大惊。理由是:"从早晨到现在,我已经接待了17拨来谈私募股权基金的业务,生理反应都要吐啦!"

还看到,当货币供给不足的时候,人们愿意放弃更大的商品份额来换取一份货币的观察现象——这是货币的商品价格。显然,流动性问题理所当然地应该从货币作为资本品和作为商品的双重作用来理解。

萨缪尔森(Samualson,2009)和他的研究生接受了莫迪列阿尼对古典货币理论的纠正,在20世纪80年代初期将其用在了分析货币资产和3个月期限短期债券资产在同一个期间的替代计量中。结果发现,当处在较高通货膨胀率条件下,亦即政府在根货币市场上——央行和48家对手银行市场上——流动性供给充足(已经出现通胀)的条件下,该根流动性并不和3月期的财政债券有明显的统计替代性(显著性检验不能通过置信区间的关键数字)。换句话说,不是货币供给不足,而是源头货币充足的条件下,资本市场没有能力将根货币——高能货币——导入到资本市场来,出现了流动性陷阱的观察。

今天我们知道,美国从第二次世界大战后到20世纪80年代的凯恩斯主义宏观管理,致使总需求政策在三十多年间用过了头。调动宏观货币或者财政政策矫正总需求不足的剩余空间有限,货币发行再多也不能通过资本市场以较高的比例转变为投资。思考的逻辑是,总供给学派促使里根抛弃了上述政策,使美国走出了80年代的滞胀时期(Gilder,1978;Wanniski,1981)。

继承"莫迪列阿尼-萨缪尔森"传统,斯蒂格利茨(Stiglits,2003)等在80年代前后又将上述观察上升到了新的理论抽象,流动性陷阱的宏观观察出于微观基础的信用配给机理(credit-rationing mechanism)[①]:当经济大环境处在下行期时,原有的信贷评价关系在经济人之间不复存在了。手持流动性的信贷机构——不管是银行系还是非银行系——不再愿意将手持流动性资产出借(贷)给正常时期可以贷出的客户了,尤其是长期协议客户。信息不对称(information asymmetry)[②]现象在金融市场内置了经济人之间的相互不信任——信用配给。

(二) 资本市场及私募股权市场流动性环境释义

2008年金融危机以后,信息不对称造成的信用配给现象在资本市场出现。对国际在华投行机构来说,母国长期市场出现金融危机,先期在华投资尚需跟进的后续资金因信用配给出现不能按时到位,资金链出现了困难,退出东道国市场是适当的选择。

对国内金融机构来说,2008年始发于美国的金融危机降低发达经济消费预期,中国出口受阻。恢复经济增长的所谓"三驾马车"的综合考虑引发四万亿救市

[①] 信用配给(credit rationing)是指金融机构类经济人在环境恶化条件下收缩信用边界的行为,尽管宏观管理已经实施货币量化宽松政策。

[②] 信息无法在经济人之间以较为真实的情况传递的累积后果或者简直不能直接传递的时下过程,都可称为信息不对称现象。

政策,随后带来潜在通货膨胀压力。为了对冲一次性超大刺激带来的潜在通胀又只好实行长期的收缩政策,结构调整的内在逻辑一直未能付诸实际。当后续国际需求进一步减速,中国经济自身在2012年下半年步入下行期后,判断经济软着陆和硬着陆具有更大的不确定性时,经济人之间信息不对称程度增加——信用配给机理显现。银行和传统非银机构在相同基础流动性(货币)供给条件下不增加反而收缩供给。尽管货币根市场——基础货币市场——在国际上因量化宽松政策、在国内因连续微刺激政策并未明显减少,但国内外同时存在的信用错配现象,导致项目类私募股权投资业务出现停滞,国际投资银行业务退出中国。

国际机构间和国内机构间同时出现信用配给且二者相互强化。前者的信用收缩以一个稳定的系数传导向国内同行机构;国内先在银行间市场表内业务出现信用配给,然后再以一个衍生系数传导向央行公开业务市场,基础货币在过去两年间始终不敢一步放手到位。央行的谨慎是合理的,但当谨慎行为被银行间市场表外金融机构解释为经济前景黯淡后,反过来又强化非银行类金融机构之间的信用配给。

由于高流动性资产权重在银行间市场和央行公开市场,当二者同时收缩的时候,其后续市场——中期票据市场、债权市场、更长期的永续债和股权市场等——会感觉到,与经济周期处在上行时段比,中长期资本品兑换流动性资产的难度加大了。据此,我们称央行公开市场和银行间市场的货币供给总量及其对应金融机构的投融资活动构成中长期资本市场的流动性环境,同时也构成私募股权基金市场——中长期资本市场之一部分——的流动性环境。

私募基金管理团队在将私募得到的高流动性资产依据合约关系配置转换为股权类弱流动性资产,获得初始几步成功的时候,他们或许要将已投入变形的中长期资产再行置换回高流动性资产,因信用配给机制的出现,融资活动难以持续,私募股权基金市场的流动性环境恶化。

依据上述概念讨论我国私募股权市场的流动性环境时,我们发现问题变得更为复杂。我国私募股权市场的流动性环境的内部构成本身也构成私募股权类机构手持资本品流动不畅的限制性条件,即使不存在明显的经济下行周期和因下行周期引起的信用配给现象。这使得流动性环境本身的讨论引申出下一个问题。

二、我国私募股权市场流动性环境形成小史

私募股权市场的流动性环境——流动性资产的运行机制——本身也是一个市场。这就好像沿零售市场上溯有批发市场,批发品市场上溯有中间品市场一样,资本市场也是成群出现的。一个经济中,流动性市场形成在先,中长期资本市场衍生在后,流动性市场结构某种意义上决定着后续资本市场的特征。讨论我国私募股权市场的流动性环境,流动性市场本身成长的回溯不可或缺。

(一) 我国流动性市场源于新中国成立后的工业化建设

1953年土地改革完成后,国家实行了某种意义上可以说是"强制性"的工业化:一种令中国人刻骨铭心的手握国家建设的主导权后尽快完成被列强屡次打断的工业化历史欠账的发展战略。1958年,"钢铁元帅升帐"式的工业化是基础工业——重工重化工——领域的工业化,任何一个经济工业化的第一步。20世纪60年代,重工重化工偏重的工业化向"四个现代化"的多领域迈进。到70年代的时候,"工业学大庆"、"农业学大寨"运动遍及全国,但旗帜后边隐现的是战后国民经济体系在封闭条件下产业链建设的全覆盖。1980年,我国相对独立的工业体系初步建成后,"出口导向 + 投资拉动型"的开放式工业化替代了封闭式的工业化过程。

国家工业化战略主导的经济发展塑造了金融系统的成长路径。与优先发展重工、重化工、装备制造及关联加工等的战略相对应,配套于产业诸群及其对应厂商成长的工商企业信贷金融发展迅速。这种金融工业化的版式与亚洲的印度尼西亚、印度、泰国以及西部非洲、南美洲中部拉开了距离。在这些经济体中,轻工、商业和消费金融比重偏高。

优先长期发展工业,导致金融业务的拓展必须和工业化相关联。其内在逻辑是,不管何种金融机构,谁优先发展与工业化过程相一致的投融资业务,谁就借力了国家战略主导方向上的制度外部性,从而成长更快。这也是过去三十多年间农信社向农村商业银行业务靠近,农商银行向工商银行业务偏向,中小微企业贷款难,都会产业园区牵引农村工业化的制度原因。

80年代改革开放后,工业化——国内生产、国际贸易——过程带来了国际贸易结算和跨国金融(招商引资是资本贸易金融)业务,从事国内工商企业信贷金融的对应银行通过国别间贸易业务熟谙了为跨境厂商提供一揽子贸易服务的内容。这一时期,该类业务在国内市场上向加工制造、日用制造以及消费关联产业的同类业务延伸。但新中国成立后直至今天六十多年间,国民经济优先发展工业和更关注行业整体发展的特征,工商企业信贷类金融塑造银行系金融机构动员金融资源,主要是流动性资源的特征明显。

(二) 我国流动性资源的动员与使用路径

我国分散在整体经济中的自然人及法人手持有一定量的现金——高流动性(或货币类)资产。商业银行的储蓄动员路径是这样的:① 依据储蓄动员授权制度,商业银行系金融机构申请获得铺设网点吸收存款基础牌照;② 依据存款付息约定,商业银行网点前台接受储蓄委托并出具承诺付息的约定书——储蓄票据,将分置在自然人和法人单元的货币资产在网点初步集合形成货币资产池——储蓄资产;③ 依据流动性资源动员和分级管理规定,底层机构依据指令逐级将货币资产上解到中心支行、上一级分行,直到国家指定的总行金库;④ 指定金库与国家顶层金库账户形成国家金库系统,这一过程形成了一库一市场:中央金库和储蓄市场——流动性的动员市场或者叫储蓄一级市场。当然,中央金库除了动员居民和法人实体的储蓄资源外,还在动员主财政岁入资源——某种意义上形成主权担保资源(在流动性资源的考虑上我们较少涉及这一方面的内容)。

流动性资源集合成池后,其使用路径是这样的:① 央行与48家商业银行形成对手市场,以调节流通中现金保持在物价和发展所需的适度水平。这一过程形成央行公开业务市场,事实上是流动性作为交易和结算工具的市场。但在流动性环境的理解上,我们更愿意将其理解为高能货币调节市场。② 商业银行依据国家信贷计划与经济人实体,主要是工商企业实体形成信贷市场。除了商业银行外,这一市场的做市主体还有信用社、村镇银行和小额贷款公司等。③ 商业银行及银行系关联金融机构为资金来源和资金使用期限的滚动配置,形成互相拆借的银行间市场。这里大约有2300个金融基础牌照依据授权业务,在同业间互相拆借股权和债券,以达到期限配置均衡。在流动性意义上,这一市场也可以看作储蓄资源的二级市场——流动性市场。④ 央行、各种金融机构间人民币与主要货币的结算市场。这是流动性市场在跨区跨境业务间的延伸。后文图1给出了我国流动性资源动员、上解、下拨流程中形成的几大市场(因研究所需,外汇市场没有标出,以下讨论主要涉及前三个流动性市场)。

三、我国流动性资源的市场配置机理

经济资源是指放入经济过程后可以加工形成新经济成分的实体和过程。比如能源基础资源、人力资源和制度资源等。金融资源是指各种所有权、使用权以及收益权放入投融资过程后可以加工形成新金融成分的权益和权益过程。一般条件下,金融资源动员后可以授权,授权后可以确权,确权后量纲化为资产,资产份额化为股权,股权单元化后为股票,股票单元化程度逼近或达到货币单元程度称为可交易股票(金融产品或者衍生品)。当然,这只是原则化的理解,一线有很多不同的语言。但这一方法论的理解可以为我们下边的论述提供理解的连贯性和精准性。

(一)我国流动性资产三市场工作机理

央行公开市场业务的工作原理是这样的:国民经济体系作为一个整体,其畅顺运行且物价稳定——防止通货膨胀——需要一个稳定百分比的货币与之相配。比如,我国现行GDP是60万亿人民币,如果货币的归行速度年率为10的话,流动中现金——高能货币——应该在6万亿人民币左右(也确实,我国现在流通中现金约在这个数字周边波动)。如果流通中现金——高能货币——根据顶层金库的监测数据有较大偏差的话,央行可能启动发行票据、提高存款准备金率等方法来调节该高能货币供需达到预期目标——均衡。这个市场更像是一个央行和其余48家商业银行形成的对手市场。这时候,央行有国家岁入形成的主权资产以及财税制度为做市担保前提。

储蓄市场的工作机理是这样的:依据储蓄动员制度(savings-mobilization arrangement),工商业银行类金融机构向城乡储户提供利息,使得手持现金收益和储蓄收益在机会成本上持平有余;提供有国家主权信用支持的担保安排;设立在整个经济范围布局合理的物理网点(将所有权意义上分置在无数经济人手中的余额现金在不伤害交易方便的条件下集合成储蓄资产池),再根据国家货币管理计划将储蓄货币资产逐级输送到央行顶层金库形成"流动性货币资产池";然后,依据信用贷款利息和储蓄利息之差形成利润盈余,维持储蓄信贷市场动态可持续;通过顶层将"资产池"的资产输往下层市场——央行公开市场、银行间市场和信贷市场,以供基层工商企业和各类法人实体所需。

银行间市场的做市机理比较复杂,但也不难理解。事实上,商业银行的主部业务——储蓄信贷过程——的期限本不匹配,一个好的办法是在错配部分的缺口形成短期融资机制,商业银行系金融机构之间互现拆借。有时候,只要拆借成本低于商业银行内部科层资金审批成本,资金的内部需求也可以形成比短融更为灵活的隔夜拆借方式。也确实,当35家商业银行联合做市[①],公布流动性产品的基本利率的时候,我国银行间市场的规模很短时间就达到了可观的规模。但是,我国银行间市场还是一个流动性并不很高的OTC市场,第三方市场所独有的业务的百分比并不高。当然,我国银行间市场也从事了比较大的一部分债券市场业务和表外业务,但由于这部分流动性作为私募股权环境问题有其特殊性,我们在后边合适部分将有所涉及。

(二)我国流动性三市场整体运营特征及简短评价

循着流动性资源的动员和使用,我国流动性三市场的整体运营特征可以这样来概括:它是一个"基层储蓄动员——银行干道网输送——顶层金库计划——再回输到基层工商企业及实体获取资金"的双向回流机制(见图1)。在这个回流机制中,现金流动性(货币资本类存储)、商业流动性(工商信用类借贷)运作得比较好,中期流动性——恒常性协议及中期票据业务欠缺(近五年左右才有的业务)[②],长期资本流动(权益类和要素类流动)直至目前还是边干边撞"红线"的尴尬事情。[③]

[①] 银行间市场联合做市的商业银行是35家;央行公开业务市场的商业银行是48家。

[②] 但受到非常严格的限制,省会及以下的银行系机构基本上不被赋予处置这些票据的自主资质。

[③] "多部委"发条令禁止经营某种一线亟需的业务经常使省市领导成为恳请条条高层在基础牌照上"赐许"金牌一面的士兵。金融制度高位自缚自身低位和关联"块块"经济手脚的资本市场扭曲常常令人扼腕。

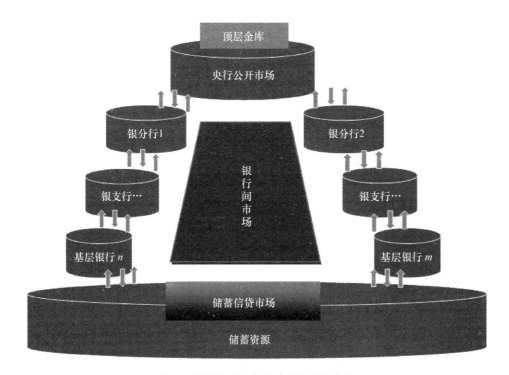

图1 我国流动性资源动员和配置市场

在现行金融资源动员和配置机制中,表面上看金融资源取自于基层,送往顶层最后又返回到基层,是一个环流机制,但其动员和配置方向是由"条条"机制的高位层阶指向低位层阶再指向基层的,我们称其为自上而下动员金融资源——主要是储蓄、货币供给和信贷资源——的金融系统。在这种单向环流机制中,超高位层阶对国民经济体系整体考虑多,较高位阶层对产业整体考虑多,基部层阶和金融资源的实体流动接触最为密切,但实体流动信息很难反馈向较高层然后再指向超高层阶。这种高层决策权重大、基层决策权重小的环流机制运行的结果是,基层的各类流动性需求一直受到顶层少数"英明"决策的拿捏。拿捏得好,制度寻租者较难实施搭便车行为;但拿捏得不好,寻租行为泛滥,来自一线的需求信息被扭曲得面目全非。

在流动性意义上,投资是所有权的过户,而融资是资本品的变形。过户后的投资资本品,如果没有流动性的参与而再变形回高流动性资产的话,整个经济只能等到厂商产品的出售才能换回投资回报,那是半个世纪之前资本市场不发达条件下的状况。

金融市场的部门"统制"性管理,不单单是地方资本市场发展滞后,在国民经济运行层面上,由于金融体系全国一致,致使我国区域经济除了历史积淀的文化差异、地理差异和标志性产品差异之外,只要是过去30年间发展起来的产业体系,在区域间增量部分迅速趋向类同,某个行业的产能过剩一直要等到全国都过剩才能在顶层"发现";一个地方倘若内需不足,则几乎要等到全国都出现内需不足时才能在顶层启动更正措施。这种"全国一致"的弥漫式结构景象,最终都"麻木"在了短期价格信号上;当长期价格信号出现重症候需要全面调整时,产业调整的交易成本奇高,改革的重药处方才能奏效。金融领域的流动性资源的动员和配置还远远不能满足中长期资本市场的要求。①

四、我国流动性市场对私募股权市场的制约及改进路径

我国自上而下动员和配置金融资源的机制为国民经济体系和产业诸群的成长作了不可磨灭的贡献,但同时也导致了地方"块块"经济发展形成的基础建设资源的再动员、重大工程项目初始投资所需的中长期资本融资,都因其与国家层面的流动性市场缺乏对接的通道——既能被银行业认可但又属于地方投融资平台,而不是银行系的非银行业务的投融资平台——群的缺失,处在令人惊讶的欠发达甚至是不发达状态。反过来,这一切也形成了资本市场之一部分,我国私募股权市场中长期投资项目流动性需要——资本品的变形——的环境性限制。

(一)我国私募股权市场流动性环境的限制性特征

种种观察把流动性环境不能满足私募股权市场的制约集中在了以下几个方面:① 流动性市场在为国家重大工程建设和地方基础设施重大建设项目,有些是和国民经济体系转型升级建设相关联的项目提供价格信号敏感的供需机制、期限配置适度的产品组合、进入退出成本可接受的交易流程;② 在促进地方"块块"经济,尤其是具备投融资集聚条件的中心城市经济金融资源动员与流动机制建设上,或者说对地方资本建设和成长反应麻木;③ 在发达经济区域中心经济创新性地内生出金融集聚区时,流动性市场的反应往往是谨慎和禁止,而不是鼓励和支持;④ 很少接受地方二级资本市场做市主体(地方审批的金融机构)进入流动性市场做市。流动性市场权重过大,地方资本市场权重过小,连接两市场的金融中介,包括私募股权类金融机构,不管是国内还是国外,都碰到了做市处处碰壁的环境性限制。

(二)流动性环境改进路径建议

1. 流动性环境建设和管理部门应该解放思想,理解金融业发展的国民经济体系重要性

国民经济成长金融业发展五阶段的观察性归纳为监管部门提供了突破的思

---

① 配套银行系衍生的证券、期货、保险和权益类融资和风险安排机制总体偏小,其体量在省会及以下城市更过薄弱。而且,"银—证—期—保"银行系衍生群的体量增大,也不能满足更为广泛的经济融资需求。

路。过去15年间,随着制造车间经济向流水线模块式制造和创意信息经济过渡,金融业也突破了银行系金融机构站在行业业务顶端的格局,这一突破性发展也允许我们基于历史和现状的观察归纳出金融业发展的阶段性特征。① 金融业态可以按其功能由低到高划分为五个阶段,我们称其为"长链金融":① 工商企业信贷金融——一家商业银行或机构,单次信贷业务仅服务于一家工商实体(信用贷款是观察实例);② 产业链金融——一组以牵头银行为主导的银行系金融机构通过中介平台服务于一组信贷实体(我国产业园区的银团贷款是观察案例);③ 中介类金融——多个非银行类金融机构及中介组群,在一级资本市场上的小众(私募)范围,或在一级市场与二级市场上的互动环节,形成金融资产动员、整合、确权、授权证券化资本品化后的对价兑换(观察案例是私募投资公司或私募股权基金业务②);④ 第三方场外市场金融③,当上述业务在集聚区内达到一个稳定的百分比,就会出现做市商、成市商和价格收敛商互动形成地方金融交易场所;⑤ 当上述市场数量达到某个门槛性条件,实点 OTC 市场就会加盟形成基准交易所(或叫交易所的交易所),芝加哥的纳斯达克市场有类似的成长经历,我们称这一阶段为基准交易所金融或者数字定价金融,或称区域金融中心。

从金融业五阶段来看,其业务从双边交易向一对多交易,再向多对多的交易模式过渡,最后形成初级市场再到交易所——第三方市场金融。④ 目前,我国绝大多数省会(都会)城市的金融业态尚处在第二到第三阶段之间。⑤ 我国金融业成长五阶段在第二阶段向第三阶段过渡的徘徊源于延伸于第一金融系统的第二金融系统业务成分权重太小,"一行三会"为第二金融系统的出生设置的门槛太窄太高,对应后续阶段金融机构出生受到压制。

---

① 请注意,这里仍然没有包括消费金融中介在长链金融集合之内。
② 这些互动以投资银行为基础,引发的私募股权企业及基金企业形成的小众股权投资(俗称私募股权投资)、创业股权投资及各种卖方回购、第三方担保等信贷、评估、授信、增级、担保、托管、置换、进入、退出等广义现代金融业链条中的中介金融。这时候,金融业不再是附着在车间制造经济物理实体上的服务环节,它本身就是生产产品的一部分,比如股权产品、理财产品、信托产品等。
③ 在一个物理实点意义上集聚的银行系金融机构或者非银行类金融机构及关联中介,其在从事原来传统工商企业信贷服务的过程中,发现一些通用类中介环节,比如结算、评估或者认证等,需要同业之间的授信和协作,小微金融中介在从事这类业务的能力有限,如果其专司此类业务而服务于集聚区的金融中介,而不与初始委托人或者最终受让人直接联系,遂在原来集聚区内形成第三方中介业务。这些第三方市场业务如果被一个稳定百分比的中介以会员大会制度的方式稳固化,就出现了 OTC 市场业务(也有影子式或者政府授权式)——第三方做市性质的业务集成和模块化,向客户提供信息披露或一揽子格式化合约交易,形成实点场外资本交易市场(spot OTC market)。
④ 如果没有金融业态在较高阶段的展开,并以一定的比例参与到国民经济体系的周期性调整中去的话,省会(都会)区的国民经济体系成长就会因金融板块的弱小而具有较高的抗周期波动能力。省会(都会)区是我国经济中的优质部分,如果其停留在随宏观经济的波动而波动的弱独立成长能力,我国国民经济体系的调整,以及消除其物质产品份额大而价值实现小的大分流现象,都将会是期盼中的理想问题。
⑤ 国家金融系统在少量借鉴西方先例获取新型金融业态形式——比如前些年的证券交易所制度和稍晚时候的投资银行制度,显示"人有我有"的尺度把握之外,汲取来自中国大地草根一维创新的成分实在是少得可怜。改革开放30年执行下来的后果是,我国车间制造经济长程发展,金融业经济滞后多多。

2. 金融管理有限监管与简政放权,允许地方有批准建立资本市场的适度权限

由于地方资本市场做市主体数量不足且结构功能板块性缺失,超越商业信贷业务之上的中长期资本旺盛需求潮涌到了银行系金融机构面前。面对工商信贷更为丰厚的投融资报酬,银行系金融机构在传统商业银行三大板块——储蓄、信贷、结算——的基础上生成了中长期且偏重于生产性融资的资产管理机构、对应私人银行业务部门和投资银行等二级实体。但是,这种生成将中长期融资变成了工商银行业务的重要收益来源。但工商银行的制度设计深植于短期性融资的行为"基因",在经济处在上行期银根政策宽松时乐于锦上添花,而在下行期银根收紧时,商业银行的短融基因迅速撤资,导致中长期融资变成烂尾融资的几率相当高——一种中国特色的信用配给现象。当信用配给机制在危机时期启动时——需要雪中送炭时偏偏囤积居奇,不要锦上添花时往往登门讨嫌,银行系替代中长期金融放大了融资的周期性波动。这时候,来自顶层的行政拉闸显得特别有用——制度扭曲的另外一种观察事实。

近十年来出现的很多独立新型的第三方非银行类金融机构及中介为解决上述问题带来一丝透光。在第三方非银行金融机构及中介(确有一部分以各种方式附着于银行系机构旗下)中,有一部分以独立活跃的资本做市中介身份在一级和二级资本市场之间互动,形成了小众(私募)市场专司做市功能的中介,当一个做市中介能够将自己的联单业务集成,联系12—15个成市中介,以集成块单元在市场上形成格式化流程业务,并能以第三方合约方式与起始端和终端资本供需方联系的时候,双边业务在潜移默化式地向第三方市场业务转化,地方资本兑换第三方市场的生长点出现了。

在观察意义上,丰富多样的"块块"经济资本市场主体包括:① 动员地方"块块"资本资源的金融机构,比如金融控股集团、金融发展控股集团、国民经济体系升级基金、产业投资基金、园区投资实体(基金或公司)及政治经济学授权中介等;② 动员与国家"条条"金融对接金融中介,比如评估、授信、质押、抵押及信息服务等;③ 动员第三方市场独立中介,比如租赁(独立中介融资)、托管(委托融资)、置换(流动性舒缓)、卖方回购(卖方增信式担保)、保理(贸易信用融资)、增级(流动性担保)、第三方担保(信用再动员)、多方协议(流程信用动员)、票据整合(产品创新)、账户搜索(互动增信)、进入退出(市场边界拓展)、网上金融(流程金融)以及法律会计关联等。

如果有12—15家做市商,并且总计能够联系250家左右的成市商,当它们集聚在一个适合的物理实点——金融集聚区(District for Financial Intermediary's Concentration, DFIC)上,则一个资本性质的场外交易实点向OTC市场的过渡就形成了。如果加上价格收敛及对冲交易偏好的中介业务(pricing agents and trade facilitating),则一个可持续的地方资本市场就形成了。

3. 下放金融基础牌照的审批权力，大力发展地方性质的金融做市主体群

地方金融做市主体主要有省会（都会）实点市场资本做市中介、对接银行机构业务中介以及对接银行间市场持有基础牌照的非银行金融机构业务中介三大类。

第一类中介是省会（都会）金融市场中的中长期市场——资本市场的做市主体。在观察意义上，它们有动员地方金融资源的政策性平台，金融资源动员后变性、确权、授权、形成金融资产池，以及将资产池重组形成粗加工性质金融产品的中介——一级市场中介。这类中介主要完成地方金融资源动员的政治经济学流程所需的业务。

第二类金融中介是对接银行金融机构业务的中介。当第一类金融中介动员地方金融资源形成"工业级"产品后，尚未得到市场的验证，即得到手持流动性但又在寻找合适报酬的"买家"——银行机构——的认可。换句话说，第一类金融机构的"产出品"需要与银行系金融机构对接才能最终实现当初动员金融资源的初衷——运用资源换取第一笔建设资本金的目标。

这一过程的任务需要与第一类金融中介不同的业务实体来完成。因为这一环节的业务复杂度更大。这类专司与银行对接的业务中介包括金融资产非同业评估价值向同业评估价值转换，以及跨越次市场流动性资产与较高市场流动性资产的"异市价值"兑换（factoring finance，香港、台湾和内地部曾狭义地甚至错误地将其翻译为"保理"）的中介、授信和增级类中介、担保回购类等加速中长期资产和流动性资产兑换的中介，等等。有了这些中介，政府的投融资平台，比如投资公司、发展集团以及基金公司等旗下的金融资产才能发挥其效率到应有的程度。

第三类金融中介是我国省会（都会）城市最为缺乏的业务实体。这类中介不仅熟悉地方实点市场金融中介动员金融市场的业务，而且能够超越实点OTC市场的双边业务形成第三方市场业务。其作用好像是把地方一级市场——动员资源、形成资产池并组合成较为初级的金融产品——和全国性二级市场——流动性市场——连接起来的中介。这类中介具有市场业务凝聚、市场实点形成和市场边界拓展的功能。遗憾的是，即使是在我国最为发达的省会（都会）城市，这类中介也不多见。

但是，这类省会（都会）金融市场最为稀缺的中介资源正是地方资本市场形成的秘密。其功能在于，当一个实点金融集聚区——比如我国的金融城和金融街——入驻金融机构及中介达到一定数量，比如几十家以后，其中个别具有创新精神的中介会把实点双边交易中的通用业务集成，以流程化和格式化的方式将其"标准化"为第三方业务。这些业务流程既能为一级市场的流程所对接，又能为二级流动市场所认可。当这种业务在整个集聚区份额达到15%以上时，该市场会使得资本品在变形和兑换方面的流动性大大增加，我们称其为柜台交易——第三方实点市场业务。更抽象地，可以在工具意义上认为它们就是二级（非证券二级）资本市场上的做市商业务。这类做市商能够带动十倍于己的成市商集聚，进而诱致十倍

于成市集聚的价格收敛商入市集聚(不是入园集聚)。虽然证监会及其派出的监管机构霸道地不允许用"做市商"的名称称呼这些做市主体,但做市三商是省会(都会)城市资本市场超越土地等要素的有限金融资源兑换,形成既相对独立又与国家范围银行间市场有效对接的"秘密"部队。

有了上述几个方面的改革进步,我国私募股权基金的流动性环境将会得到根本性的改善,国家资本市场建设才能在国家和地方两个均衡轮子的推动下平稳、高效和健康地发展。

参考文献

〔美〕保罗·萨缪尔森、威廉姆·巴耐特:《经济学家之经济学家》,曹和平等译,北京大学出版社 2008 年版。

曹和平:《2011 年中国私募股权市场发展报告》,《中国私募股权市场发展报告(2011)》,社会科学文献出版社 2012 年版。

〔美〕迈克尔·曾伯格、拉尔·兰姆拉坦:《弗兰科·莫迪利安尼:不曾停歇的思维》,黄秀蓉、戴玲译,华夏出版社 2010 年版。

〔美〕乔治·吉尔德:《财富与贫困》,储玉坤等译,上海译文出版社 1985 年版。

Modigliani, Franco. The Cost of Capital, Corporation Finance, and the Theory of Investment, *The American Economic Review*, Vol. 48, No. 3, Jun., 1958.

Stiglits, Joseph. *Toward a New Monetary Economics*. Cambridge University Press, 2003: 45—49.

Wanniski, *Jude. The Way the World Works*: 3rd ed. Morristown, N. J. Polyconomics, Inc., 1989.

第二篇　期刊及图书论文

- 明清资本市场生成小考：历史视角
  ——明清贸易类企业家通过印局制度突破资本市场边界的启迪
- 中国产权市场成长小史：市场行为视角
  ——中国产权和技术产权市场的出现及其相对于西方 OTC 市场的比较优势
- 中国产权市场：资本品交易"范式"的华夏演进
- 中国珠三角地区专业化大宗商品市场交易所化趋势分析
- 斯蒂格利茨：政府失灵与市场失灵
  ——关于规制的原理
- 广义虚拟经济视角下要素市场业态形式演进的一般规律
- 中国多层次资本市场创生路径和演化特点浅析

明清资本市场生成小考:历史视角
——明清贸易类企业家通过印局制度突破资本市场边界的启迪*

明清时期,跨区域性市场不断拓展,农、工、商型实体对资金的需求超越村庄种植和小流域消费的内部人(熟人)市场边界,具备了跨行业、跨流域的商业融资特征。晋商和徽商等十大商帮中一部分企业家成为这一时期推动商业资本融资边界不断拓展的驱动性力量,资本市场出现跨区域成长趋势。

从商业流通企业向商业资本企业转变存在一个门槛性前提(threshold),要求从跨市场的价格风险转变到跨行业的利率风险上来。前者的运营空间是产品市场,后者是资本品市场。贸易产品的风险是消费品的价格信息,贸易资本品的风险是资本的投资报酬(利率)信息。但是,价格信息和利率信息的测度内涵截然不同。前者是产地产品的成本变量和贸易地消费者的收入变量。后者则是标的资本品的估值变量和资本品需求者的信用变量。如果价格风险是初级风险的话,则利率风险是价格风险的风险,是衍生性的风险。信息的加工处理难度要大一个数量级。因而从商业流通资本向商业融资资本的转变不是市场的边界在复制意义上的拓展,而是创新意义上的技术前沿拓展。这种创新在当时集中在了谁拥有将不具备市场价值的标的物(担保品)通过某种操作变为具备市场价值且具备流动性的标的物的能力。

人力资本评估和担保管理是最好的候选业务之一。明清时期的创新型商业资本通过印局制度成功地解决了劳动要素跨行业迁徙需要信用资本的难题。本研究通过三个部分,① 相关文献中的印局及其运营概述,② 印局的市场边界拓展功能及局限性,③ 我国资本市场重建的序列改革启迪,来叙述本研究的内容。

---

* 曹和平:《中国产权市场发展报告(2008—2009)》,社会科学文献出版社 2009 年版,第 360—369 页。本文与周建波合作。

一、相关文献中的印局及其运营概述

1. 相关文献中的印局

史书中关于印局的记载不多,一般都是在回顾票庄的发展历史时捎带提一下。当今晋商的研究著作不少,但涉及印局的不多。以专门研究晋商金融的著作为例,黄鉴辉教授的《山西票号史料》(山西经济出版社 2002 年增订版)千余页,涉及印局的不足半页。他的另外一部著作《山西票号史》(山西经济出版社 2002 年版),对印局只字未提。孔祥毅教授在《金融票号史论》(山西古籍出版社 2001 年版)等著作中对印局也只限于简单介绍。董继斌、景占魁主编的《晋商与中国近代金融》(山西经济出版社 2002 年版),对晋商的金融发展状况有详尽的描述,但涉及印局的内容不到两页。其他研究晋商的著作,如张正明教授的《晋商兴衰史》(山西古籍出版社 2001 年版)、刘建生教授的《晋商研究》(山西人民出版社 2005 年版)等,对印局几乎没有论述。相比较而论,黄鉴辉教授的《山西商人研究》(山西经济出版社 1999 年版)对印局的研究算是其中最深入的,拿出了近 5 页(第 163—168 页)的篇幅介绍印局。不过,黄鉴辉教授将更多的笔墨用于探求印局的产生背景、社会作用等,对于印局的经营机理缺少叙述,使我们很难理解当时的商人为什么会设计出这样一套运作模式来降低经营风险,自然也无从理解印局创新拓展市场边界的资本市场成长功能。本文着重研究印局的经营模式在资本市场成长中的边界拓展作用,以期对我国非标准化资本市场拓展有所启发。

2. 印局的创生及运营机制概述

明清时期,随着社会生产力的发展,农业过剩人口日益增多,全国出现了大量的流民或游民。失去土地的农民为谋生路,一部分人移向了空旷的西南、西北、东北边疆,继续沿袭传统的小农生产方式;还有一部分人则流向京城、水旱码头等人烟稠密、舟车往来之地,改变了原来"面朝黄土背靠天"的生产方式,依赖出卖劳动力或走贩设摊谋生,从而形成了一支城镇游民队伍。据有关史书记载,明嘉靖十一年(1532 年)后,京城已经形成"京师游民所集"[1],或"多有四处流民潜住京师"[2]的情形。

流入城镇,是一个"农转非"的劳动要素迁徙过程。劳动从村户经济"脱钩"转向商镇经济,融入非农生产过程,没有某种对接意义的资本市场萌生,注定难于从家政服务走向超越家庭的非农生产过程。对农民来说,即使有的能觅到搬运夫、扛夫之类的活计,那也是"日中所入,仅敷糊口,而谋食之外,不暇谋衣"[3];倘若摆脱

---

[1] 《明世宗实录》卷一三七,嘉靖十一年四月乙巳。
[2] 《明世宗实录》卷三一八,嘉靖十七年十一月戊寅。
[3] 张焘:《津门杂记》卷下,光绪十年刊本。

出卖劳动的活计,从事游街串巷的肩挑小贸,则需要一定的本钱。而对于处于城市最底层的游民来讲,这些微小的本钱却常常难以筹措。什么样的机制来为劳动要素的跨行业迁徙提供资本支持呢?如果是消费类融资小额典当能够完成某个部分的需求,在城镇游民强烈需要资金而现有的金融机构又无法满足的情况下,当时的一部分商人看到了潜在的市场机会,他们抓住机遇,运用资本创办了一种专门向城市底层市民提供小额信贷的金融机构,这就是印局。之所以叫印局,是因为它每日催款,还一次盖一个印章,故名印局,也称印铺。

根据《明实录》的记载,万历年间京师就有不少印局。清初以来,放印子钱的可以说遍及工商业城镇。凡是人口稠密、舟车交错的城镇和码头,都有很多无业游民,有赖于放印子钱的印局为其融通所需银钱。在创办印局和放印子钱的商人中,以资本雄厚的山西商人,尤其是介休商人最为著名。民国年间的《介休县志》有下列记载:"介休商业以钱、当两商为最⋯⋯至邑人出外贸易者,在京则营当商、账庄、碱店,在津则营典质转账,河南、湖北、汉口、沙市等处,当商、印行邑人最占多数。"

对创办印局和放印子钱的商人来说,如何降低投资风险是他们面临的头等重要的问题。孟子曰:"无恒产者无恒心。"①当人们的资产很少时,倾向于看重眼前利益,加之违约的机会成本低,如果不能降低还款风险,就会诱发恶意欠债。随着资产的增多,人们逐渐倾向于长远利益,此时犯错误的机会成本提高,因而更能经受住外界的诱惑而自觉地规范自己的行为。城市游民由于经济实力弱小,信用不好,意味着向他们提供贷款是要冒很大风险的。

在印局商人看来,城市游民尽管经济实力弱小,但并不是一无所有,他们毕竟还有劳动力可以出卖,这意味着人力资本有可能成为压低风险的担保。关键在于如何设计。

第一,游民有一定的生产能力,这是他们偿还欠款的基础。第二,交通、通信不发达,意味着游民流动范围有限,只要把借款期限放短,把催款间隔期缩短,就有可能压低道德风险引致的恶意欠款。第三,游民借款数额不高,真正无力还款的概率不高。第四,游民由于自身力量的有限性,特别依赖社会互助,印局可以利用熟人的担保和江湖组织的力量降低违约意愿。第五,游民盼望国泰民安,对以安定社会秩序为己任的官府有相当的依赖性,可以借助官府的力量降低游民恶意欠债的风险。第六,风险越大,利润越高。典当业是当时有名的高利贷组织,月息最高不超过3分,而印局的月息通常都在3分到6分之间,远高于典当业。

在综合考虑城市游民优缺点的基础上,印局在办理对游民的借贷时制定了如下的制度安排。

一是针对游民无货可押的情况,印局借贷无须抵押,只要有熟人担保即可,这样做既规避了游民缺乏抵押品的客观事实,又利用担保降低了风险。对于担保人

---

① 《孟子·滕文公上》。

而言,由于承担了被担保人财产不足情况下的赔偿责任,因而除非是他信得过的人,是决不肯去做这个担保的。而且,既然做了担保人,那么被担保者的生产、生活状况跟他就有了密切的关系,因而也有动力去监督、帮助被担保人搞好生产,这样就降低了印局的经营风险。

二是针对游民多从事肩挑小贩行当,固定成本投资不多、借款数额不大的情况,印局借贷以铜钱货币为主,既满足了游民对资金的强烈需求,又降低了印局的风险。

三是针对游民多从事肩挑小贩行当,流动资金周转快,每日手头多有闲钱,但又不思储存,今朝有酒今朝醉的生活习惯,印局通常借款一月,逐日派人收取本利,这样既不影响游民的生活,又保证了印局的盈利,降低了印局的经营风险。

当然,对于游民的那些置买换季衣服等的消费需求,印局的借款期也相应延长,分一个月、两个月不等,但最多不超过一百天。对游民来说,这是属于大件耐用消费品方面的需求,投资数额相对巨大,非短期内所能还上。印局正是综合考虑了游民潜在的挣钱能力、日常生活支出(包括可能的伤病开支)、每日盈余后,才将还款日期延长到一个月、两个月甚至一百天不等的。

逐日派人归还本利,会不会增加经营成本?答案是肯定的,这是由游民的特点决定的。你不这么做,怎么能把经营风险降下来?好在当时的劳动力成本不高,且一个"客户经理"可以负责许多游民的工作,因而可以通过提高"客户经理"的工作效率来降低经营成本。

四是借助各种有影响的社会力量催还欠款。为了提高这种无抵押贷款的安全系数,印局普遍与地方势力集团有密切联系,利用其拥有的非经济力量追讨借贷,这样就不免使之掺入了几许恐怖的色彩。康熙年间,两江总督于成龙曾在一份会约中指出,有人借八旗势力举放印子钱,危害社会秩序,要求加以禁止。他说:"严禁借旗放债。驻防满兵,皆系禁旅大臣统帅,戍守纪律,自视严明,断无纵容旗丁盘债、虐民之事。但地方无籍徒影射旗势,或串同苦独力营,斯狐假虎威,狼狈为奸,违禁取利,及印子钱名色,盘算估折,稍不如意,鞭挞横加,小民无可如何,殊干法纪。"[①]此一史实,即印局这种特殊金融机构经营方式的反映,当然不否认催款导致的恶催及霸市行为。

通过上述制度安排,印局的经营风险大大降低。不仅如此,由于对城市游民贷款的风险大,利润也远高于一般的金融机构。例如,典当是当时有名的高利润金融组织,印局的利润远高于典当行业一倍。

和对抵押品不足的工商业者进行信用放款的账局一样,印局也在信用市场拓展方面有所创新,其工作运营机制是这样的:当一个稳定份额的村户经济劳动迁徙到商镇经济中后,传统村社内部的实物抵押品(土地和住宅等)不复存在,通过担

---

① 《于文端公政书·两江书》卷七,康熙廿二年。

保人和改变还款期限(催账等方式)将人力资本转合约质押,使得原商镇中的消费品典当融资能够向手工非农生产的人力资本抵押融资拓展。市场的边界突破了,商镇新增的劳动资源就得到了非农资本市场的支持。这是明清商镇向中大镇市转变的重要市场制度支持。

二、印局的市场边界拓展功能及其局限性

印局在满足城镇游民这一特殊阶层经商和生活需要的同时,将典当抵押融资拓展到了人力资本转合约质押领域,其市场边界的拓展功能具有观察性事例。在京城,游民借印子钱营生已经向非迁徙人群拓展。八旗兵丁也向印局借印子钱,他们"逞一时之挥霍而不顾终岁之拮据,快一己之花销而不顾全家之养赡",于是本月养赡不敷,不能不借印子钱。其他城市百姓,以向印局借款谋生的人也趋向增加了。"京城内外五方杂处,其无业游民不下数万,平素皆做小买卖为生。贫穷之人原无资本,惟赖印局挪钱,以资生理。如东城之庆祥、德源,南城之裕益、泰昌,西城北城之益泰、公和等号,皆开印局为生。有挪京钱二三串者,而挪一串者尤多,皆有熟人作保,朝发夕收,按日取利。而游民或携筐或担担,每日所赚之利,可供每日所食之资。而僻巷居家远离街市者,凡用物、食物亦乐其懋迁有无,取携甚便。"①八旗兵有稳定收入,借印子钱可以月饷(未来收入流)质押。迁徙人群无稳定收入流,转合约质押是个伟大的市场制度创新。在今天农民工进城打工的大潮中,短期劳动市场随工程周期生成了,但资本市场因种种原因缺失。我们尚未看到一种能够消除印子钱劣质性,但同时又具人性化服务的当代融资市场对进城农民工开放。

由于印局在城市经济生活中具有重要作用,一旦社会时局发生变化,印局停止借贷,则会有许多城市贫民因之失业,成为城市秩序的破坏因素。清朝咸丰初年,北京便曾出现此类情况。当时,因太平军发动北伐,北京金融业出现抽回资金、转向安全地区的现象。印局一般资本微小,往往依赖资本更强的金融机构,例如向账局(类似于现在的地区银行)进行融资。但随着京城告急,京城内大的金融机构,包括账局纷纷抽回资金,致使依赖账局融资的印局无资可贷,形成了"账局不发本,则印局竭其源,印局竭其源,则游民翔失其业"②的连锁反应。其最终结果是使形势本已紧张的京城出现了更多的不安定因素,给清廷的京城治安造成轮回式的威胁。

尽管印局已成为城市金融体系中一个不可缺少的部分,对城市底层市民的营生发挥着重要的作用,但它的高利率,尤其是逐日催款的营业方式也引起了社会舆论的抨击。人们批评印子局"以穷民之汗血为鱼肉,以百姓之脂膏为利薮,设心之

---

① 清档,通政使司副使董瀛山,咸丰三年三月四日奏折。
② 同上。

狠恶,莫有甚于此辈者"①。"大抵肩挑背负之民,得钱数千以为资本,每日小贸可以糊口,无如资本无出。而为富不仁之徒,又从而盘剥之,既其倍称之息,又迫以至促之期,数月之间,已收一本一利,辗转胶削,民困弥深,不甘于冻馁,即流于盗贼,其所关甚非小也。"②至于逐日派人催还本利的营业方式,更是引起社会公愤,被斥为毫无人情,丧尽天良。有诗云:"中秋佳节月通宵,债主盈门不肯饶。老幼停杯声寂寂,团圆酒饮在明朝。"③蓄意躲债者——杨白劳之所以惹人同情,债权人——黄世仁之所以被人唾骂,原因即在于此。

如何认识印局的高利率？站在商品经济的立场上,印局的高利率正是当时社会资金不充裕,而城市底层贫民的需求又很旺盛的反映。随着经济的发达、资金的充裕,利率是会慢慢降下来的。改革开放初期,我国民间的借贷利率也是很高的,普遍在25%—30%,个别的高达40%以上,和历史上所谓的高利贷别无二致。随着经济的发展、民间资金的充分,借贷利率也在不断下降,现在基本控制在10%以内。这说明,在资金不充裕的情况下,高利率的出现是必然的,是不以人们善良的意志为转移的。高利贷有道德因素,需要法律机制,但法律不能消除滋生高利贷的市场成因。资本市场的制度创新是消除高利贷不可取代的制度源泉。

如何认识印局的逐日催款？印局最为世人诟病的就是逐日催款制度,其实这有出于降低经营风险目的的选择因子。印局的客户是信用相当低的城市游民,较之其他社会群体更有动力欠款不还。如果印局不改变还款的期限构成(term of repayment)就会出现越来越多的"老赖"。一旦印局无钱可赚,出资者撤资,将会使市场边界退回到典当抵押的实物担保之内,造成市场萎缩。印局逐日催款有效地保证了出资人的利益,符合市场拓展的社会长远利益。当印局有钱可赚时,出资人自身会扩大投资,还会带动更多的人投资于这一行业,竞争的激烈性肯定会把价格(利率)降下来。至于那些实在生活困难,揭不开锅的人,依靠发挥政府的社会保障职能和社会慈善组织的赈济功能来解决是必不可少的补充。

以《白毛女》中的黄世仁、杨白劳为例,黄世仁紧盯着杨白劳不放,追款成本可能远大于报酬。当黄世仁催款威胁杨白劳和喜儿的生存权时,是道德和社会范畴需要解决的事情。当除黄世仁们以外的更多处在合理催款范围的借贷关系因违约率高而受到市场退化威胁时,确是一个面临经济增长的全体居民的问题。

对于金融业来说,在向社会发布"欠债还款,天经地义"信息的同时,也要掌握分寸。古人云:"天之大德曰生","生生之谓易"。④ 老天既希望债权人生活得好,不希望他们的利益受到损害,或者是根本的损害;也希望债务人能够最低限度地生

---

① 《益闻录》,光绪六年六月十二日。
② 《东华续录》,卷九五,光绪十五年八月揆未。
③ 杨静亭:《都门纪略》,道光二十六年刻本。
④ 《易经·系辞》。

活下去。假若债务人并非恶意赖债,实在是无力还债的话,可考虑让其以其他的方式来还债,尽可能地减少债权人的损失。比如,以工还债——债务人的劳动力还是有价值的,或者以其他有价值的资产抵偿。对于实在没有办法还的,也不妨学习孟尝君的门客冯的办法,对"(薛地)贫不能与息者,取其券而烧之"①。正如冯对孟尝君所说的:"虽守而责之十年,息愈多,急,即以逃亡自捐之。若急,终无以偿,上则为君好利不爱士民,下则有离上抵负之名,非所以厉士民彰君声也。焚无用虚债之券,捐不可得之虚计,令薛民亲君而彰君之善声也,君有何疑焉!"②换言之,既然不能赚来实惠,那就得个好名声吧!名声好比广告,也会变成巨大的生产力。这就是理性人思维的体现:不能做到有利情况下的利润最大化,也要做到不利情况下的损失最小化。

这说明,要妥善地处理社会问题,不仅要讲仁,还要讲义。"仁者,爱人"③,指要有爱心;"义者,宜也"④,指要有爱的能力,即有分寸地爱。在仁义之间,仁是基础,是前提,义则是最终努力的方向。没有爱心肯定干不成事,但有了爱心也未必一定能干成事,因为如果爱得不合适,不能让社会的人高兴,自然也得不到社会的支持。这说明,仅有"仁"还不够,还得将之通向于"义",即通向做事的正确的路径或道路。为此就必须学文化,"知己知彼",方能"百战不殆",这就是中华民族特别强调文化教育的原因,也是晋商为什么反复倡导关公忠义精神的原因。

对印局来说,采取逐日催款的方法是正当的,这是由印局特殊的客户群所决定的。至于采取"利滚利"、"驴打滚"的方式,虽是借以提高欠款者拖延成本,促其加快还款的办法,但可能衍生社会问题。不过从金融史的角度来说,所有采取延期付款方式的金融机构没有不借此加快回笼资金力度的,今天的房贷等不也采取这种方法吗?问题在于对那些实在还不了款的人,不应该发生人间悲剧。资源是社会的,要有效率地享有。作为商界人士,应该讲"信",讲对合同的遵守,对他人利益的尊重。孔子曰:"人而无信,不知其可也。"⑤这是说,一个人如果不讲信用,就不会去顾及什么操守,就会经受不住外界的诱惑而犯错误。但是孔子又说:"言必信,行必果,硁硁然小人哉!"⑥孟子更是指出:"大人者,言不必信,行不必果,惟义所在!"⑦君子固然要讲究信用,但更要知道通达权变,不能拘泥于"信"而不知道"变"。须知,"信"是建立在"义"的基础上的,如果因为环境的变化,原来合适的制度、政策、合同变得不合适了,那就应该根据变化了的实际情况,根据"义"的原则

---

① 《史记·孟尝君传》。
② 同上。
③ 《论语·颜渊》。
④ 《礼记·中庸》。
⑤ 《论语·为政》。
⑥ 《论语·子路》。
⑦ 《孟子·离娄下》。

及时地修正合同,而不应该让不合适的制度、合同继续使用下去。《易经》云:"穷则变,变则通,通则久。"①作为商界人士,只有使制度、政策、合同保持适度的弹性,做到与时俱进,才能使企业不断地赢得顾客的信赖,从而做到长期的可持续性的发展。商界人士应该讲"信",但更应该讲"义",使大家普遍地能够生活下去,这是晋商印局给我们的一个重要启发。

三、我国资本市场重建的序列改革启迪

印局作为以低收入者为服务对象的专门从事个人金融业务的组织,对当前我国金融业最大的启发就是它能有效降低经营风险的制度安排。

要杜绝借款人欠款不还现象,办法无非两个,一是提高借款人对诚信贷款的预期收益的认识,二是提高借款人的违规成本。二者之中,前者系治本,是资本市场长期坚持的方向;后者系治标,是当务之急。资本市场应采用标本兼治之法来降低借款人借款不还的风险,具体到当前就是缓本急标。

一是受信一方一定要有抵押或担保。鉴于城市游民实在无货可押,印局只好让他们寻找担保人。对今天实行个人金融业务的金融机构而言,应将抵押放在第一位,抵押不够的再让其寻找担保人。不过,在给抵押物估价时,要借鉴美国次贷危机的教训,不能仅仅以市场现值作为估价的标准,而应学习德国金融机构的办法,将未来市场的风险考虑进去,侧重于抵押物的长期持续的价值而非当时的时值。

二是注重还款制度的调整设计。就一般情况来说,借款人的经济困难分一时的经济困难和永久的经济困难两类。对一时经济困难的借款人,出信方在想方设法帮助他们解决困难的同时,还要由专门机构负责。对于某些确实因经营失败无力还款的借款户,出信方要加强信息管理,避免他们乘机转移财产,力求做到不利情况下的损失最小化。

三是建立健全全社会(包括国内及国外)的信用网络,防范欠款不还者利用流动性强的特点浑水摸鱼,"搭便车"。明清的印局为了保证自己的利益,除和官府协调好关系,希望在必要时依靠政府支持外,还和其他社会力量,如八旗兵丁、江湖社会等保持联系,目的就是提高欠款不还者的成本,让他们按规定交还欠款。对于今天的金融业来说,我们不能像印局那样通过和黑社会勾结的办法提高欠款不还的成本,而应该在法律规定的限度内,积极地与政府部门、司法部门、新闻界等保持联系,利用一切可以利用的社会力量,在法律规定的限度内,提高借款人欠款不还的成本。其中,建立个人信用登记制度是有效防止借款人违约的重要措施。据2007年9月12日杭州网发表的《借与还——让贫困生有尊严地上大学》介绍,中

---

① 《易经·系辞下》。

国工商银行杭州高新支行到 2006 年年底,有 36 名欠款大学生逾期三五年,成了银行的坏账。进入 2007 年,事情有了戏剧性转变。进入银行坏账"黑名单"的 36 人中,陆续有 10 人前来还贷,这与个人征信系统的全国联网运行是很有关系的。随着助学贷款成为个人信用记录的一部分,相信更多的年轻人会意识到个人信用的重要性,能够主动地前来还款。

在建立健全社会性的信用网络方面,科学技术将起到非常重要的作用。西方国家的司机之所以严格遵守交通规则,除了安全意识较强以及基督教"上帝"的严格约束外,科学技术在监测司机行为方面的广泛运用也是一个重要原因。这几年,我国出租车司机的行为较之几年前规范了许多,原因就在于很多路段安装了"探头",大大增加了出租车司机的违规成本。因此,金融业必须加强对科学技术的投资,力求运用互联网等最新的科学技术成果建立健全金融业的社会化网络,提高欠款不还者的违规成本,创造他们不得不信守诺言的条件。

上述办法仅为治标之法,从长远来说,还是要寄希望于治本之法,通过提高人们对及时还款的预期收益的认识,树立诚信意识,这既是金融业的要求,也是建立和谐社会的要求。正如孟子所说:"有恒产者有恒心"[①],随着人们生活水平的提高,对高尚的精神生活的追求意识的增长,加之全社会范围内诚信教育的加强,欠款不还的风气是会逐渐改变的。

---

① 《孟子·滕文公上》。

中国产权市场成长小史:市场行为视角
——中国产权和技术产权市场的出现及其相对于西方 OTC 市场的比较优势[*]

本文从整体市场的角度,而不是从市场参与个体的角度出发,来考察一个市场。本文考察了市场中个体行为作为一个力量的整体引起相关市场的反应,并因此促使相关政策和法规的出台。在给定制度矩阵的情况下,这样的行为最终导致一个市场的出现,同时定义了该市场相应的边界。

本文考察的是中国的新兴资本市场。在 1978 年改革开放后的几十年中,中国的商品市场得到了飞速的发展和繁荣。但是,相对于商品市场,中国的资本市场远远地被甩在了后面。自 20 世纪 90 年代开始,中国产权市场作为一个重新复活的经济体开始逐渐壮大起来。经历过起起伏伏的发展,中国产权市场在此期间达到近 250 家(半数为技术产权交易市场①)。中国产权市场的形成与一个资本市场的典型发展模式并不相同,它的出现以及发展探索出的一条全新的道路,也让我们对市场以及市场经济的概念有了新的理解。

全面系统地阐述中国产权市场的发展是一个具有挑战意义的工作。本文关于中国产权市场的初步调查包括以下四个部分:① 产权和技术产权市场的出现,② 产权市场在公共品短缺的情况下重新复活,③ 产权市场的现状和相对于 OTC 市场的比较优势,④ 作者的结论和进一步的研究及政策建议。

---

* 曹和平:《中国产权市场发展报告(2008—2009)》,社会科学文献出版社 2009 年版,第 321—330 页。本文与叶静怡、梁斌合作。

① 在过去的几年中,很多产权市场和技术产权市场合并成为联合产权市场。

一、中国产权市场萌生:国有企业重组和 320 个 OTC 模式的交易所

中国产权市场的出现不是一个发展演变的过程,而是由国有企业改革发动并产生的过程。由于 20 世纪 80 年代早期的双轨制①——实际上是城市的家庭联产承包责任制②——的不成功,以及乡镇企业如雨后春笋般的出现,中央政府把国有企业改革的重心从复制家庭联产承包责任制转变到更关注公司治理的制度安排上。重组国有企业并把它们转变成为股份制公司就是这样的一个转变。

(一) 国有企业的两种分离和山东诸城市的冒险

1. 垂直分离:"政企分离"

在计划经济体制下,国有企业有垂直的行政体系管理。国有企业的计划、定价、资源配置甚至工资水平的设定,均由行政体系来指挥。这样的方式使得国有企业成为行政体系的车间而远离市场,而国有企业的管理层则只负责内部资源配置。

不难理解,国有企业作为政治化的企业,注定了在市场上的不佳表现。在国家主管部门层面正确的计划指导下,一些企业可能存在过剩的总体生产能力,而另一些企业则存在不足的总体生产能力。最典型的例子是,在 20 世纪 80 年代中期,乒乓球的库存超过了足够 200 年使用的数量,同时生产部门的过剩生产能力占到了企业总量的三分之二。国有企业被批评是靠政府补贴生存的,如廉价的原材料和低息的贷款。另一方面,由于行政计划的原因,很多必需的消费品却存在着短缺。把国有企业从行政体制中分离出来已是不可避免的,但这样的过程同时也是利益集团之间角力的过程。深圳特区进行了一个开创性的实践,把政府和工业相关的部门分为两个部分:① 商业部分最终改造成为经济实体;② 行政部分最终合并成为一个行政实体——经济发展委员会,以关注宏观层面的问题。这样的分离把国有企业从垂直的集合体中分离出来,最终取得了成功。而在中国的其他地区,以各种各样的形式也陆续开始模仿深圳的模式而采取了相同的政策。这些分离被称为改革的试点,尽管这样的称谓随着时间的推移渐渐消失,但分离产生的实体却被制度化而长期存在。

2. 横向分离:"用税收代替利润上缴"

除了在垂直控制的结构下,国有企业还需承担相关的社会责任,如为社会提供

---

① 双轨制:允许国有企业在把规定的定额以固定的低价售给国家后,以市场价销售定额以外的产出。很明显,这样的制度安排就是一个农村联产承包责任制的城市版本。

② 家庭联产承包责任制:在 20 世纪 90 年代早期取消国家的粮食产品收购的垄断地位之前,允许农民在以固定的低价上交自己的定额后,以市场价卖出超出定额的粮食产出部分。

就业机会,为员工提供住房、教育和医疗保险等。因此,国有企业从横向上已经纳入了社会福利体系。在这样互相矛盾的目标体系下,即使是从垂直的行政体系控制下脱离出来,国有企业仍然不能作为一个独立的经济体来运作。政企分离仍然是有待于实现的事实而已。

国有企业是通过利润上缴系统加入国家的社会福利体系的。国有企业向国家上缴利润,作为回报,国有企业获得用于日常花费、资产置换和福利费用的资金。然而,相对于垂直分离,横向分离是一个巨大的工程,因为在利润上缴过程中有利益的部门都会极力反对改革。1983年就提出的把利润上缴转变为纳税的提议,一直拖延到90年代中期才真正实施。即使有二十多年制度上的不断的修修补补,仍然有很多负面的力量没有清除掉。例如,地方政府仍然存在虚报更高的费用,从而向国家上缴更少的税收以保留更多的利润的动机。

3. 山东诸城市的"冒险"

很多改革者可能考虑,两个分离后国有企业就会像一个真正的实体,在市场中最大化自己的利润。在1991年,35岁的陈光被任命为山东省诸城市的市长,1993年改任市委书记。在他上任后第一次视察国有企业的时候,发现当地99%的国有企业处在亏损的状态。当时正是两个分离结束的前几年。在震惊中,这个年轻的城市领导人经过深思熟虑后,决定"冒险"开始一个改革——把国有企业卖给企业的员工和管理者。

这样的出售,一半是勇敢而另一半则是笨拙的。它是勇敢的,是因为在社会还没有准备好接受个人持有国有资产的情况下把国有企业卖给个人,打破了长久以来的社会禁忌;它又是笨拙的,因为它仅仅是为了更好地激励员工而把国有企业卖给了企业的内部人。但是,他却因此具有模糊的美学色彩。因为可以在向上级汇报时,解释出售国有资产仅仅是为了更好地激励员工;这样的出售给了员工为自己工作的信念,同时可以让当地的官员确信,当地的财政赤字也会因此而减少。正是因为这样的模糊,这样的国有资产出售才得到了中央政府的有保留的接受。后来,出售资产的企业利润和企业的价值都增加了。例如,在3年的时间里,第一个出售的四达集团的利润和出售之前(1992年)相比增加了10倍,而缴纳的税收比利润上缴时期的上缴额高5倍。诸城市的国有资产出售被认为是一项改革,并在媒体的宣传下很快延伸到中国的其他地方。然而,诸城的经验也暴露出激励问题和市场缺失问题。当时国有企业的产权只能在国有企业内部进行交易,如果存在一个资本市场,使得国有企业的产权可以在这个市场内交易,就可以解决市场缺失的问题。另外,由于国有资产的出售,实际上同时肩负着上面提到的两个目标。因此作为一个工具,这样的国有企业出售的方式不可能同时实现两个目标。诸城的这种冒险开始的时候轰轰烈烈,但在几年之后也渐渐地淡出视野了。

(二) 320个OTC模式的市场的产生

由于全国性媒体的介入,诸城的国有企业的出售是一个透明的交易。但是,国有企业的出售在哪里都会带来问题。作为国有资产实际拥有者的代理人,当地政府是最知情的。在没有市场为交易者服务的情况下,当地政府的领导人承担了"做市商"的角色。他们有的时候更像一个国有企业之间的红娘,下发文件来直接指定合并者或收购者。一方面,当地政府会更多考虑出售的国有资产的未来盈利能力,以及国有企业的升级,或者减轻财政补贴负担等问题。另一方面,由于当地政府对国有资产的市场价值发现并不关心,他们经常会指定那些最接近决策层的人,而他们也最可能进行寻租。这样的行为是由于市场缺失问题而带来的负面效应。那么,如果缺失的市场出现,是否能补偿这样的损失?下面介绍的市场发展就以大家未预料到的方式回答了这个问题。

1. 内部人和外部人股票(债券)

从20世纪80年代后期开始,不少地方开始尝试股份制试验。在通货紧缩时期,公司通过对内部员工发行股权证来进行集资。随着股息率和收回本金时间的确定,股票已经等同于公司债券。然而,它同时还具有股权。所有者在偿还期前拥有对资产和期间产生的利润的控制权。再者,尽管不可以转让,股权证具有和股票一样的形式,是可拆分的,自然也就是一种可流通的资产。正是由于这种含糊不清,他们没有挑战法律的底线,即出售国有企业是被法律禁止的。如果可以在市场中交易,它们将具有足够的流动性。

20世纪80年代末,四川省开始进行股份制企业的规范性试点:把内部人拥有的股权证(债券)变更为规范的股票或股权证(标准化)。此外,这次试点还向社会发行了一些股权证和股票(称为原始股票)。类似的试验在全国各地进行了3—5年。

2. 受限制的平衡

"规范"是一种事实上的监管。中央政府密切地监控着这样的试点,谨慎地关注着可能出现的变化。在1992年,国家体改委颁发的《股份有限公司规范意见》规定,公司内部员工持有的股权证不得向公司以外的任何人转让,即使在公司内部,在公司配售后3年内也不得转让。在这样的政策规定下,股票实际上仅仅是为了筹集资金和提高激励,而不是拥有交易权的产权。对于在深圳(1990年)和上海(1991年)证券交易所挂牌的上市公司,只有外部人(其中大部分是金融机构投资者)的股票允许交易买卖。因此事实上,只有占三分之一的外部人持有的股票在中国的证券市场进行交易。其他的由政府和员工掌握的三分之二的股票并不在市场中。上海和深圳的证券交易市场本身是非常弱小的,并且交易量也很小。在这种状况下,多数股东认为他们的股票只是带来红利的工具。由于内部人的股票和产权股票无法交易,也因此产生了证券交易所的一个受限制的平衡。

3. 个人行为集合成整体行为

与此同时,大量没有上市的股票正在等待着交易的机会。1992年,上海和深圳的证券交易市场开始繁荣。股票价格被推高了,而且远高于其发行价格。此时,持有股票的人意识到,他们除了拥有获得红利的权利,还有交易的权利。而且随着深圳和上海证券市场股价的上涨,人们意识到持有未来可以上市交易的股票,将会带来巨大的收益。1992年4月,"内部人士"透露内幕消息,四川化工盐业集团有限公司(SCSI)将在深圳上市。乐山是SCSI的所在地而成都是四川的省会,投机者开始从乐山和成都的内部人手里以较高的价格购买股票和股权证。很快,购买行为扩展到购买其他被认为将来可能上市的股票。直到7月和8月,上海和深圳证券交易市场的行情仍然非常火爆,而在乐山和成都的买卖交易的行情也愈演愈烈。交易者聚集在成都当时唯一办理证券交易的四川证券交易中心所在地的"红庙子"街上,寻找没有上市的股票。在很短的时间内,交易者不断地买入和卖出,交易频繁。乍一看,"红庙子"似乎就是一个场外交易市场。

然而,发生在"红庙子"的故事不仅仅限于一个场外交易市场,该交易市场还在等待着一些创新。企业发行都是记名股票或股权证。对于每一股股票或股权证以及相关的文件都记录着所有者的姓名和相应的权利。如果股票持有人打算行使自己的权利,他必须出示自己的股票和身份证。换言之,在这个资本品市场里,卖家在出售一份产权的同时必须出售自己的身份证,否则买家可能无法行使自己的权利。从某种意义上说,一个身份证原件成为获得法律保护和合法享受相应的权利的保证。

卖方的第一种选择是,出售股票的同时出售自己的身份证。然而,每个人只有一个身份证。如果卖掉,他的机会成本是很高的,而且这将招致双重风险。一方面,拥有卖方的身份证的买方不仅得到了卖方的权利来行使股权,而且还得到了交易和剩余索取权之外的权利。卖方的利益可能会因买方非法使用卖方的身份证而受到损害。另一方面,如果卖方到公安局,声称身份证丢失,并申请一个新的身份证,买主可能无法履行其应有的权利。一个潜在的道德风险和逆向选择将使市场不可能超越同事、邻居、好朋友之间的交易。

一个更好的解决方案是一个低成本的创新。在1992年,行政机关开始接受身份证的复印件作为证明文件,也因此终止了交易中身份证原件的转让,减少了卖方的风险,买家可以使用身份证复印件而不是身份证原件来履行自己的权利。这个简单的创新消除了产权转让过程中必须使用身份证原件的限制,让现货市场扩张到了之前从未想象的范围。据估计,当时大约每天有10万次交易(包括多重登记),在高峰时间约为每天30万次。[①]

这样,个体交易者的选择融合成为市场的集体行为:如果一个身份证复印件可

[①] 刘粮库:《川西经济概论报告》,1993。

以被行政机关接受来让新的拥有者证明他们的权利,以行使产权或进行转手交易,那么交易成本(原本使用身份证原件)将会节省很多。个人行为的整合说明了一个问题——公共型产品①的短缺:如果有一个数据库和机构可提供真实的信息,核实身份证原件,并告知身份证副本的真伪,以确认复印件是否可以被现有主管部门(政府部门)和法院以法律的形式接受,市场的边界可能会进一步扩大。

私营企业也可以提供如数据库和证件确认这样的服务,但沉没成本过高,而且私营企业可能还需要立法才能提供这样的服务。但是该数据库已经存在于行政部门,如果由私营企业再重新建立一个数据库将是重复建设。但是,迫使行政部门对私营企业开放并提供这样的公共信息将是一个费时费力的谈判过程。

4. 起源:政府的妥协以及 320 个 OTC 市场的出现

在 1992 年年底前,政府开始接受身份证复印件作为有效的身份证明。在红庙子,这代表政府承担了提供公共型产品的职责。政府这样的让步使得红庙子的交易更加受到追捧。大致相同的时间,在中国的其他地方,类似的资本市场的整体行为出现了萌芽。1988 年,武汉市建立企业兼并和收购服务,这是一个初级的 OTC 市场。1990 年,北京成立了证券交易自动报价(STAQ)系统。1993 年,在淄博市,山东省的一个东北部城市,设立了一个当地 STAQ 系统(ZBSTAQ);同年,在深圳特区,建立了全国电子交易(Net)系统。据估计,到 1993 年年底,大约有 320 个 OTC 市场。后来,地方、中央以及产权交易市场之间的行为使得该市场的成长起起伏伏,最终偏离了 OTC 市场的轨迹,演变成今天的产权交易市场(PIPEs)。

二、中国产权市场的复兴:公共品短缺引起的体制突变

(一) 320 个 OTC 市场的失败

在股权证的交易上,中央和地方利益发生了冲突。中央关注的重点不是出售国有企业,而是使国有企业盈利从而强化政府的管理。如果出售,中央更希望在上海和深圳证券交易市场出售,因为只有三分之一的股票会被交易,不会威胁到中央对国有企业的控制。此外,上海和深圳直接被中国证券监督管理委员会(证监会)监管。如果有一个蓬勃发展的可以进行国有企业产权转让的市场出现,中央必须直接监管这个市场。然而,不在中央政府的直接监管下的 320 个产权交易所的出现,有可能在转让国有企业的同时脱离中央的控制,从而威胁到上海和深圳证券交易市场的交易量。因此,中央不愿意对当地政府做出让步。

---

① 公共型产品:公共品就是具有非竞争性和非排他性的产品,最好的公共品的例子就是街灯。然而,还存在一些介于公共品和私人品之间的产品,具有非竞争性和排他性,如加密的电视频道、需认证的网络服务,等等。我们把这两类产品统称为公共型产品,是为了说明它们既可以由私人提供,也可以由公共部门提供。

相比之下,产权交易所有以下两个好处:一是吸引资金和储蓄,以防止它们进入上海和深圳;二是加强国有企业重组以减轻财政预算负担,地方政府缺乏执行中央命令限制产权交易所交易的激励。此外,接受身份证复印件已经执行了一段时间。如果身份证复印件被禁止作为股权证转让的凭证,市场将萎缩,而且之前的交易也将是无效的,社会可能因此产生动荡。基于以上原因,各地的交易所才继续存在并在一定程度上得到了发展。

然而,随着市场的扩大,问题也逐渐显现出来:① 许多员工、教师和学生甚至官员也到这样的市场进行交易。工作和学习时间不能得到保证,同时内部信息与金钱和权力之间进行着交易;② 借贷市场影响明显,当地银行的储蓄被提取出来以购买股票;③ 未经授权、没有任何信息披露的机构或者公司在当地市场上发行并交易股票。例如,一个省级中心医院未经授权,擅自发行内部股权证,而且一度以最高 4 元一股的价格出售。当它的违法行为被披露之后,数以千计的购买者冲到医院要求赔偿,并到当地政府所在地和一些公共场所抗议,向政府施压。在当时,像这个医院这样擅自发行股票并引来社会混乱的并不是个案。在其他地方,类似的股票交易的欺骗行为以同样的方式不断地出现并重复着。

(二) 公共型产品的短缺

如前所述,公共型产品包括非竞争性和非排他性的公共品,以及非竞争性和排他性的俱乐部产品,都是可由私人部门或公共部门提供的。显然,在上面提到的市场中,对能够过滤掉不可信的股票并确认可以信赖的股票的公共型产品有着极大的需求。通过私人部门提供这些公共类型的产品,可以使像红庙子这样的市场真正成为 OTC 市场。

但是,在 20 世纪 90 年代末期的时候,中国通过私人部门来提供这些产品已经不再便宜。只有公共部门可以以很低的价格来提供这些产品,因为数据库已经收集并存放在各公共部门的网络中。然而由于存在利益冲突,这种潜在的提供者并不愿意这样做。作为替代,私人部门如果要提供这些产品,必须有权获得这些数据库。这就需要产生一个法律允许它们获得这些数据库,但是对于私人部门来说这样做的成本将是非常高的。公共型产品的供给在制度上并不是一开始就准备好的。

在市场中出现的混乱为中央政府提供了一个机会,把地方政府和中央政府的利益相协调,因为人们大量地从当地银行提取存款以及股票购买者聚集在公共场所进行抗议都会影响当地的经济和声誉。对于当地政府而言,这些损失将大于前面提到的可能获得的两个收益。因此,1993 年 3 月,国务院下令禁止在未经正式许可的情况下发行内部股票,并要求地方政府采取措施制止非法交易并限制交易场所的活动。就在这一年,各地政府开始采取行动打击非法交易。至此,OTC 形式的交易在中国失去了存活的土壤。渐渐地,非上市交易明显地萎缩了。到 1998 年,各地的交易所减少到 30 个,不到高峰时期的十分之一。地方政府为这些市场相关配套的政府机构也被解散。而国有资产监督管理局是从国家的层面上指导和参与交易所交易的机构。中央政府在 1998 年的东亚危机爆发后,也关闭了国有资产监督管理局。

(三)复兴:PIPEs 在技术产权交易市场的名字下的制度突变

在 2000 年 OTC 交易场所有了一个新的名字:产权交易所和技术产权交易所。在这一年里,西方经济体,尤其是美国,完成信息高速公路革命,并且网络经济也已经蓬勃发展了多年。而中国政府也注意到,在本国的市场上,主导产品几乎都是外国品牌。外国产品的垄断不仅是发生在高科技领域,如芯片和精细化学品,而且在中国的日用品市场,如洗发水和洗涤剂,即使是苏打饮料,中国也只有不到 10% 的国内市场份额。业绩不佳被批评为主要是源于研究和开发的分割。而技术产权市场也在逐渐地消失。由于严重落后于美国,中国感到了压力。2000 年以后,国家扶植高新技术产业和鼓励技术产权市场化,促使技术产权交易平台出现。经过适当改进,技术交易平台恢复了一些原来在产权交易所的已经成熟的交易方式和业务。同时,在产权市场处置国有产权的方法具有一般资本品交易的普遍性,地方政府在产权交易方面尝到了产权变革在企业重组和再生方面带来的实实在在的好处。一些发达地区地方政府以服务国有产权阳光交易的名义不同程度地恢复了部分交易所。从 2001 年开始,科学技术部牵头开始在各地建立技术产权交易市场。到 2003 年的时候,各地交易所的数量又达到了近 200 家。业内称为产权交易的"二次革命"。

技术产权市场为已解散的分支机构的员工以及管理人员提供了机会。一些像国有资产处和地方一些相关的被解散的分支机构的员工并没有真正退休。据估计,大约有 300 人用他们的个人储蓄定期召开会议并且像以前一样讨论相关的政策问题。他们的专业能力也被很好地利用起来,为相关人士提供咨询服务。后来,他们中的许多人被技术产权交易市场所雇用。

与此同时,当地政府再次开始悄悄地支持非上市股权交易。多年来,很多地方政府意识到,上海和深圳证券交易所提供的服务远远不能满足各地的需求。十多年来,两个交易所的上市公司不到 1 000 家。但是,在全国估计有 70 万—100 万个符合直接融资标准但没有渠道直接融资的企业。公司的规模在不断地增长,而股权证却仍然停滞在当初的状态下。但是振兴封闭的市场需要寻求各种形式和机会。技术产权交易所是一个理想的招牌,而当地的科技局和政府部门则是理想的修复工具。最终,正是这个被遗忘的市场,使中央和地方的利益走到一起,OTC 形式的市场的基因开始渐渐植入到技术产权交易所中。

2003 年 3 月 21 日,国务院发布了《企业国有产权转让管理暂行办法》,大部分 OTC 形式的市场得到了恢复。据估计,即使有很多被兼并,产权交易所和技术产交易所的数量目前仍超过 250 个。另一方面,之前做出贡献不愿退休的官员成立了一个"地下行政"的机构,最终他们的努力也得到了回报。2003 年 3 月 24 日,政府成立了国务院国有资产监督管理委员会,是对被解散的国有资产监督管理局的部分恢复。然而,国资委是立法的专门机构而没有行政权力,而国有资产监督管理局拥有执行力。

地方政府最终把产权交易市场和技术产权交易市场整合到了一起。OTC 式的市场的性质也因此改变了。几乎所有的东西,只要信息不对称存在,都渐渐地进入了市场,包括私人股权、技术产权、房地产、文书、绘画,甚至幸运车牌号码。最近,垃圾、污染排放、森林、贵重的茶叶等都可以进行交易。

中国产权市场:资本品交易"范式"的华夏演进*

一、资本交易构造形而上学溯源

在东西方资本市场比较基础上探源人类资本品市场的优化与收敛形式,实质上有一点问询新古典经济学市场范式——阿罗-德布鲁市场哲学基础的味道:难道发达经济资本市场不是发展中经济的明日形式吗?难道制度经济学、信息经济学等继阿罗-德布鲁范型之后的种种挑战没有证明新古典经济学基本框架抽象的合理性吗?黑天鹅的例子不是个案。毕竟,今天的经济学理论在很多场合被异化为政治甚至类宗教的内容,亟须在形而上学基础上将理论的真理形态与附着其上的价值形态拆分开来。真理的唯一性不能替代价值的多重性。

1. 市场的要件

在纯粹的意义上,市场是两个人以上交易产品的场所。中国摩梭人的实践给我们留下了一份"化石级别"的原子性市场形态,激发我们像破解自然元素群是由不同质量的核要件与对应电子形成的构造序列一样来揣摩市场的构造。摩梭人处在滇西北一个山水交界的经济生态之中,善于渔猎。问题在于,摩梭人的经济是以母系家庭为单元的村庄内配给经济,17 个村庄间的交流以非市场方式的人力资源浪漫式交换——走婚而名,但市场方式的非人力资源即产品的交换则几乎不存在。

摩梭人整体怎样与商品经济发达的滇中以南的汉民族交换?据记载,摩梭人一般将毛皮放在村庄间的通衢道路旁,自己张弓等待在附近的树林中。汉人马帮驮来盐巴和茶叶交换时,可以留下任意量的商品拿走毛皮。但有一个条件,不能白拿。如果拿走毛皮不留交换品,树林中的弓箭将会向你射来。在这里,市场存在的一个要件是边界保护,一个约束性质的法元素。

市场是法约束的那一块被保护场地吗?显然不是。如果没有汉民族商人的参

---

* 曹和平:《中国产权市场发展报告(2008—2009)》,社会科学文献出版社 2009 年版,第 471—476 页。

与,摩梭人与这块被保护的场地并不能单独完成交易。汉民族为什么不比邻弯弓另设一块自己的保护场地呢?原因无他,如果两家形成各自的领地而不跨越边界,那么交易无法在分别的场地中完成。自然场地是交易双方行为存在的物理载体。供求双方的行为集合是不可再行切割的市场原子形态。将供求行为抽象为供求变量和两变量之间的均衡状态,这种做法将市场的行为集合变苍白了。这里既没有法也没有行为的蕴涵了。

在摩梭人经济中,市场是交易双方在边界被保护条件下形成的公共行为空间。至于双方得以存在的物理场所,只是承载这个活动空间的形而下的器物场所而已。这是后来出现实点性交易市场和网络性交易市场的内在原因。也正是在公共场所的意义上,市场是个公共品,是两个人的活动共同形成的一个具有相互正加的外部性的存在,缺了任何一方这种存在将会消失。在形而上的意义上,市场的物理本身是金身还是泥巴并不重要。换句话说,自然界不提供市场。交易活动形成的具有外部性的公共品是市场存在的第一个要件。法的约束是第二性征的派生要件。在更一般意义上,摩梭人市场的张弓保护到底必要不必要?显然,当谈判力量对等的时候,协商可以代替张弓。强制和协商是法变量的两种状态。但是,当不确定性太多,交易又是一次性行为时,强制和协商都不会因交易而达到行为上的均衡,吃亏和占便宜的感受概率一定很高:这不是一个可以达到行为均衡但达不到变量均衡的市场——价格信息是个非均衡信息。

摩梭人的市场形态原始但有惊人之处,交易双方中的一方单方面地拥有了市场——公共品事实上是被私人所有的。这是私有制的起源还是腐败的起源?市场既然是公共品,而且是共同创造的,共同拥有不就是最可能的行为均衡吗?你不让我参与拥有,我离开后就可以破坏这个均衡。汉人为什么要参与这个市场呢?原来,摩梭人拥有市场的条件是以放弃价格谈判权利为前提的。换句话说,公共品向私人品转化是需要支付价格的。在这个案例中,私有化不是魔鬼,不支付价格的私有化才是违犯经济神圣性的,腐败是将公权力——一种特殊的公共品——在不支付价格的条件下偷走的一个丑陋的私人化情形。

市场的第三个要件是信息。《易经·系辞下》中有一段关于神农氏"日中而市"做法的描述,揭示了信息变量的独立作用。如果卖方早晨到市场中午返回,买方下午到市场晚上返回很可能让交易泡汤。两个人赶到市场上碰不到交易对方实在是一种无谓的成本支出。如果在日中,市场上的旗杆影子长度几近于零的时候,大家都在市场上出现,成本的付出就是有意义的。所以,信息首先是时间信息,而不是价格信息。今天产品市场的制度进步使人们几乎忘记了时间信息。但在资本市场上,时间信息几乎是致命的。实际上,不仅交易的一次性时点信息、多次性时间散点信息重要,连续性时点信息更为重要。美国20世纪70年代以后地方性交易所和OTC市场向纳斯达克股票市场的转变,关键在于日离散交易信息变为90秒钟离散点信息,已经在密集程度上逼近了连续信息结果。另外,资产价值信息、资产组合信息及风险信息等形成的海量信息集合,几乎都是人类今天市场进步有待征服的高峰。

2. 市场要件形成的交易构造

市场的第四个要件是要件(要素)之间形成的构造本身。摩梭人和汉人的交易市场是如此原子化(单子),以至于在"一对一"的一次性交易中,交易无所谓平均价格。本次的交易价格无所谓留存下来供下一次交易参照,是一个连离散性质的逢"三、六、九"交易都算不上的一次终极交易。

超越"一对一"形式的稍微复杂一点的构造是"一对多"的卖方和买方交易。一个供货商面对多个采购商是卖方市场,多个供货商面对一个购货商是买方市场。在"一对多"或者"多对一"交换情形下,信息交流的内涵不再仅仅是同时性的协调,而且还包括卖方要价是分别和每一个买方交流,还是同时和多个买方交流。前者已经被知道是信息屏蔽条件下的"一手托两家"交易,在今天的投行业务中常常见到。在传统中国农贸市场上的"捏猫"交易也具有同样的信息屏蔽机理。后者在今天被理解为卖方拍卖或者买方竞拍的交易。拍卖(竞拍)市场的一个重要进步在于,信息瞬时在买方和卖方之间传递,同时还在多个买方或者多个卖方之间瞬时传递。信息交易的结果是,任一要价出价都会成为另一要价出价在下一轮的参照。竞拍的结果是出价者剩余(消费者)或者竞价者(生产者)剩余被压低逼近于零。其意义是,在多个重复交易过后,交易价格会向平均(期望)价格逼近。在小众市场即不完全竞争市场上,这是资源配置的节约途径。

在"一对多"或者"多对一"交易拍卖市场上再进一步,就是"多对多"的大众市场交易。这时候,交易者大数趋向无穷,如果产品匀质化(homogeneous),那是完全竞争性的阿罗-德布鲁市场了。这时候,由于"多对多"的交易,瞬时的喊价和出价过程就能形成平均价格,连续的平均价格在无外部冲击的条件下,会形成市场均衡。在市场形式的演化逻辑上,我们不妨将其看作是"一对多"和"多对一"市场交易构造的复合。今天,不少日用品市场、证券类交易市场等都是这种形而上学市场在现实世界的形式。

3. 市场交易构造的形而上学溯源

以市场要件为构造砖瓦可以形成无穷多个交易构造,这就好像五个或者七个音符可以形成千歌万曲一样。阿罗-德布鲁市场的帕累托最优[①]之路是以交易者无穷多、交易产品匀质化的拍卖市场为蓝本,进而拿掉市场交易构造中的信息元素来

---

① 帕累托最优(Pareto optimality),也称为帕累托效率(Pareto efficiency)。这个概念是以意大利经济学家维弗雷多·帕累托的名字命名的,他在关于经济效率和收入分配的研究中最早使用了这个概念。

帕累托最优是一种资源配置状态,如果既定的资源配置状态的改变使得至少有一个人的状况变好,而没有使任何人的状况变坏,则认定这种资源配置状态的变化是"好"的,反之认定是"坏"的。如果对于某种既定的资源配置状态,不存在帕累托改进,即在该状态不存在某种改变可以使得最少一个人的状况变好而不使得任何人的状况变坏,就是达到了帕累托最优。

达到的。这不是一首优美动听的市场之"歌",为了抽象的简洁,牺牲掉的市场内涵太多了。其后果是,在人类经济实践中,当某一国别经济的人群认为自己的市场度量业绩最好时,这些国别的人们还会认为自己经济的市场制度形式最好,而排斥任何相异的理念和制度安排。

摩梭人交易说明拥有市场本身是个非常重要的问题。在阿罗-德布鲁经济中,市场归谁所有的问题被抽象掉了。在科斯理论中,产权归谁所有是不重要的,只要定义清晰,在完全竞争性市场上都能达到资源配置最优,社会福利最大。但科斯规定了拥有形而下意义上的产权,却没有规定谁拥有市场的"产权"——制度产权。

摩梭人原子市场在将市场公共品向私人拥有转化时,向人类智慧提出了这样一个挑战性的问题:公共品向私人品转化时,是转化拥有权呢,还是转化公共品的公共属性,将其直接质变为私人品呢?这是今天经济学研究中另一个形而上的漏洞。范里安的教材改了三次,但谈的都是公共品可以私人拥有(privately provisioned),也可以公共拥有(publicly provisioned),就是没有接触到公共品在物理形态上是否可以向私人品转化的问题。如果是的话,私人品可以向公共品转化吗?一定有一个私人品向公共品转化的途径。政府的出现不是这样吗?大都会博物馆的出现不是这样吗?学校的出现不是这样吗?知识体系的出现不是这样吗?既然二者存在转化的形而上空间,而且还有互相转化的具象事实,二者转化时的交易构造的对应法则变化也应该在经济学的研究之列。阿罗-德布鲁模型及其后续经济学也忽略了这一点。

二、中国产权市场:资本品交易"范式"的华夏版演进

阿罗-德布鲁模型及其后续经济学忽略的原因是新古典经济学本质上是制造品交易的经济学,而不是资本品交易的经济学。幸运的是,中国内地资本市场的演化没有像新日韩和中国的港澳台那样,一头栽倒在西方资本市场上不能自拔,而且还以西方资本市场研究生班上学哥学姐的姿态谆谆教导中国内地,你们学得还不到位。

这种幸运是中国产权市场20年足迹的贡献。在很多方面,中国产权人演绎了公共品向私人品转化和私人品向公共品转化的华夏版资本品交易的章节。无意中在实践上补上了阿罗-德布鲁模型及其后续经济学的漏洞。比如20世纪90年代初的诸城经验,就是一出将公共(国有)所有权转化为私人所有权的带有杂技性质的演出。这种实践后来演化为四川红庙子市场的生死抗争与三百多家地区交易所的凤凰涅槃。正是在这个过程中,中国产权界资本市场交易的一线操作者创造了一种交易构造,将一些在西方资本市场上私人拥有的市场构造转化为被一群人拥有的市场构造——俱乐部形式的半公共产品——260家实点性质的产权交易所。这种半公共品不在于交易所是公众公司还是事业单位,而在于它能在非标准化条

件下让小众交易的资本品变得更加有效。资本品的生产过程不仅在交易阶段加入了公共品的外部性制度,在生产阶段也加入了公共品的外部性制度,从而使资本品的交易和生产都变得更为有效。这是中国产权人的创造。

资本市场在流行理解中被冠以了由股票市场和债券市场组成的证券类市场边界结合定义。产权市场如果是资本市场的话,是不是这个集合边界上边边角角的元素呢?多层次资本市场体系的提法,虽然能够容纳产权市场重要性的内涵和各种褒扬性的观点,但却无法排除其就是为证券市场培养企业的地方部队和接纳证券市场退市企业的收容部队的选项可能。产权市场果真是证券市场的补充成分吗?必须要在资本市场最应该的形式上回答谁更适合成为产权市场主体成分的问题,而不能囿于现今的流行理解。

正是在中国产权界一线创业的人们,让我们调整了视野。珠三角区域领跑中国乃至世界经济的增长,广交所原创性地将企业所有权托管模式导入产权交易市场,增强了企业产权的流动性,启迪调查组成员反思美国20世纪70年代以后资本市场的制度拓展路线是否指向了人类抵达帕累托最优的不二法门。其后,武汉和天津两产权交易中心的成长案例激发了调查组,尤其是思考人类资本市场"范型"的成员的浓厚兴趣。后来,在北京所及在上海所调研时,两所团队,尤其是熊焰总裁和蔡敏勇总裁直接或间接向我们传递了产权市场是中国创造的思考。难道中国产权市场真在做一件惊天动地的大事,要更改人类资本市场的收敛和均衡路径?这在1919年五四运动以来中华儿女七八代人继替奋斗复兴华夏并影响世界历史进程的水墨长卷之中,能否算得上浓墨重彩的一笔呢?

在形而上学意义上,什么是市场最有效的回答呢?不能在阿罗-德布鲁单经济体意义上讨论市场间的有效性,这和不能在地心说单体宇宙的意义上讨论天体系统的飞行范式一样。人类经济也是个多元经济体存在的复杂系统,不是单一经济体存在的复杂系统。从多元起点,最优通道有多条。正是在这个意义上,探讨中国资本市场的范型才有意义。否则,只要撰写中国经济发展的案例研究就可以了,任何范型的研究都是在阿罗-德布鲁意义上的多此一举。阿罗、德布鲁真是两个罪人,从他们之后,经济学研究变得多没趣味呀!

中国珠三角地区专业化大宗商品市场交易所化趋势分析*

一、珠三角大宗商品(要素)市场①分布及其中国定位

狭义上的珠三角地区是指位于广州和香港之间的17个县(区)市,包括东莞、佛山(供给香港90%的水和70%以上的蔬菜)、南海、番禺和深圳等一系列改革开放后轮番出现的明星式成长城市,也称大广州地区。广义上的珠三角经济区包括以上述县市为核心而辐射到的周边地区,及至长江珠江流域交汇地区以南的广大区域,是中国经济最为发达和金融市场最为活跃的地区之一。如果说中国经济是制造经济,那么珠三角地区就是中国制造业与商品市场,尤其是和世界商品市场融汇的前沿:各类市场交叠重合、东西方市场形式及拓展路线错落共存并孕育出新形态资本市场的地方。在下文中,在不影响理解的前提下,我们将在不同语境中混同使用两种含义上的珠三角区域。我们有时还根据地方习惯,将狭义上的珠三角地区称为大广州地区。

(一)珠三角地区大宗商品(要素)市场分布状况

珠三角地区,像广州、东莞、佛山、南海和番禺等市区的交易市场是由当初周边制造产业向中心城市广州的贸易集聚而形成的。例如,广州广园路、白云大道、黄埔大道周边市场实际上是由马路市场和临时建筑发展而来的。成熟的产业链以及

---

* 曹和平:《中国产权市场发展报告(2009—2010)》,社会科学文献出版社2010年版,第105—115页。本文与李正希、孟祥轶、毛振宇合作。

① 在主流经济学中,要素市场是指交易生产要素,如土地、劳动、管理、资本(股权)和原材料等的场所。要素市场均衡和失衡由供需变量来决定,价格是市场过程的内生变量。在本文中,我们沿用了实际经济中不同部门的说法,将要素市场和大宗商品市场二者混同使用,但意指一个,大宗商品市场仅仅是企业消费的中间原材料市场。

处于区域经济商圈的中心位置决定了珠三角地区形成了一部分较大规模的大宗商品交易所,主要有塑料(2家)、化工(1家)、粮食(2家)、钢铁(2家)和煤炭(1家)。

长期的出口导向战略引致的海外市场和近十年来不断增加的国内商品销售使得产业链上下道工艺顺序中的企业集群个体之间形成巨量的原材料中间品市场。比如,2009年中国日用塑料制品消耗掉了545万吨的塑料原材料,相当于世界人均年消费750克的水平。如此巨量的生产使得颗粒性塑料原材料需求巨大,中间品市场异常活跃。2003年,三位国营天然气化学公司的工程师离职组建了股份制形式的广州塑料交易所,由于时间和市场选择准确,累计注册会员单位已有30万个,若以年交易量超过300吨为活跃单位,则活跃会员单位有5万个。2009年,该交易所6个品种中最大额的PVC颗粒材料交易达1 600万吨,合约300万手,约占全国塑料交易量的30%。披露的交易费用收入约为2.2亿元人民币。

活跃的塑料交易派生了活跃的仓储调运和软件及会员服务需求。2009年,广塑所仓储能力和调运实绩排在全国塑料行业第一位,关联的物流配送车队在国家范围也屈指可数,并在美国、印度和迪拜开设了分公司,与东南亚和中东塑料化工企业开展了国际交易业务。调研获悉,广塑所仓储调运费用收益2.3亿元。

除了广州塑料交易所之外,珠三角地区还有广东易发塑料交易中心、广东废旧塑料市场、广东废旧物资交易平台等批发市场,后两者在废旧塑料交易中发挥着重要作用。

塑料中间品交易属于化工类交易。从全国范围看,化工中间品交易市场在地区间发展不均衡。在华东地区,化工行业高达3万多亿元的年总产值中,有近六分之一通过交易所里的电子交易完成。化工行业年总产值高达2万多亿元的华南地区,电子交易量只占不到十分之一。其中,又有很大一部分交易在华南地区的电子交易平台上完成。整体上看华南地区,零散的缺乏规范的化工交易和流通方式还很普遍。第三方交易市场发展潜力仍然很大。2009年3月,广州化工交易中心成立,至2009年7月,完成9 000多万元交易额。根据趋势看,广化交易中心将演化为珠三角化工类中间品交易中心的可能性很大。

在化工类产品市场形成的同时,日用制造产业的成长也拉动了农产品加工和中间品市场的成长。在珠三角地区,早年实点性质的粮食交易市场向第三方专业交易市场过渡是一个案例。2004年,广东华南粮食交易中心成立,累积的交易品种包括大豆、玉米、稻米和小麦现货品种。2009年,粮食交易量达200多万吨,约占2009年广东全年粮食产量的16%。另外,2005年12月广州华南粮食交易中心电子交易平台投入运营,一定程度上在某些商品交割品种方面和广东华南粮食交易中心形成了竞争。

沿着中间产品市场向下游链条延伸,原料加工后形成的坯料、辅料、零件和部件等环节的产品交易(批发)市场形成了世界规模。据不完全统计,广东省内纺织服装、电子信息产品、农副产品、家具、五金机械模具、塑胶原料等批发市场集群中的专业批发市场约有460多家,平均每类行业有近30家专业批发市场。这些批发市场已经形成行业,成立了专门的行业协会负责管理和研究批发市场的发展。①

其中最具代表性的是纺织品交易市场。数据显示,梭织布料、牛仔布料、辅料交易市场中心散聚在大广州地区。以交易面料为主的广州中大布匹批发市场中,规模非常庞大,经营面积超过200万平方米,分场46个,商铺1万多间。如果按照完成税收来估计,每年销售额在300亿元左右。但就调查对照分析,其中现金交易部分巨大,官方税收不包括现金交易部分,仅按税收线性估计交易额,大大低估了实际总量。

租金是个很好的参照。我们在调研中采访的江南纺织城占地3.5万平方米,规模约为中大市场的1/46,拥有600多个铺面。该场地租金②平均每月每平方米200元(该中心将是未来广州交易所集团的潜在受益人,其数据有高估的可能,但存在一定的可信度),年租金在0.84亿元。0.84亿元需要一个年利润率为8%的工业企业生产值达到11亿元才能获得。销售企业的利润一般在生产企业利润的十分之一以下,仅此一家我们估计其年销售额在100亿元左右。如果以其占中大1/46的面积算,则中大布料市场年销售额3 000亿元。我们认为这是一个保守的估计。

如果对照塑料交易所一家的年交易额在1 500亿元,这个估计应该在实际误差的合理区间。布料交易所的会员单位有50万个,而中大市场的员工和关联就业有33万人。再根据大广州地区交易了全世界约10%的布辅料来计算,300亿人民币的交易额在很大程度上低估了实际交易额。

广东布辅料交易中针织类中间品在全国占绝对优势,印染布次于长三角。除此之外,西樵轻纺、虎门富民、中山沙溪和南海盐步布料批发市场也是交易量和中大市场等量的活跃纺织品批发市场。

专业化大宗商品交易市场仍然存在一些问题。比如,广州拥有全国最大的汽车交易量,汽车交易市场发展较早,但相对分散,缺乏一个在全国范围有影响的大型汽车批发市场。再如中大布匹市场、流花服装市场、人民路眼镜批发市场等,实际上是若干个中等规模批发市场的叠加,而各个批发市场由不同的企业经营,并没有像义乌小商品城或深圳华南城那样将同类市场统一起来。

(二) 珠三角大宗商品市场的中国定位

上述市场分布可以划归为两类。第一类是各类成规模的交易所市场,形式上更接近于西方的中远期交易市场。比如,广州塑料交易所2009年交易2 000万吨塑料颗粒(PVC)和其他塑料原材料,约占中国30%左右的市场份额。第二类市场

---

① 2008年11月,广东省批发市场行业协会成立。
② 场地租金决定于销售利润率。据估计,商铺平均利润率约为0.5%。

是专业化市场,约有400家以上。比如,广州纺织布料和坯料市场,几个市场约占中国30%的份额,占世界同类布坯料市场约10%—12%的份额。

第二类市场的构造更接近原初的商铺经济,其集聚性质的组织交易方式早在中国一千年前一脚踏进工业化革命时期的宋朝就存在了。张择端的《清明上河图》形象地描述了这种市场的不同细节。这类市场的第一个特点是规模巨大,成千上万家批发商铺集聚于一个巨型的实点交易场所之中,小的有几十平方米,大的有成百上千平方米。交易品种不仅涉及自然资源经研磨、提炼或者再压延锻铸后形成的初级原材料或粗加工原料,而且涉及切削旋镗或者纺织染裁后形成的精加工或者手工材料或辅料,其很多品种都具备国家或者世界规模。其第二个特点是切近日用品制造或者直接面对消费者制造的产业环节一端,季节性和时尚性强,亚品种和变种繁多,传统的标准合约交易无能为力,规范化仓储成本高昂。但是,这些市场中的一些创造性交易,比如"格式化"交易和"租赁产能"及"赌布"交易显然是我们所知文献中尚未披露过的新市场构造因子(至少在中国是这样)。

第二类市场的缺点是,交易信息的市场传递较为原始,一个商铺约有三十到几百家多年来积累下来的客户,虽然毗邻而居,但商铺和商铺之间是竞争关系,互相的聚点经营为各自带来了市场声誉方面的外部性,但是客户和市场方面的信息却严格保密,大有"鸡犬之声相闻"、"老死不相往来"之虞。交易规则未形成明文,仓储调运存在不必要的往复,现金结算比率高,单个商铺难以形成市场影响力。第三方专业交易所的缺失导致了高昂的交易成本和较低的收益率,更重要的损失是失却了市场份额资源的定价权。

上述市场的缺失不是静态的。产业集聚形成贸易集聚,贸易集聚形成规模市场,规模化市场出现第三方市场"交易所"的轨迹是清晰的。珠三角地区大宗商品交易市场的分布格局就是由当初集聚在该地区的各种制造产业向中心城市广州的贸易集聚而形成的。

这两类市场显然和全国性质的商品期货交易所不同。目前中国有三家商品期货交易所:以交易金属、燃料油和天然橡胶期货为主的上海期货交易所,以交易农产品和塑料原料期货为主的大连商品交易所,以交易农产品、白砂糖和纤维原料PTA期货的郑州商品交易所,由中国证券业监督管理委员会监管,属于完全照搬美国的市场交易方式。根据证监会主管领导的观点,现在该上的期货品种已经都上了,三家期货交易所旗下的180多家期货经纪公司刚刚够吃饭,没有多大的市场拓展潜力了。当然,戴上美国的制度眼镜,证监会只能看见传统的期货产品,囿于20世纪70年代后在美国成熟的期货市场制度设计,很难看见中国制造业大发展后,产品交易市场引发的大宗商品市场的交易所化趋势。交易品种有限和交易方式传统是其必然的守成结果。

据统计,目前中国证监会管辖之外的交易所数量有98家之多,近五年尤其是近两年大宗商品网上交易平台发展迅速。交易所集中在珠三角(18家)、长三角

(28家)和环渤海地区(20家)。比较起来,珠三角地区的交易所起步早,市场份额大。长三角和环渤海地区在过去两年间数量增长很快,但赶在国家规范大宗商品市场之前设立交易所的困难较大。

交易所数量的迅速膨胀直接表明交易所行业的盈利程度,间接表明交易所在商品交易中的贡献。上市交易品种包括农产品、金属、石油化工、纺织、橡胶塑料、煤炭、木材、大蒜、苹果、黄酒,甚至还有干茧、生丝、马铃薯、淀粉和生猪等。从交易的活跃程度上看,珠三角和长三角这些相关产业优势明显的地区交易量较大、市场的宽度和深度较大、市场的潜力也更大,而成立在产业基础薄弱地区的交易所,交投清淡。

这些交易所都有各自独立的电子交易平台,然而只有一部分交易所发展了仓储、物流、融资担保等后台服务。从统计数据看,部分交易所的后台收入超过了交易收入而占优势,同时这种一站式的服务也使得交易所的地位不断提升,交易规模不断壮大。

交易所电子交易平台的建立,很大程度上吸引了实点批发市场的客户,一方面为参与者提供了价格发现功能,反过来对批发市场价格有指导作用,另一方面为少数商品投资者提供了投资工具。然而,目前此类交易所存在的问题是,同种大宗商品交易所重复建设,即使在同一地区可能有多家某类商品的交易所存在。这种现象表明交易所之间的竞争相对激烈,对交易所的监管存在真空。

无论是从交易量还是实点市场数量和空间上看,交易大宗商品现货的实点性批发市场在这三种交易市场中占绝对优势,这种优势显示了中国巨大的大宗商品总需求。部分实点性批发市场也拥有自己的网站,但并非电子交易平台,而是向会员提供供求信息和资讯服务。如果交易合同可以在一定程度上标准化,第三方能够提供产品质量鉴定,那么批发市场很容易发展成为交易所。然而并非所有的批发市场都交易火爆,那些独立的第三方批发市场运营商才可能拥有巨量的交易集聚。

比较起来,珠三角地区大宗商品交易市场起步于产业链成长,出口贸易和对内贸易增长,市场导向明显。长三角地区交易市场起步较晚,一部分基于市场导向,一部分是地方政府想赶在规范之前建立交易所。环渤海地区市场起步更晚,在近年来发展迅速,地方政府参与抢在国家规范之前建立交易所的冲动更大。

归结来,珠三角地区约占全国三分之一的市场份额,市场导向更为明显,成规模的交易所和行业分布更广。广东GDP 2010年将达4万亿人民币,如果加上香港和北部湾区域四国经济,该经济圈的GDP将在近年达10万亿人民币。如果按照OTC大宗商品市场交易数额是GDP数额3倍来算的话,该区域交易额将在30万亿人民币之上,如果按照传统市场交易费用收益是交易额的百分之一来算的话,该地区的交易收益应该在300亿元上下;如果按照第三方市场交易费用是交易额的千分之一来算的话,第三方市场的建构收益将在30亿元上下,约相当于一个年产值为 300 亿元的工业企业的利润。如果在交易费用之外加上仓储调运、信用担保、登记托管和 IT 技术的关联收益，该市场建构及关联业务的收益将在 100 亿元人民币之上。

二、珠三角地区重要交易所及大宗商品市场概况与交易方式

珠三角地区成规模的交易所有 18 家，成规模的交易市场有 400 多家。我们选取两个交易所和一个交易市场为样本，分别叙述典型交易所及大宗商品市场概况及交易方式。

（一）重要交易所（塑料、粮食等）及市场交易方式

1. 广东塑料交易所有限公司（GDPE）[①]

广东塑料交易所位于广东省广州市荔湾区东沙荷景路 33 号，是于 2005 年经商务部同意、广东省政府批准成立的我国第一家塑料交易所，是广州市重点建设的大宗商品电子交易平台，并于 2006 年被评为"广东省流通龙头企业"，于 2007 年被评为"广东省高新技术企业"。交易所开展塑料原料现货电子交易，并提供塑料仓储物流、行业信息和融资担保服务。目前已登记的会员单位有 30 万个左右，2009 年交易量为 1 600 万吨，300 多万手，约占全国市场 30% 左右。

2. 广东华南粮食交易中心（以下简称 GDGRAIN）

广东华南粮食交易中心位于广州市体育东路 116 至 118 号财富广场 6 楼，是在原广东华南粮食中心批发市场的基础上进行技术升级和规模扩大建成的，是国内首创的计算机网络平台电子竞价交易系统的现代化粮食交易中心。GDGRAIN 于 2004 年 8 月建成并投入使用。2007 年，广东省政府报经国家粮食局批准，在广东华南粮食交易中心基础上成立"广州国家粮食交易中心"。

其交易系统具备场内竞价交易和网上竞价交易功能，该系统已经成为国内粮食竞价交易的标准模式，是目前全国唯一实现中央、省、市、县四级储备粮及商品粮共享的交易平台。其主要的交易组织方式为举办交易会。到 2008 年每周平均有 3 场以上交易会，年成交粮食在 200 万吨以上，合同履约率超过 99%。广东省内已有 30 多个市县的地方储备粮全部委托该交易中心公开竞价轮换。交易客户也由初期的几十家发展到 2008 年的两千多家，遍布于全国 26 个省市自治区。

[①] 本部分信息来源主要有：在广东塑料交易所有限公司与其董事长周亦丰先生和副总裁蔡红兵先生的座谈，在交易所内的调研，其提供的纸质材料和公司网站 http://www.gdpe.cn/index.shtml。

（二）重要交易市场（中大布匹市场商圈）及交易组织形式

中大布匹市场坐落于广州海珠区新港中路中山大学正门对面，从20世纪80年代末开始发展到现在，已成为全国第二大纺织品交易中心，涵盖了46个大大小小与纺织产业相关的商场，里面的商户超过1万家。而据不完全统计，该商圈每年的成交额达250亿元（从访谈中得知，这一数字严重低估了实际的交易量，原因主要在于批发市场的交易组织形式还很传统，而且我国税收征管能力也不足）。

"因为中大纺织商圈形成、发展在海珠区，也带动了海珠区周边与纺织有关的产业以及第三产业的发展。比如制衣厂，现在海珠区周边大大小小的制衣厂超过7000家。商圈中有相当一部分商户就是以这些制衣厂为经营对象的，这些制衣厂也成为布匹市场产业链的承托。可以说，中大纺织商圈形成了一个比较完整的产业链，从布匹到辅料，再到制作加工，还衍生出服装的展示展销，同时也带动周边经济的发展，如酒店、餐饮、劳动力市场、金融、银行，以及现在逐步崛起的信息产业等。"[①]

中大布匹市场的发展主要经历了四个阶段：地摊、入室经营（铁棚铺和简易商铺）、中大布匹市场商圈及现在的"全球交易中心"，成为集采购交易、国际商贸、现代物流、会展、信息咨询、技术交流、人才培训等综合配套功能于一体的面料、辅料一站式采购交易中心。

在此我们以其中中等偏上规模的江南纺织城为例，介绍并分析其市场组织形式。江南纺织城位于新港西路82号，中山大学南面，占地5.3亩，共有600个左右的铺位，现在的租金为200元每月每平方米，而且6年一次付清。

三、珠三角地区大宗商品市场专业化及后续交易所化趋势分析

（一）珠三角地区交易市场深化程度反映的零售交易集聚、批发交易、合约交易及可能的远期、标准交易

上述珠三角地区的三个案例反映了一个重要的市场结构特征，除了传统理解的切近产业链条始发端的基础原材料、匀质批量且可大宗交易的产品可形成规模性质的远期和期货交易市场，并能获得第三方市场建构收益外，那些切近产业链条终结端、和消费者关联的零售类批量交易市场也可以形成交易规模，关键是怎样建构第三方市场，或者获得交易所市场建构者的收益呢？

[①] 海珠区政协社会法制文史委："中大布匹市场的形成与发展"，http://www.gzzxws.gov.cn/gzws/gzws/ml/69/200902/t20090206_11348.htm。

这不是市场向我们提出的传统挑战,而是建立新型市场的挑战。当基础原材料市场等传统交易市场被上期所、大商所和郑商所独有,珠三角地区切近消费者的大宗交易市场不被其传统制度设计所兼容的时候,这些巨型的规模性市场走出了自己独特的拓展路线。基础原材料经过粗加工或者精加工后,比如棉花(传统远期和期货产品)经过精纺和染色,变成化纤坯布和辅料时,其后续交易仍然具有大宗批量性质,但由于切近消费市场,季节性和时尚性强,某种颜色和型号的色布要求在很短时间内批量生产完成,在特定时间点上生产周期越短越好。因为过了春夏交接期,某种流行面料又变了。这个时候,风险不是以人力和土地生产棉花的病虫害和天气变化在自然年周期中的不确定性,而是消费者时尚性偏好要求在短时间拥有巨量织布能力,但单元坯布供给商自己拥有产能不经济而需要租赁产能的风险:事先的产能合同过量将会带来订货不足而违约的风险;事先的产能合同欠量将会带来订货超过预设产能而损失客户的风险。

大广州地区纺织坯布和辅料市场的做法是,在租赁产能的同时,以"赌布"市场来压低风险。当某家签订部分产能合约的企业在等待订货的闲置间隙自行生产认为将要畅销的坯布时,存在一个猜中的概率。这时,价格可能翻番;反之,甩卖处理。这种"赌博"形式的坯布生产(赌布)的合理性在于只要二者合起来的期望收益大于甩卖损失就是划算的。

显然,当批量交易向消费市场逼近,压低不确定性的风险控制不是拥有锁定价格的原材料而是拥有锁定产能的单元时间。这个时候,交易的标的物不再是实物而是"能力"了,计量的单位不再是吨位而是时间了。问题在于,衡量某个单元产能的时间得失还能以价格指数做参照吗?如果不能,谁来提供度量信息?这是一种我们没有碰到过的制度安排。产能可以交易吗?"赌布"市场与产能市场是什么关系?当价格不再是衡量标准时,合约的支付和交易方式应该怎样设计呢?远期合约和标准交易还适用吗?

(二) 珠三角地区交易规模和衍生交易规模估计及会员规模估计

珠三角地区的专业化生产已经不是20世纪70年代日本和东南亚小尺度经济体不影响世界份额巨量变化的生产,而是大尺度经济影响世界份额的生产。我们估计,珠三角地区的专业化交易市场占中国同类市场的30%左右,占世界同类市场的10%左右。

由于批量交易切近消费市场,产品和亚品种种类繁多,交易频率绵密,之前100—200家中介商就可以辅导散户交易者整体,从而支持整个市场的情况已一去不返,现在往往一个市场中就有几千甚至上万个中介商。比如,浙江绍兴柯桥纺织品市场一家就有7 000家中介商,而大广州地区的几家市场约有25 000家左右的中介商。这些商户中介资质的认定、培训、信用升级、担保交易和风险处置与传统的远期市场截然不同。建立联盟性质的交易所,中介资质本身的担保和风险处置本身就是一个巨大的收益集合。

(三) 珠三角地区交易所群整合及联盟会员交易网的最优设计形式猜测

我们认为,从自然原材料市场,经过勘探、采选和冶炼三行业形成的基础原材料,如石油和钢铁等,由于产品的匀质性和需求量天然成规模,很容易形成标准化合约交易。这是传统远期实点交易和期货交易所交易的根源。

但是,随着由压延锻铸向切削旋镗和纺织染裁等产业链条下游延伸,越靠近消费者最终产品,产品的匀质化程度越低,信息孤岛越多,交易中介越多,专业化市场越多,最终达成各种各样的零售专业市场和商店。珠三角地区的大宗商品市场即属于后一类。

然而,由于为世界而生产,许多细分市场在珠三角地区也具有和大宗原材料市场一样的交易规模。所不同的是,专业化交易市场成群并不断细分。唯一的不同是,这些交易市场的信息处理收益远比传统远期和期货交易所要复杂得多。在这里,除了传统第三方市场——专业化交易所收益外,还存在巨量的信息处理收益,比如担保,信托、认证等。这一类业务在传统期货交易所的成分要小得多。

因而,我们认为,如果鼓励细分市场上的第三方交易所成立,建立交易所联盟制度,即在不挤出细分交易所业务的条件下,将其更根本的产能交易、"赌布"类交易一般化,在联盟的第三方市场——联盟市场上销售,同时为其提供信托和担保服务。这更像是一个飞机场和航空公司形成的"场—网"市场。每个细分市场上的联盟交易所就好像一个个航空公司,平时经营自己的特种业务,在联盟的机场里加油和起落。虽然需要进一步的设计和研究,但是珠三角地区交易所群整合的最优形式应该是联盟会员交易网的形式。

(四) 大宗商品市场专业化后交易所化对未来资本市场的影响

靠近消费者产品一端的细分市场在珠三角地区出现大宗交易化,并且向第三方市场转化,是一个在21世纪的中国才频频出现且密集于一个地区的现象。长期以来,资本市场的发展都是以发达经济的实践累积为制度设计和进步的源头,中国为世界生产且能够在世界规模上生产,使得一部分在世界其他地方生产时不可能出现的大宗化交易出现了,并且使得大宗化交易市场出现成群集聚的现象。我们认为这是中国的特色。

如果能够将大宗商品专业化市场的第三方市场化加以引导,以联盟交易所的形式加以整合创新,让细分的联盟所更多地从事远期交易,而联盟公共平台本身——联盟所的交易所——交易产能类、"赌布"类新型产品,而且更多地是以登记托管、延伸担保、"三方回购"、资质认证、信用增级、受信委托、数据处理、指数形成、预测发布等来形成新的市场构造成分,则可能使大广州地区成为区别于现存人类资本市场的明日形式。

斯蒂格利茨[①]：政府失灵与市场失灵
——关于规制的原理[*]

关于(对市场的)规制(regulation)究竟会降低市场效率,还是会同时提高市场的效率与公平的争论,是当前最具有争议的热门话题。很有趣的是,在经济走向减速(假如还不算是衰退)、两百多万美国人可能失去住房(除非政府介入)之时,愈益强大的共识却是:我们需要政府的干预！马都跑光了,才想到去关圈门——政府的确是这样回应的:让美联储加强了某些规制。如果我们承认,更好的规制也许能预防或者哪怕是减轻当前的经济下滑,那么美国甚至整个世界,恐怕都是在为一个失败的规制支付高昂的代价。相应的社会代价绝不会比经济代价小——成千上万的美国人不仅会失去住房,还将会失去他们一生的储蓄。长期以来,拥有住房被认为是加强社区的条件,因此当自住房主的比例下降时,社区也会因此而受损。大量被收回的抵押权还会推动住宅价格跳水,同时进一步缩小财产税课征的基础——这些都将进一步拷问规制的失败。

当厄普敦·辛克莱尔的小说《丛林》描述美国仓库后院里可怕的卫生条件时,许多美国人都不想吃肉了,因此美国的肉类包装行业请求颁布官方食品安全条例,借以恢复信心。当安然全球公司丑闻销蚀了美国金融市场的信心时,又一次出现了对监管的强烈要求,因为非如此就不能重建信心。至于《萨班斯-奥克斯莱法案》(Sarbanes-Oxley Act,2002)是否走得太远或者还不够远,对此的争论还会持续,但是至少在许多美国人看来,这对于重建美国市场的信心必不可少,对这一点并无争议,因为丑闻已经涉及所有的会计师事务所、大多数大型投资银行和其下许多领

[①] 斯蒂格利茨,2001年诺贝尔经济学奖获得者。曾任克林顿政府经济顾问、世界银行副行长和首席经济学家,美国哥伦比亚大学教授,哥伦比亚大学"思考全球委员会"主席,曼彻斯特大学布鲁克斯全球贫困研究所负责人。

[*] 曹和平:《中国产权市场发展报告(2008—2009)》,社会科学文献出版社2009年版,第44—70页。本文与顾秀林合译。

军大公司了。

今天,美国的空气和水比过去更清洁,美国人寿命更长,这是因为有了环境规则。没有食品安全和环境保护规则的世界,在今天已经无法想象了。对此还会发生的争论,只会是保护是否过度,或者是否能够花费更小的代价得到我们希望的结果。

本文将概述支撑现代规制理论的那些原则。下面的第一节提出规制的基本原理——为何这是必不可少的;第二节讨论规制应当和必须采取的形式;第三节介绍规制的各种手段;第四节把规制运用到三个在当前最受关注的领域:① 主权财富基金,② 金融市场规制,③ 有关温室气体的环境规则。

一、一般规制理论

通用的理论起始于简单的问题:为何必须有规制?这个问题可分为两个相关的子问题:为何市场本身不足以自我规制?如果政府干预是必需的,为何要采取规制的形式?

(一)为何市场本身不足以自我规制

市场失灵的惯例 亚当·斯密提出(而且人们都这样相信),市场自己可以达到有效。[1] 阿罗和德布鲁证明这个观点正确(即帕累托有效:无人能够以伤害他人为代价来改善自己的处境)和使它正确所需要的条件(完全竞争,没有外部性,不存在公共品)。[2] 随后格林瓦尔德和斯蒂格利茨证明,只要信息或者市场不充分或不完善——其实永远都是如此——那么市场就不是帕累托有效的(哪怕只是有条件地有效)。[3] 因此,市场自己会达到有效这个说法,在今天其实是没有理论支持的:因为无人相信使得市场真正有效的那些条件会成立。

自由市场的支持者拿它(市场有效)当作信仰,他们相信无效现象只是小规模的(尽管没有人指出过这一点如何能够证明);然而在更多的时候,自由市场的鼓吹者相信市场有效,是因为他们认为政府为了纠正市场失灵而进行的干预在总体上把事情弄得更糟。确实有证据表明,有的政府法规设计得很糟糕,然而失了控的市场所带来的灾难,至少提供了一个让大家看得见的确凿证明:有一些规制是我们

---

[1] 事实上,他的分析远比现代自由市场经济学家让人相信的那种说法微妙得多。

[2] Arrow, K. J. (1951). "An Extension of the Basic Theorems of Classical Welfare Economics", in J. Neyman, ed., *Proceedings of the Second Berkeley Symposium on Mathematical Statistics and Probability*. University of California Press, Berkeley and Los Angeles: 507—532. Gerard Debreu (1959). *The Theory of Value*. Yale University Press.

[3] Bruce C. Greenwald, Joseph E. Stiglitz(1986). "Externalities in Economies with Imperfect Information and Incomplete Markets", *The Quarterly Journal of Economics*, Volume 101, Issue 2:229—264.

所希求的。①

有的自由市场的鼓吹者诉诸科斯的猜想(有时候被称为科斯定理):即使存在着外部性,人们还是可以进行讨价还价并达到一个"有效"的结果,只要产权有明确的界定。可是这个说法在信息不完善的时候(即考虑到个人对于外部成本的评价时),或者存在交易成本的时候,就是不能成立的;而信息总是不完善的,交易成本也总是存在的。事实上,正是支持规制的权威观点认为,规制可以降低交易成本。

科斯的观点还有另外一个版本:受到损害的一方应当(而且有权)起诉加害的一方;如果有一个好的民事诉讼体制[包括(多人)共同诉讼],个人就会有相应的激励去提起诉讼。有趣的是,保守派(例如在布什政府中的那些人)既支持放松规制,又主张减少损害赔偿。他们提出的主张有时候能够有效地击败现行的法律;他们认为在现行的法规中,在许多领域允许了"过度的"偿付,即提供了过度的诉讼激励,当然同时在其他领域中又存在诉讼的激励不足[如果没有(多人)共同诉讼,交易成本高得使任何损害赔偿都不可能实现]。

更一般的情况是,把总体的损害(分散)赔偿到个人的数量,也许不足以提供恰当的激励;把这两个方面放在一起时,激励通常不能达到最优化。更有甚者,在许多情况下,货币形式的激励并不存在:有孩子死于铅中毒的家庭是无法用钱来赔偿的,事后的赔偿是不够的,我们必须在事发之前就制止那些坏事(如果能够做到的话)。

我们现在认识到,市场机制的其他形式也是不够的——声望的机制有助于但仍不足以保证效率。

规制对解决市场失灵有重要作用。对于以下几类市场失灵,我认为需要给予特别的注意。我们设计过一些规则以缩小外部性的范围。这里包括了(土地)区划的约束和环境法规。我们有维护竞争的法规(限制反竞争的行动),还有确保天然垄断者不滥用垄断身份的法规(公用事业法规)。我们也有大量保护消费者的法规(保证消费者存钱的银行是健全的,食品和用品是安全的,保证消费者不被肆无忌惮的商家、广告或者放贷者任意利用)。在其他几种情形中,信息发布非常重要,但是对法规的要求比信息发布更重要,原因将在下面说明。

下面两类我要加以说明的问题都是同信息有关的问题。私营部门的合约常常具有一个"规制"结构:一个承保火险的机构会要求投保者安装(草坪)洒水设备。有时候保险公司会利用价格机制:为安装了洒水设备的投保者保费打折扣,有些时

---

① 许多经济学家戴上政治学家的帽子,他们说政治程序天生就是无效率的。但是天下没有一个不可避免的"政府失灵"必然比"市场失灵"更坏的一般性定理,也不存在有说服力的"反事实"分析,用来对比不存在规制的世界和现存的这个制度。除此之外,在金融市场上,被管制的部门(银行业)总是发生问题的源泉。事实是,被管制的部门和无管制的部门之间的交往关系,开启了钻营管制的机会之门,并对管制者提出了一整套特殊的挑战。

候他们根本不为不安装洒水器的家庭承保。许多政府法规也具有类似的动机:政府要承担一些风险,而为了减轻承担风险的成本,政府要规定一些条件;政府提供对洪水和地震的保险(在某些情形中比较明确,另一些情形中不那么明确——如果地震发生,政府不能推托对任何一个人的救助之责),但是住房建造必须达标以减轻可能的损失。由于存在道德风险——或者正是因为无法预知风险的确切量级——个人的作为就不够了。①

第二类是关于许可/证书的。肉类食品包装厂想要允许营业的证书,证明它们的产品是安全和人道的。它们也知道,唯一可信的证书是政府颁发的,如果它们向证明人付钱以取得证书,其中就会包含利益冲突问题。

最近在会计和评级行业发生的麻烦,突出地表明了私人发放许可/证书的问题。安然丑闻表明的是:会计公司的激励被扭曲了;《萨班斯-奥克斯利法案》在这方面做出了改进,但是并没有解决问题。② 同样,当评级机构收取了金融机构的钱去评定由那些机构自己创造出来的极其复杂的产品时,给高风险产品一个 AAA 评级就不足为怪了。

信息是一种公共品。③ 每一个人都希望确认,如果他把钱存入了一家银行,当他日后想取钱的时候,那家银行还在老地方。政府的银行法规部分地是一种鉴定/许可:政府规定了一些必须满足的标准——还要检查银行是否执行那些标准。政府当然也可以到此为止,允许私人的钱存入没有被"鉴定"过的银行(在某种意义上确实是这样的:政府容忍了许多没有被"鉴定"的金融机构存在)。但是政府所做的不止于此:除非满足了规定的条件,政府不会允许银行开业。这样做的原因部分在于,政府很明白,如果有银行倒闭,政府必须花钱去救助。有个老谋深算的人这样说过:"天下有两种政府,一种明白自己(为存款人)提供了(银行)储蓄保险,另一种是提供了这种保险却浑然不知。"④这就是说,为了减轻道德风险问题,对于银行的限制是必须实施的。

(二) 非理性:政府干预为何要采取规制的形式

从帕累托有效所必需的标准假设出发,通过市场的失灵讨论为何需要规制——这只是至少三个问题中的一个(第一个基本原理)。第二点主要考虑市场

---

① 见下面的讨论。
② Joseph E. Stiglitz(2003). *The Roaring Nineties*. New York W. W. Norton & Company Inc.
③ 这是我将要讨论的一个专题。我们已经讨论了激励问题,即出售者出钱买鉴定的问题。在多数情况下,为一个购买者付钱做鉴定的状况设计一个制度是非常困难的;观看那些购买信息者的行为的他人会乘机搭便车。
④ 有人认为,存款保险造成了一种道德风险问题——存款人会降低对于他存钱的那家银行信誉的关注。但是,因为信息是公共品,每一个人都收集并且处理信息是无效率的。而且他们基本上做不到这一点。如果他们做这件事,他们就没有时间去挣钱并存入这家银行了。他们可以购买相应的服务(信贷评级机构),但是他们很了解这些市场上会发生的市场失灵。

非理性。通常的竞争—均衡模型假定个人是理性的；这个模型解释了为何理性的个人(家庭)在竞争的市场上同利润(价值)最大化的企业竞争,不一定达到帕累托有效的配置。但是个人不一定是理性的,他可能会常规性地偏离理性。个人可能需要得到救助(社会更是如此)。市场会被非理性的繁荣和非理性的悲观所累；个人可能无力为退休后的生活所需进行储蓄。

在最近关于行为经济学所作的研究以前,经济学家总是对这些关于政府干预的家长式辩论侧目而视。为什么要预设政府比个人更理性,或者拥有更好的信息？我们中有谁可以规定自己关于理性的信仰应该就是大家的信仰？对此问题的一个部分的回答存在于市场失灵的古典理论中:如果个人行为只伤害到他自己,政府就不必干预他。然而个人行为可能对他人产生不利影响(这就是外部性)。规制可能会降低这些负面作用的发生和后果(如果负面事件确实发生的话)。

有一类外部性发生在民主社会里。社会在看到有人挨饿的时候不能袖手旁观,即使这是个人自己的错误所导致,比如储蓄不足。社会将救助这些个人(或者救助一个"太大所以不能倒闭"的银行)。知道了这一点的个人就具有了少储蓄的激励(银行就承担了过多的风险)。知道了这一点,所以政府应该实施规制以确保个人储蓄足够多(银行不去过分冒险)。

但是新的行为经济学用了一个新的视角来看待这些事件:假如一个人被迫按照某种规定行事,或者被迫不去做别的一些事情,他也许会在某种意义上改善处境:一个潜在的酗酒者或者潜在的吸毒者知道,他有可能被引诱喝酒吸毒并且上瘾。他事先就知道他会后悔,并且一旦上了瘾,他将无法改变自己的行为。于是他希望政府(或者别人)让上瘾这件事无法发生,至少也要不太容易发生。(但是由于存在烟草公司这样的以制造成瘾获利的厂家,情况变得更坏；它的产品成瘾的性质提高,会降低需求方面的弹性、提高盈利性。)

同样,个人可能知道他很容易被说服不去储蓄,也可能被说服去储蓄很多,这取决于他的雇主选择把工资中多大的比例(作为养老金)存起来。他们相应的想法就是,希望政府强迫那个厂家对所选的储蓄率做出一种分析,说明这样的比例就可以使他们以后的退休生活足够舒适,而又不过分影响当前的消费水平。

在传统的福利经济学范式之内,对这样的规制做一个正式的福利分析是很困难的:我们应该采用什么标准来评价这个政策干预,是人们的事前效用预期[也许他们有一个错误的想法,例如关于他们的(储蓄)行为可导致的后果],还是事后实现了的(平均)效用？

(三) 分配的正当性

第三类问题是关于政府干预的合理性。对于市场经济可以说的最好的话是:它生产出有效的结果；至于它是否产生(可以被看作)社会公正的结果,我们没有任何预设。规制可以是达到分配目标的一个重要工具,特别是政府预算紧张之时

(或者有其他行政约束时)。美国社区再投资法(CRA)规定的借贷额度和对强制性医疗保险的规定,可能是美国政府无力采取他种办法时的一种帮助贫穷者的有效途径。①

二、规制:相比其他形式的干预

对于规制的批评认为,规制的目标可以以较低的代价通过"基于市场的"干预达到,即征税和补贴。如果吸烟导致了外部性,就对烟草征税。如果温室气体造成了全球变暖,就对排放温室气体征税。价格干预应该受到赞扬:通用而又简单,交易成本低廉。不过在过去四分之一世纪中进行的研究,揭示了一系列(对于干预的)重要的约束。无论如何,决定了市场不能自动导致(有条件的)帕累托有效的那些条件自身(例如不完善的和不对称的信息),同时也决定了价格干预本身不可能纠正市场之不足。②

最重要的一点是,在不完善的信息和不完全的合约存在时,最佳激励机制通常是高度非线性的(它们不采取价格干预的形式),甚至会形成约束(例如定量配给和中断—断供)。③

在某种意义上,多数规制可以用(通常是简单的)非线性定价范围来重现,但是这样一个私营或者公共部门的定价方案是很难达到接近最优激励方案的复杂性的。一份规制计划是否比简化的非线性定价方案更好,或者更差,是很难确知的。无论如何,用理论来解释的时候,规制方案和(非线性的)价格体系之间的差别,只是语义上的差别而已。

文献中当然有很多作比较用的极端事例:一个纯粹的价格体系,或者一个单纯的数量(规制)体系。但是其实很少有理由需要诉诸极端情景;在许多实例中,标准公式其实是(同真实情景)完全不相关的。

价格与数量 然而,许多文献是偏向于这些极端情景的。④ 例如有一种观点

---

① 经济学家通常说一个帕累托改进可以通过课税和补贴穷人的医疗保险而实现。但是在税收中存在无谓损失,而且确认补贴项目也是很难的事情。这里我们考虑的是政府干预的合理性问题。我们在后面将更详细地讨论各种干预的优缺点。

② 对于这个观点的更详细的讨论,特别是关系到管制天然垄断者,参见 Joseph E. Stiglitz, D. Sappington(1987). "Information and Regulation", in E. Bailey ed., *Public Regulation*. London: MIT Press:3—43。

③ 下面的讨论大体上是从委托—代理问题的视角来分析管制问题。基本的问题是:管制者对于被管制的企业只有不完善的信息,例如成本和行为。管制者可以通过控制或者改变激励来影响行为,他控制或者影响的是可以观察到的事情,可以包括程序(厂家生产什么、如何生产),他可能排除了一些行动,而又强制另一些行动,例如补贴某些投入品和产品、对另一些征税,等等。改变现有信息,显然会影响委托—代理问题的性质,包括最佳激励结构。在这里考虑的许多问题都可以看作不同层次上的委托—代理问题;管制者最终关注的是消费者的福利状态,但是他同时试图直接地影响企业行为,以及通过社会上其他的经济人(消费者、投资者)间接地影响企业的行为。

④ 显然有一些行为方式不会轻易服从价格干预,例如反竞争行为,尽管罚款和其他惩罚是激励机制的重要部分,可以引导企业不要摆出反竞争的姿态。

认为,根据(施加于需求和供给曲线的)震动的性质,数量干预(规制)可能会导致一个比价格干预更高水平的预期效用。①

设想一个温室气体问题。有人提出这是一个偏爱数量规制方式的经典实例。在价格干预下,温室气体排放是不确定的,因为供给曲线或需求曲线的任何移动,都将意味着我们的排放水平要比希望的水平更多或者更少。

但是这些观点没有什么说服力:与全球变暖有关的,是大气中温室气体的浓度,重要的并不是在任何特定的一年中排放的总量有多少,而且实际上在排放水平同大气中温室气体浓度变动之间的关系中、温室气体浓度变动同实际的气候变化之间的关系中,仍然有不确定的因素存在。无论如何,准许的排放量在今后肯定是要调整的。采用价格手段(征收排污税),也需要进行调整,不确定性因素也多了一个:税收与排放量之间的关系。调整是随着时间推移比较缓慢地进行的,在我们关注的变量中新增的风险非常小,如温室气体浓度,还有气候的变化。

也许在有的情景中,规制比价格干预更好。如果进口函数变动性很高,而国内需求和供给条件不变,那么把关税设定在较高水平上会导致价格、国内产出和生产的高变动性,而规定一个配给限额,则会消除昂贵的"进口风险"成本来源。在这里关税化(把配给限额改为关税)就可能不导致福利增进。②

一般而言,当信息不完善(合约不完整)时,采用一套复杂的同时有利于(标准化了的)激励和约束的"控制"是最佳选择。

三、规制的手段

规制可以有多种形式:信息要求,禁止(企业不可为之事),或者强制执行(企业必须做的事)。

信息披露　近期的讨论对于信息的索求是有利的。有谁能够反对更加透明或者更好的信息?(对冲基金和它们在财政部的代言人,实际上反对过信息透明:他们对信息投入的资金要求有投资回报,所以如果它们披露自己的所作所为,它们的那些资产就算是白白奉送了。上述人物中的某几位现在要求主权财富基金信息透明,尽管后者在搜寻和研究中也投入了大量资金。)

市场力量并不必然导致完全的(或者有效的)信息披露,因此提出信息披露的要求和规定是有充分理由的。当信息扭曲或者不完善的时候,市场无法正常运行,因此导致信息改善的规则能够(在总体上)导向更有效的资源配置。

不过信息披露设计的要点,经常会引出超过预想的更复杂的事件。产品中一

---

① 特别参见 Weitzman, M. (1974). "Prices vs. Quantities", *Review of Economics Studies* 41:477—491。
② Dasgupta, P. and J. E. Stiglitz(1977). "Tariffs Versus Quotas as Revenue Raising Devices Under Uncertainty", *American Economic Review*, 67(5), December: 975—981。

个化学物质的披露,可以被解释为带来危险的初步证据,虽然也许并没有科学的证据证明这一点。披露可以采取一个不动声色的方式,不去"警示—忽悠"在场的消费者(借助好奇心等)介入风险。香烟包装上的广告因此必须受到严格控制。所有的投资意向书都会提及大量的风险,包括投资者会面临的风险。这是完全的披露,然而却不一定有助于区分风险的层次。

披露关于股票选择、稀释股票价值的信息时,通常仍然不公布对于大多数持股人来说重要的那些信息,所以也是一种无效的方式。那些公司(以及和它们一起工作的公司)一直在大力游说国会反对信息披露的规定,迄今为止相当成功。关于如何计算股价稀释有许多技术细节,然而毫无疑问的是,把那个价值归零肯定是不正确的。

披露潜在的利益冲突、所有权或者薪酬,可能有助于市场的参与者"解读"他人的行为。例如,知晓推销员出售一种产品的佣金高于出售另一种产品,可以帮助别人了解他对这种产品的评价更高;知晓分析人员的薪酬同预计的股票涨落表现无关,而同他们进行的投资交易有关,可以帮助人们看清他们的预计是否可信;如果知道了那些CEO的薪酬原来是基于"报告"的收益,我们对于那些报告的可信度的判断就会改变;当我们知道了对冲基金经理的薪酬构成以后,我们应当达到这样一种预期:他们必然会卷入过度的风险投机。

对信息披露的规定似乎不比其他规定更加具有干预性,例如我们在下面将要讨论的规定的约束性和强制性,不过一点应该是很清楚的,即在许多领域中,信息披露自身并不能完全解决前面讨论的市场失灵问题。这部分应归因于市场的参与者并不知道如何充分理解他们得到的信息,部分是因为即使参与者知晓企业的所为,企业仍然不会改变恶习。公众可以对污染空气并被曝光的企业施压——信息披露显示过一定的监督作用,但是有些企业还是继续过度排放和污染。还有这样一些企业,即使信息是(潜在)具备的,它们仍然不怕冒险去利用未得到信息的那些个人,例如生产不安全的产品。这就是规制必须有约束和强制的原因。

约束 最直接的约束是对行为的禁止:不允许企业串通起来操纵价格,或者介入他种反竞争的活动,银行不允许从事内部人借贷活动。

银行不允许内部人借款,是一个基本原则实例:人们希望银行只出借"好贷款",而不是拿优惠贷款给关系亲密的人。但是规制者不知道哪一笔是好贷款,哪一笔是坏贷款。他们只能了解何时发生了扭曲的激励。因此规制常常不是集中在行为上,而是更多地集中在会影响行为的那些因素上;防止利益的冲突(例如最近对会计公司的约束),或者保证企业拥有足够的自有财富,而不至于出现不计后果的行为①(例如对银行和航空公司自有资产的规定)。对于主权财富基金提出的要求也归于本类(见下面的讨论)。

---

① 破产意味着事实上连惧怕风险的所有者、管理者都会变得"爱"风险。

约束的特定性是一个很关键的问题。经济永远在变动中；在金融市场上更是如此。金融创新者会找到绕过一切规制的途径——他们在所谓的"规则套现"中牟取了巨大的利润。在有些州，通过了许多法律和法规（例如《马丁法案》），针对的目标很宽泛，就是因为认识到这些"反社会"目标借以达到的专门途径总是在变动。相对于有针对性的（规制）行动缺失，惩罚常是无声无息的：用罚金来剥夺非法所得，而不是判刑。处理接连发生的丑闻，即金融公司在20世纪90年代后期和21世纪初卷入的那些丑闻，这几种手段是最有用的，其中涉及的有分析人员、股票买卖、投资银行和那些首席执行官们。

　　在反托拉斯法中也有类似的事件发生。企业/厂商变得超常聪明，自己会创造减少竞争的办法。如果规制者对特定行为施加约束，垄断者会创造出新的反竞争的方法，同时又符合现行规则（但是显然违反规则的精神）。减少这类反竞争行为的唯一手段，就是改变激励、设计制度性补救方法，例如拆分企业或者限制知识产权保护的范围。①

　　强制　　强制的做法日益受到拥护，因为这样不必花钱就能达到公众目的。但是正如批评者所指出的，这些常常是隐蔽的课税/支出项目，但是又很难评估税额，而且税收/支出项目如果是隐形的，通常也是无效率和不公正的。有几位（大选的）候选人正在提倡强制的医疗保险，提倡所有的企业都要为雇员买医保的规定。

　　还有一些强制的措施会被看作回应复杂社会问题的（包括外部性在内）有效方式。可以证明社区信贷法案（CRA）扩大了少数族裔获得金融资源的途径，也有许多银行声称，在支付过了初次进入市场的成本之后，它们得到的回报同其他地方的一样高。颁发开办银行的许可是一项具有市场价值的特权。政府并不是将银行执照出售给出价最高的竞价者（这样做不见得是找到最好的银行家的最佳途径）。② 因此社会从事的其实是某种实物交换：权力（例如接近美联储的优惠窗口）同责任（例如在被银行忽略的社区中发放信贷）相交换。这类交换作为区域规划的一部分——限制土地的使用，正在变得特别普遍。缺少透明度令人烦恼，但是又部分地被它经常表现出来的效率抵消，特别是当预算约束显现的时候。

　　所有权约束　　上一小节已经描述过信息披露规则（发布企业不一定想公开的信息）如何约束某些行动，强制实行另外一些行动。不过，我们要走得比"行动"更远才行，因为通常无法很容易地观察行动；我们观察行动，或者行动的结果，都有一个时间差。因此，我们不仅限制反竞争的行动，还拆分垄断者，因为我们相信它们的反竞争行动是无法制止的。在拆分AT&T之前，曾经有过阻止它反竞争行动的

---

① Joseph E. Stiglitz, Jason Furman (2002). Declaration of Joseph E. Stiglitz and Jason Furman, Before the United States Department of Justice, United States of America v. Microsoft Corporation (Civil Action No. 98—1232 CKK) and State of New York v. Microsoft Corporation (Civil Action No. 98—1233 CKK), January 28.

② 这是逆向选择的一个标准化了的问题。参见 J. E. Stiglitz and A. Weiss(1981). "Credit Rationing in Markets with Imperfect Information", *American Economic Review*, 71(3), June:393—410。

尝试,不过这些努力是不成功的,它就被拆分了。微软没有被拆分,但是即使它自己同意不再继续反竞争的行动,谁也无法约束它利用自身的垄断力量。这是可以预见的,并且被预见到了改变激励机制(即拆分微软)方面的失败。

银行的所有者不可以向自己放贷。这是因为它们的动机可能是错误的:它们获利,而风险却置于政府身上(政府是储蓄的保险者)。即使不考虑这里的动机扭曲,它们自身的判断也可能是扭曲的——它们会相信自己的风险小于事实上的风险。

1933年的《格拉斯-斯蒂格尔法案》限制了商业银行拥有投资银行,或者投资银行拥有商业银行,同样是因为这里有潜在的利益冲突。当20世纪90年代讨论废止这个法案时,支持废止法案的一方说,不用担心,它们会建设起一座中国长城。但是个说法提出了一个问题:如果这样的城墙真的建造起来了,那么"范围经济"在哪里? 那才是取消限制的理由所在。最后,银行的院外游说行动(毫无疑问还有财政部和金融市场的联盟)成功,该法案被废止。关于利益冲突的担忧是有道理的,随后发生的安然—世通丑闻,证明的就是这一点。

如果一家出售血液的公司是非营利性机构,我们听说了感觉还比较好;如果它是一家利润最大化企业,它想要把成本最小化,在这样做的时候它会从一些走投无路的不健康的病人那里收买血液,而且那些疾病是查不出来的。① 许多政府限制自己的公民拥有某些关键行业的资产(例如航空业)。一些政府认识到,在一些领域中是无法避免利益冲突的:私人所有者与公众的利益之间有冲突——这和亚当·斯密的想法正好相反。私营企业的愿望是把支付给公共土地上的自然资源的代价最小化,政府希望的是最大化来自这里的收益。这两种利益是直接对立的。在一个为了资源而永不停息地竞争的世界里,如果信息是完善的,这两种利益还可共处,并且资源出售的方式也必须是完全恰当的。不过采矿业和石油业的利益将会不遗余力地制止这种情景出现。在这种情况下,公共财产权可能正是我们所需要的。以规制手段试图让私人所有者为公众利益而行动可能是不够的。事实上,社会目标通常情况下只有在非常严格的假定之下——类似那些保证竞争性市场有效所必需的假设,才有可能通过私有化实现。②

美国经济顾问委员会反对把美国铀公司(USEC)私有化,这是一家政府企业,负责提纯铀矿(低纯度铀是核电站的燃料,高纯度铀是制造核武器的原料)。我们相信私人出售提纯铀的激励(以及从俄罗斯进口废弃核弹头——得到原料、降低浓度加以使用的动机)不符合不扩散核武器的国家利益,同时我们也无法充分监督公

---

① Titmuss R. M. (1997). *The Gift Relationship: From Human Blood to Social Policy*. New York: New Press. Schwartz, Joel(1999). "Blood and Altruism—Richard M. Titmuss' Criticism on the Commercialization of Blood", *The Public Interest*, June 22.

② Sappington, D. E. M. and Stiglitz, J. E. (1987). "Privatization, Information and Incentives", *Journal of Policy Analysis and Management* 6(4): 567—582.

司的行动。支持私有化 USEC 的人却相信(其中有一位现在竟然反过来为主权财富基金感到忧虑)我们能够做到这些。最终这些忧虑被证明是完全有根据的。①

在大多数情况下,我们并不对财产的拥有设限,这部分是由于我们通常并不掌握关于所有权的信息——有人担忧这种信息会侵犯个人的隐私权。我们并不知道谁拥有那些对冲基金和私有资产的企业,在事实上,面对许多在海外注册的公司,弄明白谁是最终受益的所有者可能不是很容易做到的。我们还有另一个不对私产设限的理由:所有权会警醒我们关注日益增长的、有悖于社会利益的那些行为风险,而任何地方只要存在这种行为,无论激励为何,都是必须设限的。

规制的操作　正如我们已经注意到的那样,规制(无论是约束还是强制)有时候可以看作隐蔽的课税/支出一类项目。濒危物种法案可以看作要求私有财产的所有者提供公共品——保护濒危物种。该法案通过之时,它所代表的是财产权的一个改变。今天关于废止该法案的行动,或者考虑对财产的使用受到影响的人们提供补偿,将代表对财产权的一个新的肯定。

所有的规制都会影响到财产的价值(正如政府所做的所有其他事情,例如修路)。可以想见,规制行动让企业做的是它本来不做的事情,意味着(通常)这样会降低利润。② 当财产价值增长时,无人会想起把增值部分还给政府,而且从资产受益的那些人还会大力游说政府降低税收。而一当财产价值降低时,许多人都想得到赔偿。"实施规制"会发生赔偿,在一个有严重的预算约束的世界里,赔偿会约束规制。的确,这就是许多人在规制实施中的意图。这不仅关系到公平(即公平地赔偿损失),还有效率(即确保只把效益超过代价的规制付诸实施)。法院再三驳回的一种观点,就是承受了规制就要赔偿,只有少数的例外,在立法那里也是如此。一个可能的重要例外是北美自由贸易协定(NAFTA)的第 11 条,它是否是例外还有争议,然而其后关于投资协议的措辞被改写了,因为人们担忧他们不希望看到的事情是有可能发生的。③

关于接受规制的讨论反映出来的是实施规制的复杂性。经济学家有时候试图区分濒危物种保护法与区划限制,前者要求私人提供公共品,后者的目的是防止工厂向临近居民施加负的外部性。这里涉及分配的性质(以及谁承担这些后果),这同样取决于规制在何种程度上被理解和接受。④

法律与规则　通常认为规制是环境、安全、银行、公用事业领域中的事情,其实

---

① 可参见 Joseph E. Stiglitz(2002). *Globalization and Its Discontents.* New York: W. W. Norton & Company Inc。

② 也有一些重要的例外:某些管制是针对公司经理的,目的是防止他们以伤害持股人的利益为代价实现自利。

③ 有关法律和经济方面更详尽的讨论,参见 Stiglitz, Joseph E. (2007). "Regulating Multinational Corporations: Towards Principles of Cross-Border Legal Frameworks in a Globalized World Balancing Rights with Responsibilities", *American University International Law Review* 23, No. 3: 451—558。

④ 在这个争论的背后是关于财产权利的性质的争论,既有潜在的也有表面的。

别的方面涉及的经济行动的法律,也可以从规制的角度来审视。破产法限制双方可以写入合同的条款,但是不管合同中关于负债方违约责任的条款是如何写的,只要条款中有冲突就可适用破产法。同样公司治理法也对公司治理自身的方式进行限制。

规制程序 关于"规制"和实施领域之间的差别,其中主要的内容是有关规制被采用的程序。通常在规制的情况下,总要有授权,立法机构将规制的权力委托给相应的规制机构,假定后者具有更好的专业知识来处理复杂的技术问题。授权方关心的是民主的可信度,特别是因为规制代理人会被特殊利益者频繁掌控。[①] 但是这些关注不一定被立法机构的工作程序充分识别。规制机构将如何设计规则(如规制程序),对此如何加以规制,这些都是有关提升民主的可信度的(包括透明度),然而还是有人认为这样仍不足以达到完全有效。

有关的问题被中央银行提出,根据最新的理论,独立的央行可导致更好的运行。事实却并不太有利于此,我们可以看到,独立央行关注的是通胀,而且的确实现了较低的通胀率——如果不是这样才会真的让人感到吃惊呢——然而相比增长、就业和实际工资率方面的改善,经济上并没有发生实质性的改进,从统计上也看不出实质性更好的运行。中央银行的确有效地控制了市场上最关键的价格——利率,但是手段并非价格规制而是价格干预。对于政府是否应该控制汇率的理论有很多争论,但是非常具有讽刺意味的是,对于政府是否应该控制利率却几乎从来没有争论过(但是关于应该如何控制利率却有争论)。

对于中央银行独立性的争议,是民主可信度这个领域更加宽广的讨论的一部分。[②] 我们可以有一个独立的央行,它具有更广泛的代表性——有些国家坚持要有劳工代表(他们关注更多的是就业而非通胀),还有的国家在金融部门的代表性很少。在英国,由政府确定通胀率目标;英格兰银行的独立性表现为它自己决定如何达到这个必须达到的目标。独立性不一定意味着它们有权在不透明的状态中运行,虽然它们一直就是这样做的;英格兰银行的运行就比较透明。

政府失灵 我们注意到,不得已而发生的规制,其基础是市场经常失灵这样的事实,同时在原则上政府干预应该带来福利增进;另外,在原则上需要干预的不止是价格。对于规制有一种需要。我们还注意到,许多反对规制的人提出,这一类分析低估了政府失灵的范围。在理论上政府是否能够改进福利,的确是应该好好争论的题目。但是,实际上到底发生了什么事情呢?

---

① G. Stigler(1971). "The Theory of Economic Regulation", *Bell Journal of Economics* 2(1), Spring: 3—21. J. J. Laffont and J. Tirole(1991). "The Politics of Government Decision Making: a Theory of Regulatory Capture", *Quarterly Journal of Economics*, 106(4) November: 1089—1127. M. E. Levine and J. L. Forrence(1990). "Regulatory Capture, Public Interest, and the Public Agenda: Toward a Synthesis", *Journal of Law, Economics, and Organization* 6, April: 167—198.

② J. E. Stiglitz(1998). "Central Banking in a Democratic Society", *De Economist* (Netherlands), 146(2): 199—226(Originally presented as 1997 Tinbergen Lecture, Amsterdam, October).

任何人,只要他在最近七年中注意观察了美国政府的所作所为,都很明白政府失灵的可能性和失灵的事实。在这里有的时候是无能,有的时候是腐败;在有的地方也许很难区分这两者分别扮演的角色和比重。政府的计划是有可能被暗中破坏的。

需要分析的问题第一个就是:这些事件是不可避免的吗?第二,当事件发生的时候,有没有改正的程序?第三,是否存在难以被颠覆的规制的手段(和规制的程序)?晚近的经济学研究中有关于减轻经济失灵的后果的讨论;我们可以提出的问题是,为了降低政府失灵的可能性和后果,我们应该做些什么?

政府失灵——至少在最近几年中我们目睹的失灵的规模——不是不可避免的。的确,"重新发明政府"这个创意表明,为了改善政府的效能和代表性的协同一致的努力是有可能成功的。除此之外,在私营部门进行的某些改革对公共部门也是有用的:提高竞争力和透明度,改进激励设计,使得结果明确合理并且被用于帮助特定人群。

只要有足够的透明度和竞争,就会有纠正过程。失灵的政府将被替换,它们丢掉的是可信度和合法性。诚然,处身在政治中的人试图减少竞争(通过操纵政治),隐瞒失败(借助不透明),这同市场所为是一样的。

最后,某些规制的程序会比其他部分更多地从属于"公共失灵",而且设计出好的规制方案的艺术,部分在于识别出哪些地方不容易被卡住,哪些地方不容易被滥用。有关信息披露的观点之一就是信息不太容易被滥用,而反对实物—权力交换(用土地区划中的变动来交换公共物品)的一个观点是,信息永远不会完全透明,因此会被滥用。

采用多重的(审慎规制)的原因之一(例如对银行和在债券市场上),就是它缩小了发生问题的(被套住的)范围。这就是说,即使在规制体系中有一个部分发生了问题,不应该让其他部分也发生问题。当数年前滥用权力开始发生的时候,美国证券交易委员会(SEC)没有采取恰当的行动,幸好纽约州采取了行动(借助《马丁法案》提供的灵活性)。在某种意义上,我们的反托拉斯法框架(它的设计知晓存在着不让政府采取行动的政治压力)为反击政府失灵提供了一个模型:针对文明的和违法的两种行动,在多个联邦机构、在联邦和地方两级的多个地方进行多重的审慎规制。政府失灵的后果越大、发生的可能性越大,则这种多重的审慎规制的价值就越大。

四、应 用

在本节,我们将在三个领域中应用规制的一般性原理,这正是目前最受关注的问题。

(一) 主权财富基金:所有权是否重要

主权财富基金是用于海外投资的政府财产。石油出口国积累了成万亿的美元。它们被劝导不要花掉这些钱——而是要管理这些财产,为了对付国际价格的变动和减轻"荷兰病"而理财。当每桶石油的价格冲上 100 美元时,这些基金也大大涨价了。

其他拥有大量主权基金的是那些储蓄率很高并且依靠购入(和持有)美元来防止货币升值的发展中国家。中国拥有超过 1.3 万亿美元的外汇储备(2009 年数据——译者注)和高达 42% 的国民储蓄率。亚洲其他国家的美元储备合起来也达到万亿之巨。新加坡的长期基金(Provident Fund)是靠工人提供了 42% 的收入部分而积累起来的。直到现在这些国家才发现,持有印刷出来的美元纸币(T-bills)是一个坏的保值方法,特别是当美元价值下滑的时候。

这些基金出手救助花旗银行和美林的时候开始引起公众关注。它们持有上十亿美元规模的流动资产,可以非常快地采取行动。华尔街上谣传说,要是它们不救助那些金融机构,它们也得破产——那样的话政府就得插手救助。但是,现在股东不得不放弃他们所有权的一大块,但是整体上他们持有的所有权份额给了他们有效的控制权。有人为此感到焦虑:那么政府是否应该规制这些基金呢?

八大工业国和 IMF 要求更高的透明度。它们希望这些基金保证只是以商业为目的。挪威的高度透明的基金显然是不会招致任何反对的——即使作为股东,挪威也经常表达有关企业治理、人权、环境等方面的观点(比完全商业性所要求的更多)。

在这些姿态里面有许多天真——也有许多虚伪。无人知道谁拥有这些对冲基金。它们甚至可以被一个秘密的鳄鱼岛上的法人拥有——他才是这些主权基金的主人。那么,IMF 和八大工业国是否在要求主权基金更加隐蔽和间接地通过对冲基金来行事?某些西方金融市场同对冲基金的密切关系,使人理解到其中根本的道理:让对冲基金收取更高的酬金。不过这些还构不成公共政策的底线。[1] 对冲基金的辩护者称:我们都知道对冲基金是商业性的。我们所不知道的是主权基金的动机。它们也许有政治动机——这不符合美国的最大利益。不过如果有人为此而烦恼,这个人应当对对冲基金感到同样的烦恼:我们不知道对冲基金的主人是何人,所以我们无法知道是什么动机在驱动这些基金。

这些争论大多数是出自担忧。主权基金已经做过的事情不是让人反对的理由,它们真不是被利润最大化目标驱动的。它们将会做什么,这才是问题所在,我们需要采取预防性措施。当然,无人想禁止这些基金。如果不是它们救助了花旗

---

[1] 一位美国前财长,要求主权基金透明呼声最大的人,却反对提高对冲基金透明度的倡议。在发表这些言论时他没有披露这样一个信息:他自己在对冲基金干过。

和美林，美国的经济问题可能会变得更糟糕。今天喊声最大的是"透明度"，我们想要的是更高的透明度。

什么样的透明度在这里是有意义的？我们听到它们说它们仅仅追求商业目标就可以放心了吗？我们如何确认它们所言属实？披露资产负债表给我们的信息是什么？我们通常不要求这样做，为什么在这里要求披露？[①]

还有，所谓"握有所有权就必须追求商业目标"，在过去从来没有这样的规定。许多报纸和电视台被收购就不是为了商业目标，而是出于推进政治目标的要求。

现在可以看清楚的是，针对主权基金的这些喧哗，只不过是一个新的美国保护主义的相当透明的形式，同时也是一种从美国的失败上转移视线的手法：如果美国救了更多的银行和金融机构，如果美国的金融机构的行为稍微像样一点，就没有跟主权基金拧劲的必要了。

不过，这些争辩也达到了有益的目标，它把问题展现出来了：所有权有关系吗？多年来，IMF 和美国财政部对发展中国家说：把财产私有化吧，取消对外国的所有权的限制吧。在那些国家里有很多人为出卖国家的资产而忧虑。他们被告知：不用担心，所有者的国籍是没有关系的。甚至当一家外国政府拥有的企业来收购它们的工厂时，连一点点反对的声音都听不到。可是利益的冲突肯定是存在的，正如我们所知道的，无论所有者是本国的还是外国的，都是如此。例如，管理国家自然资源的私营企业，会追求把提交给政府的支付最小化，但是从国家利益来讲，这个支付是应该最大化的。

在反对主权财富基金的说法之下，是一个很简单的谬见。它依据这样的两个假定：一是理性的所有者会设法把他们的企业价值最大化，二是价值的最大化会导致社会福利最大化。对每一个假定都有过大量的研究，并且结论是：仅在某种约束条件下这两个假定才能成立（例如具备一系列完全的风险市场，不存在信息不对称，市场完全竞争）。有一种观点认为，竞争性市场强迫企业去最大化价值，做不到就会被收购。然而事实表明，这不是通常的情景。越来越多的事例表明，许多收购并没有导致（收购方）企业的价值增加，收购的行动似乎是由收购方 CEO 的狂妄自大推动的，他们为了满足个人欲望甚者在牺牲自己企业的价值。[②]

常规性的冲突在某些条件下永远存在，例如企业可能的行为（无论是否利润最大化）与社会的福利之间的冲突，为此我们要进行规制以约束企业的行为，例如企业污染受到规则的限制。

所有权是有意义、有作用的，我们都知道，因为它会改变行为激励，并且我们无法充分控制企业的（那些有悖于社会利益的）行为。无论所有者是一个美国人还

[①] 市场的支持者还会说，披露投资组合信息，将会把它们研究的果实变成公开信息，会削弱搜寻信息的激励，所以会降低市场的信息效率。（这些观点就是为对冲基金保持秘密状态进行辩护而提出来的。）

[②] 非经济的动机在一个市场经济中通常扮演重要角色，这个观点在这里再次得到证明。

是一个外国政府,都会有这样的情景:在这里是最大化,在另一个地方有政治上的原因。但是,如果在行为(可达)的范围中存在不利于公共利益的事情,即使动机很好的人也可能采取有害的行动:那些卷入发放次贷的人也具有普通的利润最大化动机,有些人并不是有意识地去"捕获"贷款者,仅仅是判断错误——不理解什么是风险。不管怎样,这种行为对于经济有严重后果,必须被禁止。

一句话,关于主权财富基金的争论,指出了我们规制体系的局限性。如果一个主权财富基金要收购一家铅笔厂,出自政治上的动机,决定把铅笔作为友谊的表示赠送出去,不会有人为此担忧。如果这家工厂管理不善导致破产,也不会有人担忧——反托拉斯法规定这是一家小厂,如果经济运行得好,失业的人会很快找到新的工作。如果主权基金购买了一家银行、决定不向某个国家放贷(无论是由于风险还是对方无信),经济上的后果也不会很大(虽然我们从社会的角度会不赞成歧视的做法并随之通过反歧视法律)。只要还有一个竞争的银行体系存在,哪怕它关闭了一个工厂,移至海外,到那里去增加就业,我们也不太担忧:在本国新的工作岗位可以很快创造出来。然而,如果我们关于竞争的法律和其他法规不起作用了,这时候一个主权基金拥有的工厂——或者一家私营企业——就有可能采取不利于公共利益的行动。所有权的确传递了某种信息:它会告诉我们发生这样的行动有多大的可能性。在某些情况下,这使人采取更加审慎的规制。但是只有在很少的情况下,所有权约束才是首要的问题,如前所述,规制上的疏忽如此严重,正确的行动无法及时实施,有害的行动造成的后果是无法修复的(而这些不是所有权造成的问题——译者注)。一旦要对所有权实施约束,就应当没有歧视,一律同样对待。主权基金有可能受到约束,如果是这样的话,那么对冲基金的所有权也必须受到约束,除非披露了有关对冲基金所有者的完全的、透明的信息。

(二) 金融行业规制

在克林顿主政时,我曾经重审过联邦政府的金融业规则,这是副总统戈尔的"彻底改造政府"计划的一部分。我们的目标是识别这些规则的目标,评价目标是否能以现行手段实现,而现行的方法是否是最有效的。重审的结果是,我们取消了一些规则——例如要求每一个自动柜员机都经过公证的规定,但是支持其他规则继续执行。

我们识别出政府应该进行干预的五项相互关联的理由:① 保证竞争;② 保护消费者;③ 保证金融机构和金融系统的安全和健康;④ 保证开放性,⑤ 促进宏观经济的稳定和增长。这五条包括了对效率/市场失灵和公平(没有政府干预的时候某些人群可能无法获得金融服务并且受到剥削)两方面的考虑。

保证竞争 竞争在很大程度上是司法部的责任,但是这个(金融)市场具有一些特殊的性质,需要特别的关照和非常专业化的知识。① 市场非常复杂,例如当有大量银行存在的时候,在华盛顿州向小企业发放贷款的银行仍然可能没有几家。在竞争和其他目标(例如安全和稳定)之间找到平衡,也会有非常复杂的问题需要解决。②

保护消费者 对于次贷危机的思考之一是,如果立法或者规制对于"捕获"式放贷进行了约束,这场危机应该会减轻很多。当时有人提出,放松贷款标准能够使更多的人拥有住房,但是把钱借给无力偿还的人,对于他本人显然也不是一件好事。受益者主要是那些把贷款放出去的人——要求放贷者必须(向举债人)说明"再融资"(借新债还旧债——译者注)有利于举债者这样的规定,甚至都有人反对。不过围绕这里的规则而发生的争论,也反映出规制问题的复杂性:在房价将继续上涨的假定之下,不让贫困者参与经济利益的分配,也是不公平的。当一个庞氏骗局还没有戳穿的时候,的确有人挣到钱。这在所有的金字塔骗局中都是一样的,早进早出的人就是赢家。但是政府有责任看破这些"局"——当大多数人的收入下降时,从数学上就可以证明,房价不可能继续上涨,除非资本的成本持续下降。

消费者的保护以信息披露为起点——每个人都应该知晓,例如他们的银行所支付的贷款利息率是多少。很明显,市场上有很强的反向运动的走势(力量)。保证金融体系的安全和健康——这样个人可以确知他们的钱存入银行以后还是能取出来的——保证竞争也可以被看作消费者保护的一部分。就算是有规制,银行仍然有可能失策,这就是为什么存款保险是必需的。如前所述,关于储蓄保险会导致道德风险的观点,在很大程度上(不是完全地)是误导。一个单个的人是无力审查银行账簿的,要求每个人都去查银行账目也是无效率的。存款保险的存在,提出了对银行规制更大的必要性:储蓄—贷款公司(S&L)崩溃的部分原因,是银行给的利息率太高。存款人也许知道,高利率是付给高风险贷款的,但是既然有存款保险,他们也就不必担心了。

限制高利率一直受到自由主义支持者的反对,他们提出,这样的干预会把市场上高风险的借款者拒之门外,他们可能会因此得不到贷款。但是高利率也会导致剥削贷款者的结果,特别是在非竞争市场上的信息很少的贫穷贷款者;而且当明显的或者潜在的存款保险存在时,高风险连带的高利率是有公共成本的。(高利率导致更具风险性的行为并且有逆向选择的效果。)在各种利害关系中的平衡中,从总体上看,我认为这样的利率限制是值得实行的。

安全与健康 为了保证银行系统的安全与健康而设计的规则,是上文讨论的许多规制工具的说明。我们有对所有权的一些约束——工业企业一般不可以拥有银行(在别的一些国家里可以),信誉不好的个人也不能拥有银行;我们对自有资

---

① 这个事例前面已经提及,但是对于多方面的审慎仍然有特殊的价值。
② 竞争如放大,将降低盈利率,使银行更容易受损。

本的约束——保证这些银行在事实上拥有承担风险的足够的资本,让银行不去过分承担风险,以确保银行破产的概率足够低。但是当经济下行的时候,政府经常忘记这些目标,于是就会发生注资的要求。如果没有其他可用的资源,政府通常提供的正是那些必需的资本。除非政府接收,否则(调节)动机的效果为零甚至相反。银行的原始所有者担心的仅仅是他们自己的资本,而不是银行的资本。政府的一切作为,都不过是提供在一个危机事件中它不能不提供的金钱。

对资本充足率的要求,如果是按照充分的风险调整标准设定的,可以帮助银行改正由于政府提供担保而产生的(激励)扭曲,使银行具有少冒风险的激励,由此降低银行失灵的可能性。美联储在20世纪80年代所犯的重大错误之一,就是把长期的政府债券当作安全票据,即使没有任何信贷风险,但是市场风险还是存在的。这种误解导致银行购买政府长期债券——减少贷款的发放。会计错误也在推波助澜——银行也没有被强制要求留出足够的反映价格下降的准备金。它们把它们借款的长期利率和短期利率之间的利差全部记为利润,无视这一利差本来就是对于债券价格下落的市场预期这一点。

在许多国家里,对于银行资产组合的限制是至关重要的。房地产市场的信贷投机一向是经济下滑的根本原因,一些权威规制机构的相应对策是对这种信贷设限(并且坚持了很高的抵押标准)。在泰国,人们曾经同时考虑了发展与稳定两个方面,他们曾经希望通过限制房地产信贷投机,使更多资金流向具有更高生产率的投资项目并创造更多的就业。非常具有讽刺意味的是,IMF(由美国支持的)对这种约束大加指责:如果市场的需求是建造空置的办公大楼而不是向工厂投资和创造就业(那就去盖办公大楼嘛),谁也不应该对市场进行干预!在这样的压力之下,泰国放弃了一些这样的审慎的规制,这些做法对数年后泰国的经济危机,做出了不可埋没的贡献。

仅仅专注于分类分项资产的风险,只是看到了规制银行的那些标准中包含的许多问题之一(巴赛尔协议Ⅰ);它们没有考虑到(可能发生的问题之间的)相关性。于是人们寄希望于巴赛尔协议Ⅱ,以银行自身风险的系统管理和信用评级机构的改进为中心,希望有重大改进。当前的这场危机发生之后,巴赛尔协议Ⅱ已经寿终正寝。银行的风险管理体系具有致命的错误,现在可以看得很清楚了,银行对于相互关联的风险好像一无所知,更不必说养肥富裕阶层(fat-tailed)的分配(效果)。那些信用评级机构(再一次提到它们)更糟糕,这一次我们有证据表明,它们的问题不仅是通常所说的无能:严重的激励(扭曲)同样存在于此。

对于任何规制体系来说,信息披露和会计准则都是重要的组成部分:规定银行必须把预留的自有资产(标价)放在市场上的有关规定必须认真对待,这将为存款人(以及相关者)提供有关银行资金状况的更好的信息。这个规定还能够避免负面的结果:自有资产如不标价放入市场,会诱导银行去过度承担风险。银行可以购买有风险的资产,因为知道它可以出售经营有利的(另外的)资产来构造自己的账面利润,同时持有那些发生亏损的资产。然而标价入市的做法也会发生真正的负面结果。如果市场上风行的是非理性的乐观,标价入市的做法也会导致在市场下行时银行被迫去寻找新资产注入,否则就要强迫它减记未偿贷款。规则设计中的毛病会加剧周期(振荡),放大经济波动。上文中已经提到过,在格林斯潘领导下的美联储将政府长期债券当作"安全"资产,不要求银行预留准备金,对制造1991年的衰退发挥了重大作用。

有些人长期以来一直认为,只要规定了信息披露就足够了,因为政府提供储蓄保险就造成了道德风险,存钱的人在选择银行的时候就不当心了。但是,前面已经提到过,所有的国家在事实上都为储蓄提供了保险:危机来临之时,储蓄要被"舀出来"。此外,信息本来就是公共品。让每一个人都去评估他存钱的那家银行是没有意义的,就算个人有可能做到这一点;而且,让市场来管认证/鉴定,也会发生真正的(严重的)问题。

保证开放性 这里的规则是关于反歧视的,社区再投资法案规定银行要把投资组合的某一比例用于向资金不足的社区发放信贷。① 更早期的限制跨州银行的法律,也考虑到同样的激励问题:人们担心纽约银行会把所有的储蓄都吸走,然后再把钱返回东部的"钱庄"(money centers)。(在许多发展中国家,今天也在为同样的问题担忧:外国银行更倾向于向跨国公司和大型国内公司放贷,而不情愿向中小型国内企业放贷。把银行视为信息加工、信用评估和监督的现代银行理论,可以解释这种信贷模式。)对社区再投资法案规定的规则,在保证信贷的开放性这一点上是成功的。

许多发展中国家面对的是一个更加一般性的问题:银行更倾向于向政府放贷,或者把钱存到海外去(投机以赚取资本收益),而不是向国内企业特别是规模较小的企业发放贷款。简而言之,就是银行没有承担它们应该承担的角色。对于这些问题可以设计几种政策,其中之一是改变激励,对套汇投机所得收益课征重税。政府通常拥有大量储蓄。它们可以把这些储蓄同银行的所作所为挂上钩:向中小企业放贷的银行得到较多的储蓄存款。第二项政策是关于规制的:不允许银行持有政府特许证书。如果银行愿意为政府项目提供资金,它们可以这样做,但是只能从所提供的存款服务中收取低水平的服务费。(政府也可以在私营领域中直接促进竞争。)把社区再投资法案的规定标准化,也许也会有助于此:规定一家银行向中小企业和农村地区提供贷款的最低(资金)份额。

关于贷款必须实行的某些强制规定的讨论,是想表明私营部门比一家开发银行或者一个政府机构更具有风险调整的能力,政治关联更少。在农村地区,它们(私营金融机构)是能够找到有能力的借款人的。那些强制条件和规则也许会降

---

① 在这些规则(以及前述的其他规则)中包含着一个很平常的概念:信贷的私人回报和社会回报之间存在着一个差异。

低短期收益(当银行学会了如何向各种市场发放信贷之后,对长期信贷也许不至于发生影响)。显然,如果做过了头,这些强制规定会把整个行业的盈利性降低到"撤出"的水平,不过在大多数情况下,每一个银行的委托(分支)机构的价值(包括对央行资金的获得权)都足够大,所以"退出"从未发生过。

宏观稳定性　我们已经讨论过的许多规则,都具有宏观经济上的意义。"安全和健康"关注的是每一家银行应对提款所应该具有的能力。但是如果风险具有相互关联的性质,如果许多银行一起发生问题,整个经济面临的就是进入衰退的危险。没有金融功能的经济是难以运行的。

对于单个银行有作用的政策,在所有的银行都出问题的时候就不一定还有用了。如果只有一家银行出问题,规制者可以采取强硬手段并且不允许债务拖延,当许多银行都陷入困境时,这样的做法会迫使经济进入深度衰退。

同样,规制的规定必须对它的推动周期的作用有所了解。例如,严格执行的高水平的(没有进行过反周期调整的)资本充足率规定,有可能像一个自动的"去稳定器"那样发生作用。

(三) 温室气体排放

第三个例证是关于温室气体排放和全球气候变暖的。政策讨论集中在征税与(排放)限量和交易上。在配额(目标)被拍卖时,这两类方法差不多是等同的。在一种情形中,由政府规定排放量,让价格波动来调整;在另一种情形中,把价格限定住,让交易的数量变动来实现调整。如果政府对需求曲线拥有很好的信息,那么这两种方法应该完全相同。在操作中,价格、数量都会分别随时间、相对于最终目标的达到而发生调整(我们在上面已经提及),最终目标是(控制)大气中全部温室气体浓度(或者更加直接一点:大气温度的变化)。

引起过大量讨论的议题是"安全阀"——由价格和排放量在一起构成的一套系统:当价格不超过一定水平时,对排放量实施约束,在这个安全阈值之外,对价格进行干预。这个办法所具有的优点是在短时期内限定了风险——企业知道它们为了排放所需支付的最高价格;这样可为一项包容了各种观点的政治协议打下基础——许多环保主义者提出,减轻环境损害的做法是低代价的,同时他们要求对排放的约束应该严格。如果他们的意见是正确的,那么安全阀将永远不会被用到。

不同的安排会有不同的分配结果。当国际社会准予一个国家享有某种排放权上限的时候,就好像前者授予后者一笔等同于现金的资产(假定这个排放许可可以交易)。这正是引起争议的原因之一。京都体系给排放多的国家更多的排放许可,所以过去排放得越多就能得到越多的现金,这至少是一项很怪异的政策。发展中国家提出,如果要做到有区别的话,那么过去排放得多的国家今后应该得到较少的排放权。它们早就把自己的那一"份"向全球大气排污的权利用掉了。

在国际范围内实行一项共同的税率协议,当执行的结果主要都留存在各国之内的时候,它的国际分配效应应该是比较小的。大体上讲,主要的差别仅在于两个哈伯格三角(Harberger triangles)的差别上(排污税征收的差别和税款使用的差别)。在不同的部门之间,肯定会有很大的分配效应。以往的污染者在这里被给予(一定的)污染权,通过排污权的上限与交易的安排,这些分配效应的差别被抵消。然而此前涉及的关于平等的担忧再次出现,这是理所当然的,在工业发达国家中,这个问题会更加敏感而且微妙,因为有政治献金,其目的是影响规则,政策目标的设计又总是偏向于某一方的利益(而且显然以另一方的利益为代价)。[1]

现在能够达成共识的是,排污上限和排污权交易以及碳排放税如果能够全面执行,不考虑分配效应这一点,有可能达到有效的结果。对于增加规制手段也达到越来越高的共识。欧共体已经实施了关于可再生能源的强制性规则,美国的《清洁空气法》(CAFE)到处都在讨论实施更多的控制,例如对燃煤的热电厂的控制等。人们可能会问,为什么我们要重建这些"扭曲"的规制,我们不是有现成的有效减排的手段吗?事实上,干预的规则将要建立起来的,是一个差别排污税系统。原因部分在于,大规模减排所必然会引起的分配效应令人担忧。为了引发我们所希望的行为改变,无论是明文规定的排污税还是隐蔽的征税都会达到很高的水平,可能超过政治上可以接受的水准。这里有一个原因:市场参与者的短视。他们把眼前的代价看得比长远的代价重得多,他们自己心中的折现率好像是高到了"非理性"的状态。一辆耗油量低的汽车,即使按照合理的折现率计算比常规汽车便宜,也不一定被选中,因为它的眼前价格高出常规汽车。有许多企业就是这样追捧当前消费时尚的。在 20 世纪 90 年代,美国的汽车厂集中于热门的 SUV 而不是采取多样化的原则生产。如果有人能以规则来"强制"大规模的行为改变,在某些重要行业里这样做了之后,在其他行业里必须通过税收的方式来推进变革的负担就会大大减轻。这样一来,无论是"表面上的"减害成本[2],还是实际上感觉到的代价,可能都会小一点。这个观点还可以推展:通常最佳税率系统(无论是以提高税收额还是以减少排放为目的)就是差别税和非线性税率。

五、结　　语

阿罗-德布鲁模型为亚当·斯密的"看不见的手"提出了一套使之完美成立的条件,在那个世界里,政府的干预是没有必要的。但是,这些必需的条件——不仅仅是不存在外部性、不存在公共品、存在完全竞争,而且还有对完善信息的要求、对一整套市场包括风险市场的存在以及内生性创新的要求——意味着这个模型的最有用之处,正是在于它提出了这个"政府干预之所以是必需的"理论范畴。许多经

---

[1] 这是政府干预如何影响到政府失灵发生的可能性的一个例证。
[2] 对批评这些管制方式的人来说,缺乏透明度本身正是主要的问题。

济学家至今仍然对那个价格体系恋恋不舍,他们一跃就跳到了这个结论:政府只需采用简单的、线性的(无差别税率——译者注)税收和补贴这种干预(就够了)。但是,导致市场失灵的原因有那么多,依靠简单化的价格干预是回不到"最优"的。一般地说,更复杂的规制式的干预是必需的。在本文中,我的努力是找出设计一套规制体系所要涉及的那些关键点。今天我们必须提出的问题,不是要不要规制,或者甚至是不是规制过头——次贷危机向我们展示的问题,是规制远远不足;我们面前的问题是:我们是否曾经设计出来过一个规制体系,一个原本应该达到有效和公平的那样一个规制体系?

参考文献

Hernando de Soto (2003). *The Mystery of Capital: Why Capitalism Triumphs in the West and Fails Everywhere Else*, Basic Books.

Yoram Barzel (1997). *Economic Analysis of Property Rights* (2nd ed.), Cambridge University Press.

Libecap G. D. (1989). *Contracting for Property Rights*, Cambridge University Press: New York.

The Concise Encyclopedia of Economics at the Library of Economics and Liberty.

Alchian, A. A. (1965). "Some Economics of Property Rights", Il Politico 30: 816—829. Reprinted in Alchian A. A. (1977). *Economic Forces at Work*. Liberty Fund: Indianapolis: 127—149.

Demsetz, H. (1967). "Toward a Theory of Property Rights", *American Economic Review*, 57(2): 347—359.

Barzel, Y. (2001): "A Measurement Cost Based Theory of The Firm", mimeo, University of Washington.

Furubotn, E. G. and S. Pejovich (1972), "Property Rights and Economic Theory: A Survey of Recent Literature", *Journal of Economic Literature*, 10: 1137—1162.

Libecap, G. D. (1989). *Contracting for Property Rights*, Cambridge University Press: New York.

Alchian, A. A. and H. Demsetz (1973). "The Property Right Paradigm", *Journal of Economic History*, 33: 16—27.

Barzel, Y. (1997). *Economic Analysis of Property Rights* (2nd ed.), Cambridge University Press: Cambridge.

Grossman, S. J. and O. D. Hart (1986). "The Costs and Benefits of Ownership: A Theory of Vertical and Lateral Integration", *Journal of Political Economy*, 94(4): 691—718.

Hart, O. D. and J. Moore (1990). "Property Rights and The Nature of The Firm", *Journal of Political Economy*, 98(6): 1119—1158.

Maskin, E. and J. Tirole (1999). "Two Remarks on The Property-rights Literature", *Review of Economic Studies*, 66: 139—149.

Hart, Oliver and B. Holmstrom (2002). "A Theory of Firm Scope", mimeo, MIT and NBER.

Matouschek, Niko (2001). "Information and the Optimal Ownership Structure of Firms", Kellogg

School of Management, Northwestern University.

Garrouste, Pierre (2004). "The New Property Rights Theory of The Firm", The Elgar Companion to The Economics of Property Rights, Edward Elgar Publishing.

Holmstrom, B. and J. Roberts (1998). "The Boundaries of The Firm Revisited", *Journal of Economic Perscpectives*, 12(4): 73—94.

Baker, G. P. and T. N. Hubbard (2004). "Contractibility and Asset Ownership: On-board Computers and Governance in U.S. Trucking", *The Quarterly Journal of Economics*, 119(4): 1443—1479.

Elfenbein, D. and J. Lerner (2003). "Ownership and Control Rights in Internet Portal Alliances: 1995—1999", *Rand Journal of Economics*, 34(2): 356—369.

Feenstra, Robert C. and Gordon H. Hanson (2005). "Ownership and Control in Outsourcing to China: Estimating the Property Rights Theory of the Firm", *Quarterly Journal of Economics*, 120(2): 729—761.

广义虚拟经济视角下要素市场业态形式演进的一般规律*

一、引　言

虚拟经济的概念是由马克思在《资本论》中提出的"虚拟资本"的概念衍生出来的。成思危先生认为:"虚拟经济是指与虚拟资本以金融系统为主要依托的循环运动有关的经济活动。"①刘骏民教授将虚拟经济定义为:以资本化定价为其行为基础,具有内在波动性的一套特定的价值系统。他认为虚拟经济一般包括金融、地产、无形资产和其他呈现出资本定价形式的各类资产的经济活动。②

林左鸣和吴秀生从虚拟价值的角度提出了广义虚拟经济的概念,他们认为:"实体经济主要是满足人的物质需求,同时满足人的物质需求和心理需求以及满足人的心理需求的经济可定义为广义虚拟经济(通常人们所说的虚拟经济一般指金融活动,即狭义的虚拟经济)"③广义虚拟经济的基本特征表现为二元价值容介态,即传统商品价值由于不断容入信息介质而进化为更高级的商品价值。④

广义虚拟经济理论认为,当前的经济系统是一个复杂的巨系统,并非一成不变的均衡系统,而是时刻处于传统价值与信息介质带来的新价值之间不断动态融合和进化的容介态。⑤换句话说,广义虚拟经济视角下的经济系统是时刻处于经济

---

* 基金项目:广义虚拟经济研究专项资助项目[项目编号:GX2011-1021(M)]。本文与孟令余合作,刊载于《广义虚拟经济研究》2013年第1期,第5—11页。
① 成思危:《虚拟经济初探》,《南开大学学报(哲学社会科学版)》,2003年第2期。
② 刘骏民:《财富的本质属性与虚拟经济》,《南开经济研究》,2002年第4期。
③ 林左鸣、吴秀生:《看不见的心——广义虚拟经济时代的到来》,中国经济出版社2004年版,第1—44页。
④ 林左鸣:《广义虚拟经济——二元价值容介态的经济》,人民出版社2010年版。
⑤ 林左鸣:《广义虚拟经济——二元价值容介态的经济导论》,《管理学家——广义虚拟经济研究》,2009年第1期,第1—8页。

变量从非均衡到均衡之间不断进化的动态适应过程,也是均衡与非均衡同时存在的一种耗散结构。①

按照该理论,要素市场体系可以看作一个物质态与信息之间不断作用、相互影响的动态演化过程,是从非均衡的零散交易到均衡的标准化交易演进的过程。

本文以该思想为指导,在科学界定要素市场的基础上,探讨要素市场形成的理论基础,着重分析要素市场业态形式演进的一般规律。

二、要素市场的概念

在古典经济学中,生产要素是指在生产过程中的消耗成本构成最终产品价格的所有资源,包括土地或自然资源、劳动、资本存量(也称资本品,如机器、工具和建筑物)。新古典经济学在此基础上又增加了一些要素,包括企业家才能和社会资本(如累积的信任、共同理解、共享的价值观以及有利于调整经济活动的社会知识)。

简单来说,生产要素是指生产过程必不可少的成分,属于厂商消费品,或者称生产性投入品或者资源,比如劳动、土地、资本(包括物质资本和人力资本)、技术等。

从实践和应用意义上来看,生产要素可以分为大宗商品要素和权益类要素。相应的要素市场可以分为大宗要素市场和权益类要素市场。大宗商品要素市场属于产业链上靠近基础原料和材料一端的厂商间市场(Varian,1992②;Boyes and Melvin,2002③)。在行业内部,大宗商品要素市场指谓厂商间没有经过精细加工的资源性粗加工且大批量交易的市场(劳动市场除外)。④

权益类要素是指企业及广义经济实体在生产和关联经营过程中必不可少且由法变量保护的对一份或一组(束)资产的拥有权(所有权)和未来收益(收入流)的索取权(益)(斯蒂格利茨,2009)⑤。对一束资产的拥有权最典型的表现方式之一是对该份资产具有处置的权利,二是对该份资产进行交易的权利。我国现存360家左右的产权交易市场(所或中心)事实上仅仅在处置权上赋予了全权,在交易权利上还只能是一揽子股权交易,尚不能拆分、连续和单元化交易,即在交易权上赋

---

① 刘喜梅、温桂芳:《二元价值容介态下的能源价值体系研究》,《广义虚拟经济研究》,2012年第1期,第57—61页。
② Hal Varian (1992). Microeconomic Analysis. New York: Norton and Company:28—31.
③ Boyes, W. and Melvin. M. (2002). Microeconomics (5th ed.). Houghton.
④ 要素市场仅仅是厂商间市场的一部分。在不贸易劳动要素的部门,行业为方便起见,称为大宗商品市场。因为只有粗加工的规模要素贸易,比如棉花和矿产品,才能站在基础生产环节向后续厂商提供必需的投入品。处在产业下游,厂商间投入品贸易过于细分,虽然是生产要素,但很难说是产业链上绝大多数企业必须使用的产品了。应用经济学工具意义上,要素市场指谓厂商间没有经过精细加工的资源性粗加工产品市场。
⑤ 斯蒂格利茨:《政府失灵与市场失灵:关于规制的原理》,《中国产权市场发展报告(2008—2009)》,社会科学文献出版社2009年版,第44—70页。

予了不足全权的权利。① 严格说,法(变量)是不可以交易的,只有量纲化的产权——股权才是可交易的。权益市场称谓是产权理论意义上的概念在中国的不合格翻译造成的后果(蔡敏勇等,2009)。②

在应用上(主要在中国),权益类要素市场事实上指的是量纲化后的产权——股权交易市场。但由于其直接在产权这种法哲学意义上操作,我国权益类市场的概念比股权要宽泛得多,属于广义上的产权市场外延,包括传统资本市场、OTC市场、企业产权市场和其他衍生品市场。传统资本市场和产权市场又可以进一步分为若干不同的子市场(由于历史原因,在我国证券类市场通常被认为是资本市场,而交易非标准化产权的市场在发达经济才是产权市场或称狭义产权市场)。广义的产权市场还包括非传统的权益类市场,比如环境类权益、知识类权益(产权、版权、著作权等),甚至技能(know-how)和产能等可用时间和空间来度量的时段性和地段性权益。

一般说来,法变量支持的产权有对应标的物。因而,可交易的产权——股权和实物交易有一定的距离。但在我国产权市场实践中,司法拍卖的实物和特定商标的物质形态也在产权市场上作价交易,因循习惯,我们把这种模糊性的交易市场也归在权益类要素市场中。

三、要素市场形成的一般原理

(一) 大宗商品市场形成原理

大宗商品市场一般是在自发形成的市场基础上建立的市场。市场所在的地方多是大宗商品的生产地或集散地。

从经济学理论来看,大宗商品市场的形成原理基于企业的边界。具体来说,因为大宗商品是企业在生产过程中需要消耗的原材料等中间产品,制度经济学告诉

---

① 这是我国产权交易市场(所和中心)构造无法成为类证券市场结构的外生限制。如果不能在市场长链成长上有所创新予以弥补,产权交易所只会在低于最优的市场构造上生存。

② 在英美语义中,"产权"(property right)是一个法律意义上的复合概念,指一个人对某个标的财产的控制权或者对其未来收入流的索取权。法上的产权不是用来交易的,而是为交易提供清晰边界以利交易(trade)的。因而,在发达经济中,可交易的产权是法产权的对应物(俗称标的物)。但标的物如果是资本品的话,只有具匀质标准化(homogeneous)形态的衍生物(derivatives)才可以交易。而这是证券化后的股票和债券及其再行衍生后的产品综合而成的证券市场。产权是不具有市场空间的。这样一来,我们又一次碰到了当年佛学由西天东渐时中国古代思想家遇到的类似难题,比如"名"与"实"的关系,"器"与"道"的关系,"色"与"空"的关系,"法"与"相"的关系。人类思想史的大碰撞是有轮回特质的,当年那些根本概念的突破,改变了中国人自秦汉以来思考世界的方向,引起社会和经济的巨大变迁。你无法想象没有儒释道合一的中国在今天是个什么样子。同样,当我们今天在产权市场上于资本品交易中碰到"西学东渐"为我们带来理解资本品交易世界的概念冲突时,用自身民族的思考结合西方的启迪来创新概念范畴的思维,是资本品交易中中国软实力崛起的又一宿命。上海置信电器从概念创意到成长壮大,为我们提供了切入这一过程的哲理轮回视角。参见蔡敏勇、张天、刘亮:《制度相器与产权相器之案例辨析》,《中国产权市场发展报告(2008—2009)》,社会科学文献出版社2009年版,第94—102页。

我们,企业生产和经营范围的确定是由交易费用决定的,即当内部生产和经营的费用大于外部生产和经营的费用时,企业采取外部生产和经营策略(外包),当内部生产和经营的费用小于外部生产和经营的费用时,企业组织内部生产和经营行为是合理和理性的经济行为。

举例来说,一个完整的产业链上分布着不同的企业,而这些企业的生产和经营范围正是通过企业边界(交易费用)来安排和配置的。企业边界决定了不同的企业被安排在了产业链的各个环节。当企业安排生产和经营活动时,中间产品在产业链上下游的企业之间流动,中间产品的流动需要一个交易平台,这时大宗商品交易市场就形成了。

(二)权益类要素市场形成原理

权益的形成伴随着私有制的形成过程。权益类要素市场的形成过程贯穿了整个企业史。没有企业就无所谓要素。要形成市场首先需有法前提下的自由交换意愿。这种交换意愿直到现代企业制度正式建立才空前强烈起来。现代企业制度中企业所有权和经营权的分离加速了企业组织繁殖,是促成权益类要素市场形成的最关键环节。

17世纪初,随着资本主义大工业的发展,企业生产经营规模不断扩大,由此而产生的资本短缺、资本不足便成为制约着资本主义企业经营和发展的重要因素之一。1602年,世界上最早的股份有限公司——东印度公司在荷兰诞生。股份有限公司这种企业组织形态出现以后,很快为资本主义国家广泛利用,成为资本主义国家企业组织的重要形式之一。现代股份公司这种形式使企业可以通过买卖权益凭证迅速得到金融资本品,从而完成产能化拓展和资本化拓展,于是权益类要素市场就诞生了。

最初的权益类要素市场是股票和债券市场,证券交易所成立以后,对进入交易所的公司提出了较高要求。数以千万计的公司无法通过证券交易所筹集资本,只好通过中介交易商在OTC市场解决这个问题。随着市场的发展,地方性的OTC市场逐渐形成纳斯达克式的全国统一市场,而另一部分要素交易需求通过投资银行来完成。然而在中国,还有另一种交易市场形式存在,那就是公开披露信息进行产权交易的市场,成为我国权益类要素市场和资本市场的重要组成部分。

四、要素市场的观察形式

(一)大宗商品要素市场的观察形式

在观察形式上,要素市场大体上经历了七个不同发展阶段:① 商铺集聚形式①；② 商铺集聚之后的市场是厂商（生产者）市场和消费者市场分野；③ 厂商市场之后是为某一行业甚至是某一生产环节生产专业化产品（中间品）的市场②；④ 将仓储、物流和交易点适度分开的专业化大宗商品（要素）的市场；⑤ 添加 S 融资和担保、标准仓单交易在内的第三方交易市场③；⑥ 在第三方交易基础之上形成的仓储定点、交易资质认定、活跃会员功能团体性分化、卖方回购及独立方担保的远期以及风险控制基础上的传统期货交易所；⑦ 加盟交易所和基准交易所群形成的场网经济——大宗商品要素市场的最高观察形式。

（二）权益类要素市场的观察形式

在观察形式上，权益类要素市场大体上经历八个不同的发展阶段④：① 私下（而非时下讲的民间）实点借贷形式。⑤ 这种借贷多发生在血缘、地缘和业缘中。如果划分市场，也仅仅是个只有买方和卖方市场要件的原子形式的交易市场，交易范围小，交易频率低。原子形式的清淡交易市场（thin market），变成繁荣市场（thick market）需要引入信用关联中介和处置性市场，因而出现② 典当行，将出典品评估（当），质押（典），形成质贷关系（借贷），违约后将质押品出售（拍卖）的复杂过程。事实上是将评估市场、质押市场、借贷市场和拍卖市场内化于一个经济实体中的融资"超市"，典当行的交易比私下借贷要繁荣得多。典当市场是一个消费融资和生产融资的混合市场，当消费信贷和商业信贷因市场本身的专业化需要而形成分野时，在早年引发了③ 账局（面对农商企业）、印局（面对进入城市的消费者）以及票号——一种用于长距离贸易且和贸易保险结合起来的权益类融资市场。在近代，西方又出现将消费信贷和商业信贷融于一身的商业银行信贷。随着大规模厂商信贷和延期支付使用频率提高，引发出④ 抵押、担保和租赁专业性市场。⑥ 不过，这些市场多是以附着在厂商信贷市场的中介实体出现的。当中介实体累积到一定数量，中介类市场对传统中介市场升级，出现⑤ 评估、授信、增级、进入、退出等引发现代投行和私募股权市场；这为⑥ 权益类第三方交易市场⑦（传统 OTC 市场和交易所）提供了基础；⑦ 在第三方交易基础之上形成的交易资质认定、活跃会员功能团体性分化、卖方回购及独立方担保的远期以及风险控制基础上的衍生类合约市场（环境和知识产权类市场）；⑧ 加盟交易所和基准交易所群形成的场—网交易所群——权益类要素市场的最高观察形式。北京目前的权益类要素市场处在

---

① 宋代张择端的《清明上河图》形象地描绘了商铺集聚的视觉形式。
② 广州中大针织辅料市场就是一例。
③ 广州商品交易所是建立在中大针织辅料等专业化市场群之上的第三方交易所。
④ 由于规划需要，我们在此不讨论工商企业信贷金融形成的商业银行信贷市场（事实上也是权益类市场的一种）。
⑤ 宋代张择端的《清明上河图》形象描绘了商铺集聚的视觉形式。
⑥ 广州中大针织辅料市场就是一例。
⑦ 广州商品交易所是建立在中大针织辅料等专业化市场群之上的第三方交易所。

中级规模水平上。原因在于,一个结构完善、功能合理的权益类要素市场不是上述七种观察意义上市场同时存在或者均匀分布。但如果是类和近正态分布①的话,顶多是一个中等水平的要素市场,不具备定价能力。当上述七类市场中活动最频繁、耗费人力物力最为巨大的环节出现节约形成核心竞争力的时候,权益类要素市场才称得上功能完善。北京及周边地区存在各类形式的市场,但是它们并不具备核心竞争力。

五、要素市场业态形式演进的一般规律

超出观察意义,按照价格收敛方式来衡量,要素市场的业态形式是一样的。其成熟程度可由低到高分为七类。

(一)实点性一对一场外(spot OTC and one-to-one)交易市场

实点性一对一场外交易市场是最原始的交易市场业态形式(见图1),交易在小范围展开,属于买方和卖方的偶然性交易,当前一次的交易价格无法或者很难为下一次的交易提供参考,即前一次的交易价格成为下一次交易参考的成本很高,因此交易价格是无法收敛的(non-transparency)。

图1 实点性一对一场外交易市场业态形式(市场构造特征)

(二)实点性一对多(或多对一)拍卖市场及其变种(spot auction and one-to-multiple)

多次交易价格可收敛,但不见得是一价式收敛点(half-transparency and converging)(见图2、图3)。在一方出卖、多方购买时,拍卖的制度安排可以使出卖方的喊价信息在买卖双方和买方各自之间是透明的。在当次拍卖过程中,以买方出价最高者(或者变种)得标。虽然拍卖完毕后价格变动停止,但在买方之间透明的信息成为下次交易参考的成本较低。如果买方初次出价太高,第二次类似的拍卖出现,初次透明的信息可能成为第二次的参考,从而引导价格走向区间收敛。

---

① 严格讲,构造这种分布需要对交易市场进行指标化处理。

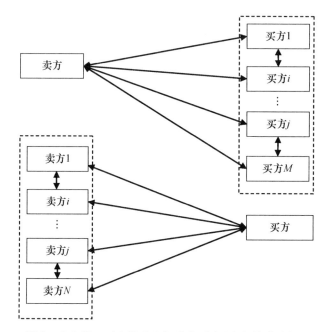

图 2　实点性一对多拍卖市场业态形式（市场构造特征）

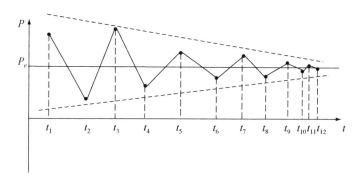

图 3　实点性一对多拍卖市场业态形式价格收敛图

注：P 为价格，t 为时间，P_e 为收敛价格，t_i 为买方或卖方出价的时间点。透明的信息使得上一次的交易可以为下一次交易提供参考，因此价格收敛至 P_e。

（三）实点性一对多的市营商市场（spot dealer）

这时的交易方式不再是买卖双方直接进行交易，而是通过中介机构——市营商进行交易。这种市场的价格难收敛（half-transparency and converging difficult）（见图4、图5），原因是在无实点性市场伴随的条件下，市营商的目标是最大化自己的中介收入，他们倾向于将不利于中介收入的信息屏蔽掉。市营商拥有建构市场的资源，但由于他们的目的是最大化中介费用而不是最大化交易量，因此不是利用该资源建构市场,而是建构压低买方(或卖方)需求价格弹性的近垄断网资源。

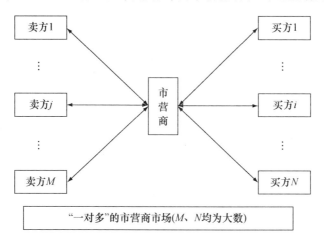

图 4　实点性一对多市营商市场业态形式(市场构造特征)

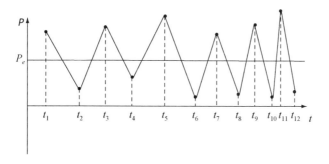

图 5　实点性一对多市营商市场业态形式价格非收敛图

注:P 为价格,t 为时间,P_e 为收敛价格,t_i 为买方或卖方出价的时间点。因为前一次的部分信息被屏蔽掉(信息不对称),所以前一次的价格不能为下一次的交易提供参考,价格不能收敛至 P_e。

(四) 多对多的第三方市场(spot or network based, multiple-to-multiple)

当信息在买卖双方之间瞬时透明且可连续交易的时候,价格走向了收敛(见图6、图7)。当买方无穷多(近乎大数)、卖方无穷多(近乎大数)时,信息在买卖双方之间瞬时透明,屏蔽信息的成本高昂。这时候,交易市场构造好像是一个一对多拍卖市场和多对一拍卖市场的复合体,交易等价于前两者多次交易的结果,价格瞬时走向了收敛。这正是建构市场的最终目标,交易的结果是社会福利最大,而不是交易商福利最大。

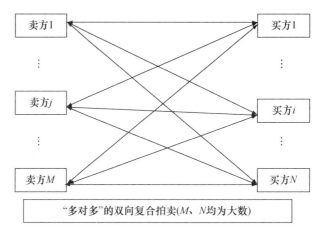

图6　实点性多对多交易市场业态形式（市场构造特征）

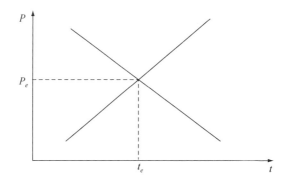

图7　实点性多对多交易市场业态形式价格收敛图

注：P为价格，t为时间，P_e为收敛价格，t_e为价格瞬时收敛的时间点。连续且瞬时公开透明的交易方式使得价格瞬时收敛至P_e。

第三方市场出现后，不仅价格信息走向瞬时收敛，而且交易双方信息透明后，评级、授信进入，融资变得可能，因而出现了更高阶段的业态形式。

（五）具有融资功能的第三方市场（exchange）

这种交易中买卖双方信息透明，评级、授信和融资开始出现，因而市场开始向更高级的业态形式转变。第三方市场因融资风险控制带来价格的迅速收敛。

（六）第三方交易所群（group exchanges）

这种业态形式可以达到价格快速收敛（instant converging）。当第三方交易所单元在各自领域内具有竞争力，且能在交易的网资源形式上互相连成一个整体的时候，一个交易所群形式出现了。

（七）交易市场的交易市场——基准交易所（exchange's exchange）

具有价格瞬时收敛的定价能力（competitive and pricing）。当交易所成群且形成"场—网"资源经济的时候，一个区域的要素类市场已经站在了要素市场的顶端，具备了信息经济业态形式下的定价能力——形成交易所之交易所的能力。

六、结　语

观察形式上不同形态的要素市场，事实上内含了不同业态的市场形式。这些业态形式都是在处理交易标的物信息时产生的。交易标的物的信息处理过程越复杂，市场本身的机构越复杂。林左鸣认为："广义虚拟经济及其基本原理和范畴体系的研究，归根结底是对社会进程中所生成的信息态以及以此为基础的容介态及其发展规律的研究。"[1]从市场的角度来看，任何复杂的信息最后都会集中到价格信息上，一个市场处理标的物复杂信息时价格收敛程度的快慢表明该市场的发达程度。因而，要素市场业态形式演进的一般规律反映了要素市场体系是一个物质态与信息之间不断作用、相互影响的动态演化过程，是从非均衡的零散交易到均衡的标准化交易演进的过程。这实质上也充分表明了"广义虚拟经济的基本特征是传统价值由于不断容纳入信息介质而进化为更高级的价值"的理念。

---

[1]　林左鸣：《广义虚拟经济二元价值容介态的经济》，人民出版社2010年版，第12页。

中国多层次资本市场创生路径和演化特点浅析*

如果说金融是现代经济的核心,那么资本市场就是这个核心的灵魂,华尔街两百多年的发展历史已经雄辩地证明了这一事实。我国二十多年资本市场发展的历史也表明"资本市场是中国经济的锋刃,也是中国改革的锋刃"。① 20 世纪 80 年代末期以来,从场外市场零散交易到交易所集中竞价买卖,从主板到中小板,从三板到"新三板",从"新三板"到创业板,中国资本市场不仅取得了规模的扩张,也实现了质量的提升。如今,中国已经从一个资本弱国变为资本大国,多层次、多元化的资本市场初具雏形。

2012 年 8 月 3 日,国务院决定扩大非上市股份公司股份转让试点,首批扩大试点除中关村科技园区外,新增上海张江高新产业开发区、武汉东湖新技术产业开发区和天津滨海高新区。10 月 11 日,证监会正式发布《非上市公众公司监督管理办法》,这意味着非上市公众公司②监管正式纳入法制轨道。"新三板"市场扩容、《非上市公众公司监督管理办法》的发布使得多层次资本市场再次成为人们关注的焦点。本文首先在科学界定多层次资本市场理论内涵的基础上,简述了中国多层次资本市场结构演进的历程,从"倒金字塔"的结构形态、独有的创生性、场内场外交互式发展的进程等方面概述了多层次资本市场的演化特点,并给出了未来的发展思路。

---

* 基金项目:广义虚拟经济研究专项资助项目[项目编号:GX2011-1021(M)]。本文与孟令余合作,刊载于《经济问题探索》2013 年第 4 期,第 1—6 页。

① 引自中国证监会研究中心主任祁斌所言。

② 《非上市公众公司监督管理办法》中所指的非上市公众公司指的是:股票向特定对象发行或者转让导致股东累计超过二百人,或者股票以公开方式向社会公众公开转让的、不在主板交易所交易的股份有限公司。

一、多层次资本市场的理论内涵和实践界定

Mishkin and Eakins（2006）认为,资本市场是进行长期债务工具（到期期限长于1年）和权益工具交易的金融市场。① 曹凤歧（2002）认为期限在1年以上的投资和融资都属于资本市场的范畴。② 吴晓求（2002）直接将包括股票市场和债券市场在内的证券市场视为资本市场。③ 刘鸿儒等（2003）认为,中国的资本市场应该包括产权市场、股票市场、债券市场和期货市场。④ 曹和平（2010）认为,中国资本市场分为四个板块:第一板块是以证券和期货交易为代表的交易所板块;第二板块是大型金融机构旗下金融资产管理公司谐跨国金融机构板块;第三板块是产权交易所板块;第四版块是民间资本市场板块。前两个是舶来品,而后两个是中国内生的制度设计。⑤

王国刚（1998）较早提出了"多层次资本市场"这一概念。⑥ 他认为,多层次的资本市场是多层次的股票、基金、债券等证券的发行市场和交易市场。施东晖（2001）给出了"多层次资本市场"的定义,他认为"层次化是指一国证券市场体系形成某种分层结构,不同层次的市场对应不同规模企业的不同融资成本和风险,使证券市场通过层次细分来最大限度地实现资本市场供求均衡"。⑦ 王国刚（2004）认为我国多层次资本市场体系是指,资本市场应由交易所市场、场外市场、区域性市场、无形市场等多个层次的市场构成。⑧ 王道云、武兵、刘华（2004）认为我国的资本市场体系可以分成四个层次,第一层次是一元化主板市场,第二层次是创业板市场和区域交易市场,第三层次是产权交易市场,第四层次是柜台转让市场。⑨ 王松奇、徐义国（2004）从经济竞争力、为中小企业服务等方面重新认识了创业投资的重大意义,提出了构建我国多层次资本市场的基本轮廓,即包括主板市场、深圳创业板、代办股份转让系统和区域性的场外交易市场在内的多层次资本市场体系。⑩ 陈岱松（2008）认为多层次资本市场是指为满足规模、质量、盈利状况、风险程度不

---

① Mishkin F. S. and Eakins S. G.:《金融市场与金融机构》,北京大学出版社2006年版。
② 曹凤歧:《中国资本市场创新》,北京大学出版社2003年版,第70—73页。
③ 吴晓求:《资本市场解释》,中国金融出版社2002年版。
④ 刘鸿儒等:《探索中国资本市场发展之路——理论创新推动制度创新》,中国金融出版社2003年版,第137—150页。
⑤ 曹和平:《中国私募股权市场发展报告（2010）》,社会科学文献出版社2010年版,第5—34页。
⑥ 王国刚:《创业投资:建立多层次资本市场体系》,《改革》1998年第6期,第48—57页。
⑦ 施东晖:《证券市场层次化:国际经验和我国的选择》,《改革》2001年第5期,第87—91页。
⑧ 王国刚:《建立和完善多层次资本市场体系》,《经济理论与经济管理》2004年第3期,第37—44页。
⑨ 王道云、武冰、刘华:《中国多层次证券市场的务实选择》,《银行家》2004年第5期,第22—32页。
⑩ 王松奇、徐义国:《多层次资本市场构想》,《税务与经济》2004年第4期,第1—5页。

同的企业的多样化融资需求而建立起来的、多层次地配置资本性资源的市场。①巴曙松(2004)认为,中国多层次资本市场应当包括证券交易所市场、场外交易市场(OTC 市场)、产权交易市场和代办股份转让市场等。② 北京市道可特律师事务所(2010)指出,资本市场的多层次通常体现在上市公司规模、市场监管力度、投资风险大小等方面。成熟的多层次的资本市场,应当能够同时为大、中、小型企业提供融资平台和股份交易服务。③

综上所述,从理论上来看,国内学者主要从三个角度对多层次资本市场进行了界定:① 从交易品种来看,多层次资本市场应该是涵盖股票、债券、基金、衍生品等金融产品交易的多样化市场体系;② 从交易机制来看,多层次资本市场应该是包括场内标准化交易和场外差异化交易的市场体系;③ 从服务对象和融资规模上来看,多层次资本市场应该是针对处于不同发展阶段、投融资需求各异的企业在市场准入、交易条件、监管标准等方面提供差异化融资平台的市场体系。

从国际上各国和地区成熟的市场经验来看,美国拥有世界上最大、最完善的多层次资本市场体系,其结构层次也最为复杂。美国的资本市场可以分为五个层次:第一层次的主板市场(纽约证券交易所),第二层次的创业板市场(NASDAQ),第三层次的场外交易市场——主要形式(OTCBB),第四层次的场外交易市场——初级形式(粉单市场,Pink Sheets),以及第五层次的券商之间约定的不定期的交易市场,这五个不同层次的资本市场形成了较为完善的美国资本市场体系。

中国多层次资本市场发展的内在动力机制受到美国市场技术进步路线的极强"样板性"影响。但是,相比美国资本市场演进的历程,中国多层次资本市场体系的发展不是一个长时期的演化过程,而是一个诱发于国有企业绩效革新和产权变革的快变甚至剧变式的创生过程。本文主要从实践的角度,简要分析我国多层次资本市场发展的进程及其独有的创生性特点。

二、中国多层次资本市场结构的历史演变

从1990年沪、深两市开办至今,我国已经形成了主板、中小企业板、创业板、三板(含"新三板")市场、产权交易市场、股权交易市场等多种股份交易平台,已经初步具备了多层次资本市场的雏形(见图1)。④

---

① 陈岱松:《我国多层次资本市场的制度建构——基于国际比较的视角》,《东北财经大学学报》2008年第4期,第8—11页。
② 巴曙松:《协调发展多层次资本市场》,《资本市场》2004年第7期,第41—43页。
③ 北京市道可特律师事务所:《直击新三板》,中信出版社2010年版,第3—31页。
④ 业界通常认为,广义的主板包括中小板,统称为一板,创业板称为二板。本文为了分析方便,主板、中小板、创业板均取狭义的概念。

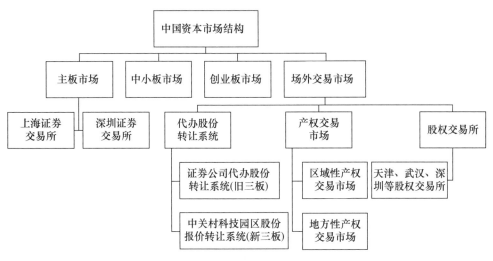

图 1 中国多层次资本市场结构

（一）主板市场

主板市场是一个典型的拍卖市场,而且是"多对多"的时点性、竞争性市场。它将天然异质性、个性化的"资本品"通过高度证券化的形式实现资本产权的交易,其一般要求较高的准入门槛、严格的信息披露制度和集中统一的交易程序。我国主板市场包括上海和深圳两家证券交易所,是规模最大、上市标准最高的市场。主板市场开办于 1990 年,当时主要为成熟的国有大型企业提供上市服务。

（二）中小板市场

中小板市场开办于 2004 年 5 月 17 日,是多层次资本市场建设的第一步。从理论上来看,中小板市场在上市标准上应当比主板市场低,应当定位于初创期的中小企业资金融通的平台,以使中小企业获得后续发展的资金支持。然而,我国的中小板市场由深圳证券交易所承办,在上市条件和运行规则上基本延续了主板的规则,对中小企业而言,"门槛"依然过高。

（三）创业板市场

创业板市场启动于 2009 年 10 月 23 日,是证券交易所筹备 10 年的成果,开办目的是为高科技和成长型企业提供投融资服务,为自主创新型企业提供融资平台,并为风险投资企业和私募股权投资者建立新的退出机制。创业板市场在上市门槛、监管制度、信息披露、交易者条件、投资风险、运行规则等方面和主板及中小板市场有本质的区别,体现了其支持新兴产业的市场功能。

统计数据显示,截至 2012 年 4 月 30 日,中小企业板上市公司 653 家,创业板上市公司292家。截至2012年5月,通过发行A、B股在境内上市的公司有2 422家,股票市价总市值23.93万亿元,其中流通市值18.37万亿元。

(四) 场外交易市场

1. 代办股份转让系统

代办股份转让系统主要包括证券公司代办股份转让系统——"旧三板",和中关村科技园区非上市股份公司代办股份转让系统——"新三板"。

证券公司代办股份转让系统的前身是"两网"系统(STAQ和NET)。1990年12月,为了向法人股提供一个流通和转让的场所,由国家体改委牵头,开通了类似美国纳斯达克的中国证券交易自动报价系统(STAQ)。1993年4月,人民银行联合了5家银行、人保公司以及华夏、国泰、南方三大证券公司,建立了另外一个法人股交易系统——全国电子交易系统(NET)。但是,该系统建立不久(1993年5月),国务院证券委做出决定,对STAQ和NET两个系统的法人股交易进行整顿,暂不批准法人股上市交易。1999年9月9日,证监会正式关闭了STAQ和NET系统。

证券公司代办股份转让系统于2001年7月6日推出,其主要是以集合竞价转让的方式,为原NET、STAQ系统挂牌公司和退市上市公司的流通股份提供转让服务。2006年1月16日,为支持高新技术等创新型企业发展,中关村科技园区非上市股份有限公司进入代办股份转让系统进行股份转让试点,这标志着"新三板"市场的开通。新三板市场更适合规模较小、处于成长初创期或者成长初期的企业。因此,在定位上,其比创业板更接近"中国的纳斯达克"。

2. 产权交易市场

产权交易市场是指供产权交易双方进行产权交易的载体。股票市场是发行和交易标准化企业股权的场所,而产权市场是交易非标准化产品的场所。企业在股票市场上市交易是需要达到一定标准的,因此股票市场是为极少数企业提供融资服务的场所。而在产权市场挂牌交易基本没有标准要求,任何产品在经过交易所的审核后都可以在产权市场挂牌交易,因此产权市场是为所有类型企业提供融资服务的场所。

区域性和地方性产权交易市场是具有中国特色的一项重大创新,它实际上承担着场外交易市场的多种功能。目前,我国产权交易市场已经涉及企业产权、房地产、知识产权、行政事业单位产权、金融业产权、林权等众多领域,已形成了包括北京、上海、天津、重庆四大全国性产权交易市场,上海、青岛、天津、陕西四大区域性共同市场,以及以各省市产权交易为基础的地方性产权转让市场的三级框架体系。

3. 股权交易所

2008年经国务院批复,在天津滨海新区成立了第一家股权交易所——天津股权交易所。它是以天津滨海新区"两高、两非"①企业的资本融通和股权流转为基本业务内容,探索建立全国性的非上市非公众公司股权托管和交易市场。截至2010年7月,已在安徽、山东、河北等地设立了区域性分市场,并与16个省市建立了合作框架协议,步入良性发展阶段。天津股权交易所在交易制度中首次引入了做市商制度,而且为私募股权基金(private equity)份额提供了一个交易平台,标志着我国多层次资本市场体系进一步优化。

三、中国多层次资本市场发展演化的特点

戴维·菲尼认为"制度的需求是制度变化的必要条件"。作为两个重要市场参与主体——融资者和投资者的载体,资本市场的本质属性是一种提供服务的制度安排,它应该不仅可以满足不同风险偏好者的投资选择的需求,而且还可以满足质量、规模、风险程度不同的企业的融资需求。正是基于这两种需求,才激励了初始的单一层次的资本市场向多层次资本市场体系的制度变迁。可以说,多层次资本市场体系的生成是市场发展的客观必然。

中国资本市场结构的演变也呈现出多层次资本市场发展演变的一般规律。但是,与西方发达国家相比,中国资本市场的发展时间短、速度快、模式新、规模和影响大,二十多年的风雨历程展现出独特的发展路径。

1. "倒金字塔"的结构形态

从股票数量来看,美国OTCCB市场交易股票只数显著高于纳斯达克,而纳斯达克又高于纽约证券交易所,三大市场形成一种明显的"金字塔"结构体系。我国正好相反,呈现出"倒金字塔"的形态(见图2)。

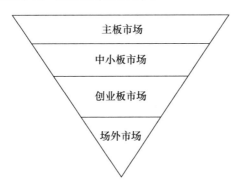

图2 "倒金字塔"式的中国资本市场结构

这种资本市场结构倒置的现象与我国的经济体制改革密不可分。主板市场

---

① "两高"指高新技术园区高科技企业,"两非"指非上市非公众企业。

运行时间最长,上市的企业以国有企业为主,具备资金和规模上的优势,是多层次资本市场体系的核心。而中小板和创业板市场尤其是创业板市场处于开办初期,尚未成长为资本市场的中坚力量;场外交易市场由于分散于各地,监管不一,虽呈现局部繁荣,但整体而言交易规模仍然较小,市场关注度较低。

2. 独有的创生性特点

与西方资本市场内生化演进的过程不同,中国资本市场从一开始就注定了依赖政府"母体"的格局。在放权让利、承包承租经营模式转换等一系列改革尝试失败后,中国政府将国有企业改革的最后希望寄托在了资本市场上。完全由政府以行政力量创生的深交所和上交所从诞生之日起就成为国有企业改制重组上市的"摇篮",这种天然的对民营企业或私营企业的歧视性是与市场经济本身的要求相背离的,是与资本逐利的本性相矛盾的。随着我国市场化改革的不断推进和私营经济活力的持续显现,这一矛盾变得越来越突出,所以才有了2004年中小企业板的推出以及2009年创业板的创立。

与此同时,为了防范国有资产流失,中国股权一开始就被人为地割裂为国有股、法人股以及社会公众股并存的局面。同股不同权成为制约中国资本市场发展的"硬伤",为解决此问题而实施的股权分置改革给予了资本市场史无前例的利多机会,使上证指数站在了6 124点的历史最高位。

3. 场外推动场内,场内规范场外的发展特征

从陈光在山东省诸城市推行的内部职工股权激励制度,到四川红庙子市场,再到全国300多个产权交易所的挂牌,正是场外交易市场的持续活跃推动了深交所和上交所的创生。场外协商议价和场内集中竞价交易使得资本市场的交易趋于规范和标准化。任何事物的发展不可能是一帆风顺的,深圳"8·10"事件、上海"3·27国债期货事件"、银广夏造假案、南方证券倒闭等一系列事件暴露出资本市场交易中监管的漏洞和交易的无序。

在发现问题中成长和成熟,用改革的办法解决问题,这是中国改革开放的成功经验,资本市场的发展当然也不例外。从行业自律到证监会的集中监管,从《公司法》到《证券法》,从审批制到核准制,一系列的改革措施不断地规范着正处于成长期而又极具"叛逆精神"的场内交易市场。场内交易市场交易制度的不断完善,反过来又推动了场外交易的有序发展。目前,从"两网"(即STQA和NET)到三板市场,再到"新三板"市场,从单一产权交易所到多样化、多功能的知识产权交易所和股权交易所,我国的场外交易市场也呈现多层次有序发展的局面。

4. "草根"的力量是中国资本市场发展最坚实的基础

正如吴晓波在《激荡三十年》序言中指出的那样,"一群小人物把中国变成了一个巨大的试验场"。中国资本市场也是发端于"草根",成型于"草根"。作为中国股市第一个百万富翁的杨怀定原本是一个国营企业的仓库保管员,在一次失窃案中被误认为嫌疑人而辞职,但是股票市场改变了他的人生。和杨怀定一样,第一

代投资者大多为没有固定职业、没有稳定收入的社会"草根"阶层。以杨怀定为代表的中国第一代投资者,在股票市场上改变了他们的财富人生,也推动了股票市场交易制度的不断规范。"资本面前人人平等"原本是市场交易的核心规则,但中国股票市场股权割裂的现实使得天性是流动的股份无法有效流通,进而也不可能实现真正的公平。正是一批批、一代代的"草根"用他们微薄的力量在支撑着中国的股票市场,正是中小投资者的配合才使得股权分置改革迅速铺开,正是中小投资者的执着使得机构投资者有了最忠诚的客户群,一言以蔽之,"草根"的力量是中国资本市场发展最坚实的基础。但是纵观二十多年的曲折历程,专门针对中小投资者的有效的保护制度始终没有确立,这也是制约我国资本市场进一步发展的瓶颈之一。

5. 中国资本市场发展受美国资本市场技术进步路线"样板性"影响过强

美国纳斯达克市场制度的成功和美国在资本市场监管方面简单地照搬产品市场并放任自由的"成功"管理经验,放弃了动员地方性类市场性质的公共品资源参与多层次资本市场建设,放任挤压地方性资本市场的纳斯达克市场超最优规模成长,将实点性OTC市场中的优质业务和券商吸引到纳斯达克全国市场中,这导致了20世纪70年代以前存在于美国各地的一百多家地方性OTC市场和证券交易所萎缩消失。同时,高风险、高回报的交易让给了场外投行、风投、私募股权等中介类金融机构,剩余的"近垃圾性质的"股权交易使得实点性OTC市场边缘化了。①

我国资本市场的发展,几乎是描红于美国纽交所和纳斯达克市场,有时甚至连市场中的交易岗位也是直接翻译过来的。来自我国一线市场的任何创造,如果和证券交易所及期货交易所不和——事实上是和纽交所制度、纳斯达克制度、芝加哥期货交易所(CBOT)制度不符合,虽然市场的建构收益更大,监管部门也会以内存的任何市场风险为由而加以无限期推迟,甚至限制或者直接禁止。这种限制只是多层次资本市场发展受美国技术进步路线影响反映在监管变量上的一个观察点而已。

四、在未来经济转型中实现多层次资本市场的跨越式发展

"十二五"规划明确提出"坚持把经济结构战略性调整作为加快转变经济发展方式的主攻方向,坚持把科技进步和创新作为加快转变经济发展方式的重要支撑"。在经济转型中,中国经济面临"刘易斯拐点"迫近、资源环境压力和国际产业竞争更加激烈的挑战,而我国大部分行业产业集中度低、产能过剩、市场竞争力较弱,大规模的产业整合、企业兼并重组势在必行。要实现这个要求,资本市场,特别是多层次、多元化的资本市场体系,具有不可替代的作用。

---

① 曹和平:《中国产权市场发展报告(2008—2009)》,社会科学文献出版社2009年版,第19—21页。

1. 实现市场发展定位的历史性转变

发展的定位决定发展的方向和路径。二十多年来,中国资本市场的发展在推动国有企业实现转型改制,从而为经济高速增长奠定基础方面做出了历史性的贡献。现在,资本市场应肩负起新的历史使命,应该从主要服务于国有企业转型改制,转向服务于转变经济发展方式、支持经济结构调整和科技创新型企业发展,也就是从重点支持国有企业转向重点支持中小企业和民营企业。中小企业、创新型企业往往是创新型经济的先锋,但其成长初期对外源性融资尤其是直接融资有着更大的依赖性,完善的多层次资本市场可为其提供资金筹集、交易和退出的平台,提供科技与资本、人才整合的平台。

2. 建立完善的转板机制

是否具备完善的转板机制是多层次资本市场成熟与否的重要标志之一。不同市场之间的监管标准、定价体系都有所不同,这是不同层级股权市场之间最本质的差异。当一个新兴产业发展成为主导产业之后,原先在创业板上市的企业将从成长股变为增长放缓、盈利能力稳定的价值股,这时可通过不同市场之间的转板实现动态调整。反之,原有的优势产业也可能沦为夕阳产业。也就是说,好的企业可以从下一级市场上升到上一级市场上市交易,而差的企业则会从上一级市场"降级"到下一级市场。

统计数据显示,自 A 股设立至今 21 年,除了由于吸收合并及分立等特殊原因而退市外,真正因监管规则而退市的上市公司只有 42 家,仅占目前上市公司总数的 1.7%。[1]

3. 稳妥推进国际板建设

随着我国经济实力和国际地位的不断提升,国际板的推出势在必行。国际板的建设一方面可以吸引国外优质企业来中国上市,让国内投资者分享世界成长的机会;另一方面可以通过资本市场的开放推动资本项目的开放,进而有助于推动外汇管理体制和汇率制度的变革。

4. 破解产权市场边界拓展的瓶颈

产权市场未来发展一方面应紧紧抓住"十二五"期间国企改革和结构调整的战略机遇,积极构建并购重组的交易平台。在"十二五"期间,国有经济布局和结构调整的步伐将进一步加快,国有企业深化改革、改制重组的力度将进一步加大,产权结构更加复杂,产权分布更加广泛,产权流动更加频繁,对企业国有产权管理提出了新的更高要求。"十二五"期间的国有企业改革发展,将为产权市场继续打造并购重组交易平台提供夯实的基础。

另一方面,随着民营经济的发展,民营产权也有交易的需求。考虑到国有产权和民营产权之间的差别,民营产权交易和融资服务应该采取差别化的战略,设计适

---

[1] 数据来源于《上海金融报》2012 年 7 月 3 日第 A05 版。

合民营产权交易和融资服务的特色化产品,从而为广大非上市、非公众的中小企业提供融资服务。

参考文献

宋兴胜:《多层次资本市场体系的生成与演进研究》,《河南金融管理干部学院学报》2006年第2期,第97—99页。

石洪萍:《并购融资视角下多层次资本市场建设》,《金融与经济》2011年第5期,第51—54页。

曹和平:《中国产权市场发展报告(2008—2009)》,社会科学文献出版社2009年版。

曹和平:《中国产权市场发展报告(2010—2011)》,社会科学文献出版社2011年版。

第三篇　演讲及媒体专访

- 我与中国产权市场的缘分
- 我们为什么研究产权市场理论
- 研究产权市场我感到很孤独
- 为多层次资本市场把脉
- 资产评估亟待从区域性分散化走向规范化
- 产权交易所：走出"麦田守望者"
- 去市场化的"手拉手"交易是滋生腐败的温床
- 产权市场是最具动态魅力的资本平台
- 资本市场产业链的成长

我与中国产权市场的缘分*

2007年1月,与北京大学经济学院教授曹和平先生因为一次主题论坛与产权市场结缘,到现在两年多的时间里,曹教授的足迹踏遍中国大江南北,他率领他的团队对各地的产权交易所、对中国产权市场进行了调研,两年的辛苦努力换来了丰硕的成果,如今由其担任主编的中国产权市场首部蓝皮书《中国产权市场发展报告(2008—2009)》新鲜出炉。是什么引起他对中国产权市场的兴趣?是什么让他在两年多的时间里勤奋耕耘,努力探索中国产权市场发展的未来?新浪产权记者对曹教授进行了专访,从中我们可以看到他眼中的中国产权市场,以及他愿意为之奋斗的深层次原因。

一、与中国产权市场的首次亲密接触

记者:首先请曹教授介绍一下您的学术背景。

曹和平:1983年我在北京师范大学马克思主义哲学专业读研究生。当时深圳刚刚设立特区,改革刚刚起步,也就在那一年,我和我的导师有机会去深圳调研,于是就有了深入改革前沿理论联系实际的好机会。

当时深圳的中英街带有标志性意义,一脚跨过去就好像从社会主义走进了资本主义,对于我了解新知识具有很大吸引力。我选择的调研对象是现在的康佳集团的前身,重点调查他们的劳动制度。

在当时,他们实行的是结构工资制度,即有一个保底工资,然后根据完成的工作量获得提成,他们的普通员工工资达到200—300元,而我后来研究生毕业的工资只有62.5元,从这里就可以看出结构工资制度与传统制度的巨大不同。

正好当年开全国哲学年会,参会的都是理事长级别的人物。会长来得最晚,只

---

* 本文为新浪产权记者李学亮2009年8月24日采访曹和平教授而撰写的专访稿。

好坐在我旁边靠近门口的位置,他就让我先讲,我就讲了这次的调研。我当时就说,马克思主义活的灵魂是理论联系实际,我发现中国的工资制度就是最好的理论与实际相结合。

记者:研究生时期学的是马克思主义哲学,怎么后来又走上了经济学的研究之路?

曹和平:1984年,社科院成立山东农村问题调查组,需要一个党支部书记,我是党员,又因为上次的发言所以被选中调入了社科院。正是关于农村体制改革的调研使我开始从哲学逻辑的抽象理论上升到社会实践中去。

后来我写成的论文题目是《山东陵县土桥镇乡村户三级关系的调查与思考》,主要是讨论三级关系,从社、队和大队变成乡、村和户的关系,一个基本思想就是人民公社三级所有体制改革后,把田间的车间管理变成总量控制,大家有了更大的自主性。

1986年到1988年间,我曾到斯坦福大学访学,发现世界上关于农村研究有更广阔的天地,就想去国外念书。1991年我拿到了世界银行的研究生奖学金,去俄亥俄州立大学读书,学习发展金融。

回国以后正值国内关于人民币升值贬值的问题讨论得最热烈的时候,我开始研究货币体系问题,做中国农民的防卫性储蓄研究。在美国,农村储蓄是发展金融的热门。发展金融就是研究在金融发展过程中,经济发展和金融发展的相互关系,而农户的防卫性储蓄就是农村的储蓄信贷关系。

记者:那您又是如何介入产权交易市场研究的?

曹和平:2007年1月,北大金融与产业研究中心主办了中国多层次资本市场论坛,中国产权交易界几乎所有的重量级人物齐聚一堂,主办方请我参加并作主题发言。

当时我就有一种感觉,我国的资本市场上,上证所和深证所不能解决资本市场的全部问题,它们更像是个把资本市场中最盈利的部分捡了起来,但是资本市场中还有更难的部分要解决。

我国的上市公司只有2 000多家,而能达到创业板要求的公司有70万家,现在上证所和深证所的上市企业可以称为贵族企业,大量平民企业的融资需求应该怎么解决呢?当时我的"第六感"告诉我,这个问题很重要,那是第一次与中国产权市场接触。

2007年,诺贝尔经济学奖获得者斯蒂格利茨建立了"中国行动小组",研究中国进入新一轮经济增长时期的制度设计问题,在钓鱼台国宾馆举行的"中国经济增长新制度设计模型"会议上决定了要研究的领域,最后确定林毅夫研究农地改革,刘遵义研究城市用地规划,我负责产权市场的研究。

记者:产权市场能进入"中国行动小组"的课题研究,肯定要有充分的理由,您是怎么跟他们解释中国产权市场的?

曹和平:我在会上说,在中国,上证所和深证所家喻户晓,260多家产权交易机构却很少有人知道。我解释说,产权交易所的业务和国外的投资银行业务、私募股权业务、风险投资业务、知识产权交易都有充分的融合,他们是中国资本市场的重要组成部分,和资本市场制度改革有着很密切的关系,他们非常同意并支持我的观点。

二、产权市场将成为中国资本市场主导力量

记者:然后您是怎么开展对产权市场的调研的?

曹和平:承担这一课题后,我邀请美国伯克里大学做知识产权研究的布兰·怀特教授来中国一起做调研。2007年12月,我和他一起调研了全国六家交易所,第一站深圳,第二站广州,第三站武汉,第四站西安,第五站天津,最后是北京。

在去广州产权交易所之前,我已经被聘为广州金融决策专家委员会委员,同时我在这里要特别感谢广州产权交易所资助我们3年的研究经费,这是第一笔来自企业的资金支持,《产权市场蓝皮书》能够面世和广交所的支持是分不开的。

在武汉光谷联合产权交易所,何亚斌董事长给我们介绍了我国产权市场的发展历程、国有资产处置的政策沿革等问题,并且他关于我国产权市场监管和部门整合的建议是具有独到见解的,这次蓝皮书中也会有湖北武汉光谷联交所提交的相关内容。

可以说,当今的产权市场是老一辈产权人士用辛勤和血汗换来的,产权市场从诞生到现在的规范发展离不开他们的不懈坚持。

一家产交所的老总曾这样跟我说:1997年国资局解散后,原国资局工作人员在极端困难的条件下每年都要开会讨论国有资产和产权市场的未来发展问题,正是他们用辛勤的汗水换来了产权市场今天的成就。这是令我们这个产权市场发展研究课题组由衷佩服的。

记者:对您走访的这六家交易所都有哪些印象?如何评价这些领头人?

曹和平:李正希总裁领导的广交所更像是中国版的摩根和高盛的综合。广东国企改革早先一步,导致广交所国企业务在总数上要少,而民营和合资企业很多,来自市场上的投资银行、私募股权、风险投资、私有资产的产权处置和评估业务更多,所以广交所在市场化业务方面先行一步。这既是李正希及其团队的功劳,市场环境也给予了他们莫大的帮助。

武汉光谷联合产权交易所的何亚斌董事长应该是中国产权界中对产权政策、规则和管理思考最深刻的专家之一。由于历史原因,湖北国资数量非常多,武汉光谷联交所扮演着国有产权改革的始发地和探索者的角色。

会计师出身的西部产权交易所前总裁王浩生,对产权市场有着非常深的热爱,对产权制度也有很深入的思考。我认为他是带着会计师特有的缜密性和严格性对思考和实践进行的,他在陕西产权市场的整合发展方面做出了重要的

贡献。

重庆联合产权交易所成立时间虽然比较晚，但是走得很扎实、很稳健。其发展如同重庆的发展一样，逐渐成为中国西部地区产权市场的中心，并有望成为中国资本市场上不可忽视的区域力量。

在我看来，重庆联交所团队非常强调业务创新的可持续性。他们刚刚获得了每年6 000余件的司法拍卖业务，在全国是第一家，具有里程碑的意义。产权市场业务从企业延伸到事业，现在又延伸到司法，把原来属于法律领域的、非市场化的产权处置通过产权交易平台市场化、透明化，这是中国司法体制乃至人类文明的巨大进步。

天津产权交易中心的高峦主任在连接产权市场与天津滨海新区、高新技术、OTC市场重建以及与国际市场接轨方面，都有独到的见解并做出了卓越贡献。

蔡敏勇总裁领衔的上海联交所地处上海这一国际资本前沿。据我了解，蔡总在高新技术产权交易方面有着丰富的运作经历，最近两年他们又成立了南南全球技术产权交易平台。这说明上海联交所已经把中国产权市场与国际资本进行了对接，把中国产权市场与世界经济的良性发展做了连接，已经超出了区域的范畴，而且把中国产权市场的优势和特点传到了联合国，传到了全世界。

北京产权交易所发展得非常快，它更像一个全方位发展的业务平台，在业务创新、产权机构集群和国际化方面都有不凡的成绩，他们在美国、欧洲和日本建立的办事处将让他们更加具备国际眼光和全球战略。应当说北京和上海都具有不可估量的后发优势。

还要强调的是国务院国资委产权局的邓志雄副局长，他站在主管部门和整个产业发展高度，从产权市场产业链成长的角度深入研究了行业的发展特点，赢得了产权界的高度尊敬和肯定，我想这与他的个人努力是分不开的。

总的说来，260余家产权交易机构已经成长为一支令人生畏的生力军。

记者：您做产权市场研究也有两年多了，您如何定位产权市场和资本市场的关系？

曹和平：主流经济学认为资本市场是包括股市和债市在内的证券市场，这个证券市场可以为企业（股市）和政府（债市）进行超过商业信贷期限的融资。可资本市场的这个定义太狭窄了，不能涵盖产权交易机构。在实际生活中，很多交易是非证券化的，而只是股权交易，就是评估之后把企业的总量通过百分比的形式权益化，并且进行交易，它更多地涉及资产转型，是资产的处置、长期的融资和资本品交易。比如卖机器、卖厂房，这是资本市场吗？我认为这是资本市场。

所以，我现在把新古典经济学或主流经济学关于资本市场的技术定义进行扩展，扩展到包括证券市场和资本品市场，就是包括了企业生产资料和一次性无法消费完的工具性资产的交易在内的市场。所以这些没有在证券市场上进行的资本活动也应当属于资本市场的范畴。

如此一来,中国的资本市场可以分为四个板块:第一个是上证所和深证所做的单元化交易和可重复性交易,也就是股票市场;第二个是全国260家产权交易机构;第三个是民间信贷中一部分从事资本品交易的民间资本市场;第四个是大银行下的资产管理公司、资产投资部门以及跨国金融机构等在业务上交汇后形成的资产处理业务。其中第一板块和第四板块是我们借鉴国外资本市场上的运营商和投资商形成的国际业务和全国性业务,第二和第三板块更像是中国内生的资本市场业务。

记者:第二板块是产权市场,那么产权市场在其中的位置如何?

曹和平:四板块中第二和第三板块处于高速成长期,全国260多家产权交易机构如果与我国民间资本市场充分融合,并吸取国际资本市场上的业务,恐怕这将是决定中国资本市场未来的主导力量之一,这就是我对产权市场发展前景的评估。

三、交易异质性资本品市场资源的二次发现

记者:前面谈到中国产权市场现状和发展前景,您能否从交易所的业务等几个方面谈谈同样的主题?

曹和平:我国产权市场是资本市场的一部分。什么叫资本市场,主流理解是由股市和债市形成的证券类及其衍生品市场。但是,主流理解有一个缺陷,如果资本市场仅仅交易股权和债权类衍生品,那这些衍生品藉以附着的标的物——生产者产品(producer's good)的交易属于什么类型的市场交易呢?在主流经济学中,生产者产品的另外一个名字叫"资本品"。资本市场不交易资本品算什么资本市场。

有人说这类产品叫要素市场,但生产要素指的是资本、劳动、技术等生产过程中消耗的产品,这些产品有的是一次性消耗掉的,有的是多次消耗掉的,前者显然不是资本品的内涵。生产过程消耗的是生产要素,生产者消费的是股权,而后者是资本品。那么,不在股票市场交易的股权——大都是以实物形式折合的股份百分比——的交易还能算是要素市场吗?显而易见,主流理解的定义域太狭窄了,仅仅是个工具意义上的顺手概念。便捷是便捷了,但留下了逻辑上的漏洞。

流行理解的资本市场不交易资本品的原因在于资本品交易是个小众市场。谁能有胃口消费厂房、设备及工具等累积在一起的消费品呢?消费者没有这个胃口,只能是生产者来消费。要将天生意义上的小众市场大众化,将物理意义上不可分割的资本品在会计意义上匀质化(证券化),然后再依据评估价值将其细分到一瓶可口可乐那样的单元产品(标准化股权),使交易大众化。原来证券市场是个像傻瓜照相机那样为普通投资者设计的超市产品。

撇清了概念之后,就回到了你的问题,中国产权交易所业务的现状和前景怎样?从生成上看,产权交易所的业务有一半以上还是2003年国务院《企业国有产

权转让管理暂行办法》带来的制度业务——企业国有产权必须在依法设立的交易机构进行交易。这部分业务是产权所赖以生成的前提。近年来,我国样本性产权交易所有将近一半的业务从国有产权走向了非国有企业的股权交易。这部分业务是产权交易所经过近些年的努力在市场上学到的能力。因而产权交易所的业务应该是资本市场上非标准化的企业一揽子股权交易。它本质上是个小众化的股权市场,但交易量并不小,而且面对的是成千上万的普通企业,而不仅仅是行业龙头和成熟企业。

这从我国产权市场的覆盖面上可以看出,它不像证交所一样,只有一两个,在2009年将超过300个,几乎一个地区就有一个交易所。企业的股权交易的需求是多方面的,仅仅一两个金融超市怎么能满足全国各地"千家万户"意义上的企业需求呢?从这个意义上说,产权交易所有一个全国联网的前景是个好事,但更重要的是能使自己的股权交易业务和民间资本市场上的同类业务整合起来,这才是其可持续存在的草根性所在。

记者:是不是也可以反过来说一方经济培育了一方产权市场?

曹和平:这个问题太哲理化了。不过,格兰杰[①]因果理论可以在这个问题的分析上提供一个思路。中国的经济体制改革从1978年开始,中国产权市场则是在1988年诞生的。各地经济发展培育了大批民营企业,民营企业与国有企业在竞争中出现了互动需求,也因而出现了改制和股权置换的可能。从因果关系上看,市场逐渐取得发展后促进了对产权交易的需要。从时间序列(格兰杰因果链)上看,确实是一方水土培育了一方市场,当然包括产权市场。

但是,格兰杰因果支持一方经济发展促成对产权交易的需求并不否认另一个方向的互动,产权交易的诞生和发展同时也促进了经济发展。试想:没有资本市场,企业谈何发展?正因为我国资本市场发展长期滞后,所以才出现了今天被强力扭曲的资本市场。第一个扭曲现象是当地方独立的要素市场不存在,房地产投资商依据投资项目与当地政府(土地要素的供给者)形成以项目存在的资本品(土地)交易时,往往能够获得暴利。当资本市场不发达,地方有巨大融资需求的时候,就需要用人力资源,比如政府官员,作为融资平台的替代,这是由于资本品市场严重短缺而出现的怪现象。第二个扭曲现象是在国家高新技术开发区,园区几乎所有工作的目标都是围绕着引资而进行。不该引资的角色——政府在引资,该引资的角色——市场到哪里去了?缺失了。谁限制了资本市场的生存和发展?是市场规制。市场规制是怎么来的?是政策的积累。政府不生产政策,反而成了政策的执行者,不是扭曲是什么!

可以说,经济发展促进了产权市场的发展,反过来产权市场又促进了经济发展,降低了企业成本。

---

① 格兰杰,英国经济学家,2007年诺贝尔经济学奖获得者。

记者:与证券市场相比较,中国产权交易市场上的产品有什么不一样,为什么会不一样?

曹和平:这就是我所理解的产权市场的另一个特征,即产权市场交易的产品是异质性的资本品。为什么说资本品是异质性的呢?这是相对于消费者产品来说的。消费者产品同质性强,新飞的冰箱和海尔的冰箱有差别,但可以通过冰箱的市场价格比较,而海尔集团和新飞集团的差别可没有价格参照。作为企业,其资本品的价格天生是独一无二的。两家冰箱厂,技术水平是一样的,研发团队是一样的,市场占有率是一样的,可当上市评估市值的时候,两家企业的估值可能完全不一样。因为企业作为一个生产主体是很特别的,如果其中一家企业有一位市场知名度很高的老总,那么情况可能就大不一样。

再就是资本品交易天生是难匀质化的,也就是说,附着在资本品上的产品品性非常难匀质化,所以才会出现证券化的包装上市。大家知道,包装一个企业上市需要花费几千万元甚至上亿元,可见企业匀质化成本之高。企业本来就很缺钱,谁还会把自己的产品花这么多钱做匀质化(证券化)达到上市标准?只有那些盈利水平好、抗风险能力强、市场知名度高的企业才具备这种素质。资本品的命运就是:只有百分之五左右的资本品能够在证券市场上交易,百分之九十五的资本品只能在非标准化或者说是特质化的市场上交易。谁来完成这个任务,260家产权市场是重要途径之一。

所以产权市场特征化、区域化、行业化符合资本品天生的异质化品性,证券市场是模仿产品交易的拍卖市场,是在资本品交易上迁就投资人而不是方便大众企业融资的制度设计,它更像是一个锦上添花而不是雪中送炭的制度设计。

对产权市场来说,通常只有一个卖家而有多个买家,或者只有一个买家而有好几家供货商,二者分别可形成卖方和买方拍卖市场。证券类资本市场是一种有多个买方和卖方的复合型拍卖市场,即完全竞争市场。而资本市场上更多份额的股权类市场是小众市场,它不是竞争性市场,而是小众条件下可以通过拍卖方式向竞争性价格逼近的资本性市场。

证券市场上的交易是对大宗商品交易的一种制度模仿,正因为其模仿性,所以不能像及全部。产权市场是按照资本品的特征和内容来交易的市场,它更像是资本品市场中的资本品市场。在制度意义上,证券市场是资本品市场的异类市场。

记者:这种交易异质性(heterogeneity)的非标准化的有形资本品市场似乎是中国的独创。

曹和平:对,产权市场的确是中国的特色,是中国对发达资本市场遗忘掉的一种交易异质性资本品的市场资源的二次发现。

资本品交易具有特质性,通常情况下是一个卖者面对一个买者,出现几个买者都比较困难。所以你就会发现在资本品交易里,由于它的异质性,交易方式向原始方式退化。在高盛集团纽约公司门口,一边是出让股权人的通道,一边是受让股权人的通道,尽管二者有可能在同一时间碰面,高盛还是把他们分开了。这种"一手托两家",通过屏蔽信息(information screening)的方式来最大化中介投资银行收益的做法,实在是在 21 世纪的今天向原始交易方式的退化,虽然今天的投行首席经济学家可以给你一百条理由来阐释他们的做法是先进的。

20 世纪 60 年代初的时候我不满十岁,经常能在农村的集贸市场上看到这样一种现象。市场上的掮客(原始经纪商)走到一个牲口卖主旁,把自己头上的帽子摘下来,两个人在帽子底下用手语要价和出价——"捏猫"。这样的讨价还价过程虽然第三方看得见,但内容是在帽子下的"黑箱"中,是"一手托两家"投资银行交易的"原始版式"。比如雪津啤酒的第一次交易,高盛先和雪津签订了保密协议,这就好像盖了个帽子,别人不能再看了,谈好什么价格就是什么价格。拍卖市场则不一样,买卖双方之间喊价和出价的信息是透明的,出价者之间的信息也是透明的,这就阻止了"猫腻"现象的出现。

现在的风险投资、私募股权以及各种各样的场外市场做市商,他们都是"一手托两家",将原始化的交易方式规范化成今天的现代版式,反而成为国际资本市场发展的历史必然。

人类今天的婆亲制度和两三千年以前一样,只不过形式被现代化包装了,但实质上没有太大差别,这是否是因为新娘子本身是一种异质化的实体而无法交易呢?异质化产品交易在市场上一定回归原始化,美国高盛这种"一手托两家"的交易真是原始但"妙不可言"的交易!人类的情感可以不进步,否则我们就无法理解《诗经》动人的爱情故事,但人类的理智不能不进步,否则我们今天就无法把美丽的新娘子迎进华美的现代套房中。但是,利用对象的异质性而使理智的进步原始化,实在是对人类交易经济制度进步的讽刺。

中国产权市场的特色就是不排斥股权交易中的卖方和买方拍卖方式。就拍卖方式的发现来说,没有多大的智慧含金量,西方在 20 世纪 70 年代以前的 OTC 市场交易中也不排斥这种方法。但是在投资银行和纳斯达克全国网络占据资本市场主流、地方性 OTC 市场衰落后,拍卖形式也失去了存在的制度基础。说拍卖是中国的独创恐不公平,最多是二次发现。但是,在产权交易所制度下发现这一交易方式,其道路是独一无二的,说创造并不过分。

记者:这种独创性似乎带有一定的偶然性,那么这种独创性是不是完美的呢?

曹和平:中国产权市场与国外不同,它是国企改制的结果,地方公共部门的参与使得其本身具有公共品的部分特质。把竞争性拍卖机制引入资本品交易,而不像高盛和中国的私人投行业务等推行"一手托两家"的交易方式,没有公共部门的参与是不可能的。地方政府在处置国有企业产权的时候,目的不是最大化交易中介的收益,而是最大化股权交易量以增资引资,这和个体企业的最大化目标是不一样的。这种独创确实有一定的偶然性。如果先放开资本市场,而且个体私人投行业务在行业中占优以后,最大化交易量的拍卖方式恐怕会大大降低出现的概率。把资本品在证券化之前拍卖,不会破坏资本品的原始特征,同时引入竞争性机制,这显然是中国产权市场的独创。

中国产权市场虽然是中国人的创造,但也不要以为这是中国人的本事,虽然不是"瞎猫碰上死耗子",但仅凭地方公共部门在参与初期具有地方公共利益的思考这种表层公共性,不按照公共品自身内部的发展规律去发展产权市场,中国产权市场的优势可能会递减为零,甚至为负。因为地方垄断恰恰是公共品边际服务成本为零的死敌。最近我走访了国内不同地区的产权交易机构,已经发现了这里面有毁坏公共品的种子,虽然现在不好明说,但如果这种状况持续下去,产权市场特有的优势可能会毁掉。

作为公共交易平台,产权市场如果不将亚公共品的比较优势内化在交易过程中,就会退化为劣势。这里面有几个原因:一是不完全的会员制度,二是交易所的公共平台部分和资产处置部分。二者之一具有公共平台性质,另一具有相邻上下道工艺顺序上的私人品生产过程,极容易将公共品私人化,如果没有设置严格的防火墙,这种公共平台优势非常容易因上下道工艺上的私人寻租而微分为零。中国产权市场中蕴含了产权界第一代人的奉献,如果再懵懂下去,第一代的奉献就会"tipper-off"。可以说,产权市场的"中国创造"远远不是一个完美的资本市场形式。

记者:您刚才说产权市场存在的潜在危机具体指什么?

曹和平:作为公共交易平台,如果不把它作为服务公共品交易理解的话,这份公共品就会被慢慢私有化,私有化之后交易过程就会和高盛这样美国式资本品交易一样,公共品交易优势被抛弃,之后资本品的交易将会变得成本高昂,那就成为社会的净损失。

公共品私人化的过程是寻租,寻租对交易所短期来说是有好处的,长期将是毁坏性的。我举一个简单的例子:高校的会计和结算部门是公共平台部分,高校的各个学院是使用这些公共平台的,就好像是资产处置部门。大家报财务预算的时候都想多报一些,最终把会计制度捅了很多窟窿,最后一查全乱了。

当然产权市场目前不仅仅是信息化的平台,不仅仅是公开喊价的平台,也不仅仅是信息收集平台,它是一个资本交易的公共品平台,公共品的最大特点是它新增一份服务的边际成本为零,当然如果不通过公共品平台,完成同样的工作或者新增一份资本品的边际成本是递增的。

结果是什么呢?有人就会在边际成本为零和边际成本递增之间寻租,通过破坏这个平台来寻租,只要不超过一定的限度都是公允的,结果原来我们独一无二的可以超过美国资本市场的那一部分就被渐渐毁掉了。

四、中国产权市场必须和民间资本充分结合

记者:现在各个产权交易机构都在探索融资功能,怎样才能实现?

曹和平:产权市场的一个重要特征就是股权融资功能和产权过户功能。

股权过户只不过是把所有权益从一个经济人转到另外一个经济人手中,这是所有权的流动和转移,增加的是资产的流动性。另一个是融资功能,产权在流转的过程中新增了一份资源。比如国家发行了 3.5 万亿元的流通现金,但是经过银行的融资功能就变成了 35 万亿元,这不仅是增加了流动性,而且是增加了股权流动中的杠杆功能,是融资功能,它能放大资产规模,延伸产业能力。显然,产权过户是一种简单的买卖,产权融资是买卖之上的资本市场的深层功能。

我希望产权市场也具备这样的功能,比如 2008 年交易 4 000 亿元,这 4 000 亿元是过户的 4 000 亿元,那我们能不能把这 4 000 亿元的资本品标的作为基础,通过它的信用基础增加到 6 万亿元呢?所以一变二是融资,一变一那是过户。

现在中国产权市场上,融资功能特别弱,而处置功能特别强,大家都知道,只有将资本品单元化,单个交易价格才会变成市场价格,只有市场价格才能有均衡价格,才能实现连续交易,而产权市场上又不允许连续交易,那么怎么增强融资功能呢?

我个人提出一个建议:我国产权市场必须和民间信贷市场合并,就是在处置国有资产的同时,和民间融资对接。

其实民间有很多融资服务,比如广州产权交易所的托管服务,这个托管其实是一种处置的过程。可是我们想一下能不能这样呢?比如我有一个纺纱厂,有十万锭白色的纱,可是还没有卖出去,这时候又有一笔订货要绿色的纱,那么这个时候我可不可以用白色的纱做抵押,从另外一家企业那里获得资金然后去购买原料?你会发现,企业还是拥有十万锭纱,但同时企业还多了 3 000 万元资金,这就是融资,这才是资本品交易的未来。这样的事情在当前的广东、福建等地是每日每时都发生的,这才叫做融资。

北交所现在在做并购贷款业务,他们是把商业信贷周期和产权并购过程的两个产业链条连接起来了,我想买一个企业的股权但是没钱,银行资本就可以进来了,这不就是一变二吗?

广州产权交易所操作过一个广地花园的项目,是拥有 10 亿元销售额的项目,广交所丢进去 5 000 万元把企业和股东的关系理顺,让原来的几个股东投资资本有房屋变现退出,利益冲突的股东退出后,原来价值 5 000 万元的东西变成了价值 5 亿元的地产,这是对原有资产的并购重组进行的融资,把一份资产变成了十份资产,这叫做融资。中国产权市场上今天能够做这种融资的很少。

产权市场如果能和民间巨额资金结合起来,产权市场的融资功能就成为我国

产权市场高速成长之后下一阶段的突破点。

记者：在国际上，产权交易的理论框架体系是怎样的？

曹和平：我国产权交易理论研究中有一个重大麻烦，那就是研究中国产权理论动辄就运用科斯的企业产权理论。

可是你看，我国的产权交易理论更像是投资银行业务、私募股权业务、资产重组与并购业务、风险投资业务以及市场制度设计等，这与科斯研究的对象根本就不一样，所以换句话说，产权交易在国际上就没有理论。

原因在于，西方理论由于语义上的区分，产和权是两个不同的东西。因而作为所有权的产权和作为交易权的产权没有关联。他们把资本市场当作证券市场，而证券市场上交易权最为突出，买就是为了卖，股票天生就是一个贸易的权证。可是我们必须清楚，科斯谈产权是为了制造业经济的发展，要求产权明晰而能够获取激励，所以科斯的产权理论是为企业的存在和发展提供基础的。

我认为一个完整的产权交易体系应该是作为所有权的产权和作为交易权的产权的一个综合的理论体系，而这两者在西方证券交易和微观经济学里没有连接起来。

那么没有产权交易理论体系的西方是怎么交易产权的呢？第一是投资银行，第二是通过私募股权投资，第三是通过并购重组机构，第四是通过各种各样的场外市场。这些对象不在科斯也不在西方的产权理论当中。而中国的产权交易迫切需要将二者结合起来。

记者：国际上没有产权市场的理论体系，那怎样在中国建立起这样的理论体系呢？

曹和平：在我国的产权交易市场上，我们把西方的资本品交易综合在了一个平台上，所以你问我产权市场的理论体系是什么，我首先就要把所有权和交易权的标的特点提出来；其次是要把产权交易里的产权处置和交易理论建立起来。要找出作为资本品的产权和作为交易权的产权所适合的交易制度，而不是简单地模仿证券市场的交易。

产权交易理论体系中很重要的一块内容就是产权交易里的公共品成分，也就是我所说的产权交易的俱乐部理论，没有这一块内容，中国产权交易市场的理论体系就不能说建立起来了。

俱乐部理论既不是公共品也不是私人品，而是一种介乎二者之间的俱乐部产品，它具有公共品的特性，因为在其生产能力和提供服务能力的范围内，形成的一种服务的成本为零，但又因为是一个个的俱乐部，相互之间是有竞争的，这种竞争不是产品和产品之间的竞争，而是俱乐部之间服务的竞争，所以又像是私人品。这种既可以私人拥有，又具有公共品属性的产品及其交易应该是中国产权交易理论的重要组成部分。

记者:从现在来看,有不少交易所都想从事标准化的交易,对于自身的特定功能有所忽略,您如何评价?

曹和平:现在部分交易所做梦都想把自己变成一个传统的OTC市场,并最终有一天能变成纳斯达克,在我看来这是向西方学习的一种冲动,但即便是变成了纳斯达克,也无法替代亚公共品性质的交易所平台。而恢复传统的OTC市场简直就像是重复资本品市场上的夕阳产业,投资的制度许可成本很高,投资的商业报酬率很低。

把产权交易市场做成纳斯达克的愿望可以理解,但是下一个时代里,中国产权市场真正的创造不在于将纳斯达克从美国搬到中国,或者说不在于中央的授权,把OTC市场建设从证监会搬到产权市场,将这种传统意义上的过时资本品交易制度搬到中国已经时过境迁了。真正能够获得诺贝尔奖的创造存在于产权交易为资本品交易而做的技术创新当中,突破了这一难题才能把人类资本市场带到一个新的高度。

因为特殊国情,中国蜕生出了产权交易市场,那么现在我们有很大机会把这个市场做出样子来。但同时,中国产权市场的发展要防止急功近利,防止一味追求出大业绩,追求做大做强,大的不一定在强上具有比较优势。只有扎扎实实按资本品交易的内在规律去做,才能从中国的偶然发现变为中国的创造发现。

记者:国际资本市场的发展带给中国产权市场怎样的启示,中国产权市场如何才能走出差异化,最终影响世界资本市场的发展进程?

曹和平:我们首先看美国的128大道。在第二次世界大战期间和以后美国资本市场出现了新动向,以前不活跃的市场逐渐活跃,美国有一个全国性的纽交所,还有20多个区域性的证券交易所,还有很多场外交易市场。

其实OTC市场和地区性证券交易所是有竞争的,地区性证券交易所经常把挂在纽交所的股票挂在当地,但是当一只股票在纽交所面向全国的时候,在当地证交所挂牌的结果就是,交易量肯定没有纽交所的大。

实际上,因为做市商担心失去话语权,一些没有在纽交所上市的地方优质企业也不会被挂在地区性交易所,所以一些大的做市商形成了联盟,反对把优质企业放在地区性交易所,另外处于非成熟期的企业有很多经营中的问题,他们也不愿意被披露出来,所以地区性交易所在与OTC市场的竞争中处于不利地位。

到了20世纪60年代,美国成立了全国交易商协会,这个协会在1971年成立了纳斯达克,纳斯达克以创业板体现,相当于交易商协会的交易平台,最后形成了成熟企业在纽约上市,成长中企业在纳斯达克上市的格局。

所以20世纪70年代,美国创业板市场非常繁荣。自从纳斯达克成为全国性市场之后,融资功能增强,连微软这样的企业也不愿到纽交所上市了,纳斯达克就打了个擦边球,不叫"exchange",而是叫做"quotation",沿用早年场外市场的制度,每天只报喊价,不报交易价,不像证券市场那样连续报。为什么呢?因为在这里每天交易中有很多垃圾股,所以就报喜不报忧。

当纳斯达克出来之后,它就把地区性的OTC网络全替代了,优质的企业上了纳斯达克,OTC市场成了一个信息交流平台,原来的做市商不可能全部跟到纳斯达克,就有很大一部分演变成了今天的风险投资基金、私募股权基金等投资机构,以及资本市场上各种各样的中介机构、评级机构、咨询机构等。

所以,美国资本市场在20世纪50年代至70年代有了这样一个大的分化重组过程。

战后美国出现了以麻省理工学院为依靠的波士顿128大道。美国政府为支持高新技术开发,成立了研究开发局,其管理人员就是麻省理工学院的一个教授。麻省理工学院有个特点,因为企业需要保密,所以和员工签署保密协议,要求员工在企业长期工作,这就限制了人才流动,企业员工只能在上下流动,而不能在企业之间流动。所以,后来麻省理工学院在遭遇日本竞争时就垮了下来。

后来麻省理工学院一个教授看不下去就到了靠近硅谷的斯坦福大学,硅谷非常提倡企业之间的员工交流,结果硅谷生产的芯片很快超过了麻省,并且斯坦福大学很乐于和小企业交流,后来硅谷彻底超过了波士顿128大道。

可以说正是人员流动以及乐于和民间交流使得硅谷取得了成功,同样的道理,如果中国产权市场不和民间资本市场结合,那就是没有前途的。

所以我认为,中国产权市场必须和民间资本市场结合起来,才能使我国资本市场内生的资本市场交易制度处于可持续发展的道路上,不会重复南美和东南亚资本市场发展的失误。

中国产权交易市场的国际意义就是,中国产权市场上公共品的参与成分要超过美国很多,这是中国资本市场在核心竞争力上超越美国资本市场的一个好的手段。

如果我们能够总结我国6 000多个高新技术园区的成长教训,参照和改正美国波士顿128大道的失误,在我国产权市场为资本品服务之外,注意与民间资本结合,把我国高新技术产业园区的成功率从目前的1%提高到15%—20%,那一天恐怕就是中国资本市场在中国产权市场的支撑下战胜世界上最强劲竞争对手的时候,也会让中国在世界资本市场发展中引领一个中国流。

我们为什么研究产权市场理论[*]

首先,我想感谢一下今天与会的嘉宾。今天我们有幸请到了几位政府研究部门的领导和专家,请到了北京产权交易所和重庆联合交易所两家从事央企产权交易的交易所,还有广州产权交易所和西部交易所两个大区交易所。

各位的到来让今天的开题仪式达到了非常好的效果,能够让行业里几个重要的交易平台了解我们有这么一个团队在做这个研究,我对此表示感谢。实际上这个研究最初的支持来自广州金融办,他们聘请我做广州市的金融专家,然后和广州产权交易所有了联系,他们支持了我们一笔资金搞这个研究,后来又取得了北交所的支持,我对你们表示感谢。

其次,我谈一下对这个课题研究的思考。产权市场有多重要?大家能不能估算一下,中国股市每天交易最旺的是 2 700 亿元,现在每天交易 800 亿元,产权交易所每天的交易量是多少?

企业成长过程当中,有了债就相当于有了病。如果把一个企业寿命平均算成 50 年,其中 5 年的时间要得病,那么债市是股市的两倍,资本交易规模潜在上限是上交所和深交所的 20 倍,所以,我认为产权交易所的重要性比上交所、深交所大得多。

据了解,目前我国具备上市资质的企业有 72 万家,但现在在上交所、深交所交易的有多少家呢?我看了报表是 1 570 多家,现在退出一些,还是 1 500 多家。所以现在一年增加 80 多家。就算一年 100 家,把 72 万家企业全上市完需要 7 200 年,足够走完中华民族的文明史。所以要靠上证所和深交所满足中国企业的投融资需求是不可能的。

再就是我国的人力资源不值钱,土地也不值钱,由劳动力垒起来的厂房也不值钱,如果没有中国资本市场上大众化的投资出现,而仅仅是贵族化的上证所和深证

---

[*] 曹和平教授在 2008 年 7 月 18 日举行的"中国产权市场发展圆桌论坛暨开题仪式"上的讲话。

所，像撒难友一样，把钱放到账户上，让一亿人投资，恐怕我们所有的资本品都不值钱。

既然如此重要，产权市场问题有多大？我国期货交易是20万亿元，年底将达40万亿元，是GDP的1.3倍。2007年全世界的期货交易是1 700万亿美元，是GDP平均的30倍，我们是1.7倍，美国是80倍。期货交易成长30—80倍才能赶上世界平均值，向发达国家迈进，所以可以看到我国产权市场的潜力有多大，但现在却不允许它发展。所以研究中国产权市场就到了刻不容缓的地步。

理论研究能干什么呢？我们想呼吁全社会关注这个问题，课题组第一个任务是想写一本《中国产权市场发展报告（2008）》蓝皮书，希望大家都来参与，我想的主题是"中国产权市场理论与实绩"，这样把产权市场的方方面面告诉社会，预计年底出版，2009年送到"两会"上，之后向国际科研机构邮寄。

2008年这一卷的内容是理论与实绩，把交易所的方方面面像解剖麻雀一样推荐给中国和世界。2008年蓝皮书顾问委员会和编委会还空缺着，我们下去再沟通。我们最迫切的是希望科研性综合部门和大机构以及一些大型产权交易所的负责人能参与到编委会里。

看一下我们的题目，我们有一个综合性报告，其下是第一篇，叫做理论综合篇，这是对国际国内相关产权的综述。

第二篇是中央及大区性交易所中心，我们希望每个交易所和中心贡献一篇，写一个指导性大纲，对一般组织机构做一个描述，然后做一个统计给我们。

第三篇是我们能不能把九龙治水变成治理成一条路，把发改委、中纪委管产权的、国资委管产权的、证监会管产权的，拢起来放到一个综合性部门去，这样产权交易所规制上就会出现公共品供给的有效性，是我们提供给行业的知识。

第四篇是案例精粹，希望能通过行业的典型性案例的分析，为更广范围的同行提供产权资源动员和交易的经验和创造。

第五篇把产权市场的数据报告给大家，某种意义上做一个分析，给后续研究人员提供储备。

做了蓝皮书，在国际上还没有影响，把中国改革30年来的成果反映到全世界，恐怕还需要更深的理论研究，这时候我们希望高校和科研机构的一些专家加入进来，想在蓝皮书的基础上抽象出课题，然后重金支持，做出成果，在国内国际最好的刊物上发表。我们的目的是成立一个产权研究的平台，现在我们只能以课题为开始。

研究产权市场我感到很孤独[*]

2009年8月底,由著名经济学家、北京大学教授曹和平牵头的中国产权市场研究课题组编写的《中国产权市场发展报告(2008—2009)》已经正式出版发行。作为中国产权市场第一本蓝皮书的主编,曹和平和产权市场更是有着不解之缘。

两年前,曹和平以经济学家的身份参加一个中国多层次资本论坛,并被邀请发言,当时的他对齐聚在整个论坛的中国产权交易界重量级人物印象深刻,更为重要的是,他以敏锐的经济学家的眼光发现了中国产权市场作为资本市场的重要组成部分具有非常大的潜力。同样在2007年,诺贝尔奖获得者斯蒂格利茨建立了"中国行动小组",研究中国进入新一轮经济增长时期的制度设计,曹和平接手负责产权市场的研究。至此,曹和平以一个专家的身份开始着手于中国产权市场的研究。

"想想,消费者消费产品,那么企业作为生产者消费资本品,随着消费品市场规模越来越大,生产消费品的生产者也就会越来越多,生产者要为消费者服务的话,生产者的设备、工具、厂房、土地、股权、创业资本以及置换性资本等需求是非常大的,如果在市场上交易,那这个交易市场竞争就非常激烈了,换句话说,产品市场有多大,资本品市场就有多大。"曹和平在接受采访时表示。

一、即使吃闭门羹也要坚持下去

在近三年的研究中,曹和平邀请到了美国伯克利大学的布兰·怀特教授来中国一起做调研。2007年12月,曹和平便与怀特教授一起开始调研全国6家交易所,包括深圳、广州、武汉、西安、天津、北京。

尽管有了调研中国产权市场的决定,但是其中的艰辛却只有曹和平能够深深

---

[*] 本文为《中国企业报》记者李静瑕采访曹和平教授而撰写的专访稿,刊载于2009年9月16日《中国企业报》。

体会到。"我们在调研中经常会吃闭门羹,因为产权市场还没有真正地被重视起来,"曹和平认为,目前中国产权市场还依然被忽视,"我们的学术界、决策层、企业界、媒体把产权市场忽视了,这是全民忽视。"

在整个调研中,曹和平和课题组不止一次地遭到了产权交易所的质疑乃至拒绝。对此,曹和平总是耐心地做出解释,并将自己的一些研究与何亚斌探讨,最后才顺利地完成了调研。

当然,对于广州产权交易所资助的三年研究经费,曹和平还是感到欣慰。毕竟还是有人在重视着中国产权市场的理论发展,这也是蓝皮书得到的第一笔来自企业的资金支持。

对于蓝皮书的问世,曹和平甘苦自知,他将自己上课所得的钱全部都投入到了蓝皮书的编辑与出版。"可以说我们算是负债经营,我们还是希望有企业可以投入到中国产权市场的理论研究中来。当然目前,我们希望能够将蓝皮书更广泛地销售出去,即使吃闭门羹我们也会坚持下去。"曹和平如是说。

二、三年后积累成政策白皮书

在曹和平研究中国产权市场发展的过程中,大多数人对市场的不重视是研究进程艰难的重要因素。但是曹和平认为,没有相关的统计数据,也为研究带来了非常大的困难。"统计局没有开始统计相关项目,我们根本找不到想要的数据,这给研究带来了困难。我们也只能利用课题组的资源对整个市场进行保守的统计。"曹和平表示。

我国资本市场的发展,一直都追寻着美国模式,但是国际金融危机的爆发,让我们看到了西方的资本市场发展模式并不完美。于是探索中国资本市场的发展,中国的发展是否需要自己来走。但很多人对产权交易所的性质产生了质疑:首先,产权交易所成立的初衷是为了国有产权交易,但是近年来非公经济进场交易也不断攀升;其次,大多数产权交易所由政府主办,是否不利于交易所的市场化?

对此,曹和平认为,产权交易所作为一个市场平台其属性应该是公共品。公共品由公共部门来建设其成本最低,但是一个市场又不能只有公共品,因此由企业来作为产权交易的承载体才能够完成交易。"很多人将我国的产权市场看作是以后的 OTC 市场,这是不正确的,就像很多人将美国的资本市场看作是中国资本市场的明天一样,这都是不正确的。"曹和平认为,我国的产权市场有一小部分与美国的OTC 市场相吻合,但是美国的 OTC 市场并不包括专利交易、知识产权交易、环境交易等中国产权市场所存在的交易。"如果说现在 OTC 市场是一个集合的话,它只能够是我国产权市场的一个子集合。"曹和平希望产权市场的发展能够让中国资本市场的发展走上自己的轨道。

在中国产权市场研究的道路上,曹和平带领着他的课题组已经遇到了很多艰难,未知的艰难还不确定。但是,他仍旧表示,将会把蓝皮书一直做下去。"当深入研究下去的时候,我时常感到很孤独,因为从宏观角度研究产权市场的专家并不多。当然,我会继续把蓝皮书写下去。我们希望三年后,三本蓝皮书中的概况研究和行业研究能够积累成一本政策白皮书,希望我们的研究能够变成实际行动。"曹和平规划着课题组的未来。

为多层次资本市场把脉*

创业板箭在弦上,天津 OTC 市场的筹备也紧锣密鼓,我国的多层次资本市场建设正在稳步推进。针对市场各个层次在建设和筹备中可能存在的问题,《中国经济时报》记者专访了北京大学经济学院教授、广州产权交易所首席经济学家曹和平。

一、主板需要"自稳定器"

"国家队在奥运会上取得好成绩,并不一定说明全民健身工作就做得好。"曹和平以此比喻主板与场外交易市场的关系。

曹和平先为 A 股市场算了一笔账:我国从 20 世纪 90 年代初建立深交所和上证所至今,两市挂牌的公司还不到 1700 家。若按 19 年来平均,每年只有 90 家公司能上市融资。而当前我国达到中小板、创业板以上市场上市要求的企业已经有 72 万家,已经完成企业改制、会计报表规范化、关联债务剥离等证券化过程的企业也有几万家。

"若依靠上证所和深交所把 72 万家企业全部推上直接融资市场,按目前的速度要 7200 年——那将是一部中华文明史的长度。"曹和平笑言,"所以,我们必须要发展创业板和场外交易市场。"

"虽然企业治理结构等问题呼声比较高,但其实并非首要问题。主板市场上市股票品种的结构问题才是硬伤。"曹和平说。

"假如以上证指数 4500 点为均衡点,目前向上、向下则各有 1500 点的振荡,波动幅度相当于均衡点的 70% 左右。主板市场振荡幅度这么大,根源是 A 股缺乏一个'自稳定器'。"曹和平说,当前 A 股的产品结构群中清一色是上市公司股票,

---

* 本文为《中国经济时报》记者曲瑞雪采访曹和平教授而撰写的专访稿,刊载于 2008 年 6 月 11 日《中国经济时报》。

缺乏衍生品。这种情况下,如果没有政府的"行政拉闸"干预,股市暴涨到8 000点再急跌到2 000点也完全有可能。

"股市不仅迫切需要指数类期货,而且需要一个由至少五六个指数期货品种组成的指数期货群,这样才能够起到自稳定作用。只推出单一指数期货反倒会加大振荡幅度,1995年的'3·27国债期货事件'就是一个教训。"曹和平说,"这正如新疆小伙子阿迪力走钢丝时,双手一定要握一根长竹竿保持平衡一样。如果竹竿被换成一根铅笔,那恐怕比他靠双手保持平衡掉下去得更快。"

"因此主板市场目前的改革重心,应当从产权结构改革和企业治理结构改革向产品市场结构改革转变。"曹和平认为。

二、OTC、创业板"政策滞后"

主板之外的其他市场应该是我国多数企业寻求融资的主战场。

曹和平告诉记者,目前我国拥有250多家产权交易市场,一个省平均有七八个,许多市场交易非常活跃。仅从数量上就能看出,民间对场外交易的准备程度已经非常高了。

他随手翻开案头的《中国产权市场年鉴2006》,指着扉页"长江流域产权交易共同市场、北方产权交易共同市场、上海联合产权交易所"等名称说,我国的产权交易市场早已突破了行政区划的范围,其功能基本等于美国的"OTC市场+私募股权投资+投资银行的一部分服务",也即相当于三大类市场的综合。由此可见,从实体经济自身的筹备看,场外交易市场已经到了蓄势待发的阶段。

"但从政策角度看,官方的准备还非常不足。"曹和平告诉记者,我国对场外交易市场一直是限制的,现在也只是让天津试行,这是因为政府认为场外市场可能引起金融市场的混乱,所以一直是缓慢推进。至于市场翘首企盼的创业板,也因为政策没有到位而没有办法推出。

"相比大陆创业板的谨小慎微,香港地区的政策开放得多,却缺乏土壤。"曹和平表示。

资料显示,2007年和2008年前5个月,在香港创业板上市的公司都只有两家,而被除牌的公司却有七家。同时,创业板的流动性也不尽如人意,少有机构和个人投资者关注。2008年5月2日,香港联交所在刊发的《创业板咨询总结》中提出了发展创业板为第二板的建议。据了解,香港创业板的改革内容将主要是"上市门槛变高、晋升主板程序简化"。

曹和平说,任何一个市场缺乏流动性都是很致命的,因为没有交易就没有价格波动,也就不能实现套利,机构和个人自然对这样的市场没有兴趣,这也就是所谓的"thin market"(清淡市场)。

那么,以金融业繁荣著称的香港,创业板为何却如一潭死水?

曹和平告诉记者，创业板与主板有着根本的不同。在主板上市的企业盈利稳定，只需将其证券化就会有人要，所以主板市场"只要有一份货币，就能把一份劳动和一份资本黏合起来，从而滚动成为一个经济实体"。而创业板上市的企业要素则仅仅是一个"idea"（概念），因为没有稳定的盈利点，所以风险就很大。

这种情况下，创业板要活跃有三个前提：一是要拥有源源不断的创新资源。美国纳斯达克市场的成功，很大程度上要归功于其背后的一个世界级的创新团队。而香港创业板并没有整合在它周边的类似研发团队，也就从根本上缺乏创新资源。二是香港没有成型的创业基金。香港的所谓创业基金多是从国外拿资金投到内地市场，并没有对创业形成真正的支持。三是没有真正的创投需求。

"其实最具有创投需求和供给的应该是中国内地。内地的土地面积和人口数量使之具备了这一基本条件，香港无论如何都不可能产生出如此巨大的创投需求，而且它与内地市场又是割裂的，所以从根源上就无法支撑起一个国际性的创业板市场。"曹和平认为，其实内地任何一个中等城市只要狠下心来搞创业板，机会都比香港大。而香港市场也只有与内地整合在一起，创业板才有发展的土壤。

三、监管须重新整合

"我认为中国要在一些方面超过西方，产权交易市场是个希望。"曹和平推断。

他告诉记者，产权交易市场本身是民间的，目前国有企业的产权已经出售得差不多了，下面必须是民营企业的交易进来。一旦为民营资本服务，就可能会寻求一些新的模式超过西方。

曹和平告诉记者，如果没有会员的参与，OTC市场将无从谈起。当前，诸如天津等产权交易市场已经做得非常好了，发展了200多个会员。如果我国的OTC市场能在产权交易所的基础上做，那就有了扎实的基础和充足的资源，但产权交易所归国资委管理，OTC市场归证监会管辖，其中关系无法协调。国家也只得在滨海新区重新成立一个OTC市场，可这样一切都得从头开始。

"条块分割的金融监管模式已经给我国金融市场发展带来了很大的阻碍，这次OTC市场建设就是一个重大失误。"曹和平说。他建议国家对金融监管来一次重新整合。

"如果能够把国资委的产权局、发改委的中小企业局、科技部知识产权局与证监会的OTC市场整合在起来，成立一个金融改革领导小组，协调各部门利益，那么创业板和OTC市场都会得到更快发展。"曹和平说。

资产评估亟待从区域性分散化走向规范化[*]

产权市场某种意义上是资本品交易市场上的"中国创造",颠覆了巨型跨国投资银行如高盛、摩根士丹利等在新兴市场及母国间屏蔽信息和过滤信息,"一手托两家"获取巨额利润回报的"经典"方式。

记者:据统计,2008年上半年进场交易后国有产权交易实现保值增值的占全部挂牌项目的94.6%,减值的仅占5.4%,中央企业进场挂牌项目增值额29亿元,平均增值率9.88%。请结合具体案例谈谈目前产权市场的新特点。

曹和平:中央企业进场交易总数增加,场外交易额下降,是国有资产处置借产权交易市场制度设计实行资产优化组合透明化取得进展的重要指标之一。更重要的是,我国为数众多的产权交易市场(大约有250个)还有可能借国有资产处置的经验积累,为更多非国有资产的处置提供资本(品)交易的平台。央企总数在全国是一个定量,随着大宗央企资产重组完成,资产处置的数量可能会增加,但资产交易规模不可能同比例增加,有可能会减少。民营资产进场交易,将会成为我国产权交易业务拓展的重要方向之一。

进入产权交易市场后,国有资产保值增值能力得以体现。2003年央企交易与2003年后比较,增值率提高很快。过去,资产场外交易时,信息披露面窄,通常是"手拉手"甚至有主管部门"拉郎配"交易的情况。由于竞争不够,出现很多优惠政策,如果买方一次用现金付清,会有10%的折扣;如果职工安置妥善,将会再有10%的优惠;如果把关联债务处置完毕,还会有10%的优惠。一个项目最终成交价通常要比评估价低30%左右。进场交易后形成竞争局面,大家在竞价购买同一家资产时,价格会收敛于竞购者评估区间的上限,而不是买方市场形成的上限。产权进场交易所是国资保值增值的好机制。

由于进场交易制度本身的透明性质,资产交易业内监管和业外舆论监督成本

---

[*] 本文为《证券日报》记者马玉荣采访曹和平教授而撰写的专访稿,刊载于2008年9月17日《证券日报》。

大大降低,2004年以后国有资产在交易环节没有出现大的问题,如内部人控制、资产贱卖等。相反,我们认为更标准化的证券资本交易所却出了不少问题。可见,产权交易所处置国有资产交易机制透明化取得了很大的进步。

产权市场某种意义上是资本品交易市场上的"中国创造",颠覆了巨型跨国投资银行如高盛、摩根士丹利等在新兴市场及母国间屏蔽信息和过滤信息,"一手托两家"获取巨额利润回报的"经典"方式。例如,2006年在我国产权市场上获得金奖的交易——雪津啤酒交易就是一例。雪津是福建中部的一家国有啤酒厂,2006年以前贷款6亿元购买一套全新啤酒生产线,质量得到提升。但是,在燕京啤酒厂并购福州惠泉啤酒和珠江啤酒沿海北上后,雪津啤酒市场遭到南北夹击而萎缩。高盛介入后签订保密协议,以13亿元买下,转手又把雪津拿到百威和英博,获得58.86亿人民币的高价。一手托了两家,高盛一个案例赚了45亿多人民币。但国务院3号令出台后,国有资产交易必须进场挂牌交易。雪津一旦挂牌,燕京愿意出19个亿,华润出23个亿,比利时英博集团以58.86亿买下,由此可见,进场前后结果大不相同。

记者:现在,中央企业或者其他类型的企业欲转让股权,在产权交易所挂牌,要经过评估机构的评估,目前评估机构资格、应负责任怎样? 对于乱评、腐败现象怎样防治?

曹和平:现在评估机构质量不一,各交易所有自己关联的评估机构,全国范围的评估管理和具有品牌性质的评估机构尚不多见,目前亟待在全国建立国有资产评估专业性网络,使资格评估从区域性、分散化走向标准化和规范化,以降低评估中出现低估并私下拉手,在产权交易所走过场。我们在调查中发现,同样一家国有企业,在出售股权时,出售关键多数股份的交易有时反而比出售少数股份的价格低。在后者销售时点在前,卖给同一家企业时更是如此,说明产权交易的透明化进程还有很长的路要走。我们在调查中还发现,拍卖过程有时还伴随着黑社会性质的行为发生,志在必得的购买者会同私下拉手的购买方,威胁进场交易的举牌者,如果你左手举牌,就砍你的左手,如果你右手举牌,就砍你的右手。

为防止腐败,应立法保护产权交易所和交易所关键交易人员的人身和生命财产安全。另外,国土资源也应进产权市场交易,土地拍卖不应在土地局或者属下机构拍卖,小范围拍卖总是比大范围拍卖信息披露程度低,主管部门和舆论监督成本高,容易成为滋生腐败的制度漏洞。

记者:对比美国相关市场,您认为我国产权市场应如何完善?

曹和平:西方非标准资本品市场一般是金融中介促成业务,投资中介的目标函数是最大化中介费用。在中国产权市场这种俱乐部(亚公共产品)制度缺失的条件下,屏蔽信息和过滤信息,例如以咨询名义夸大市场及经营后果,逼迫资产所有者低价销售,通过签保密协议,一手托买卖两家制造信息不对称而寻求不合理信息租的行为就有了制度空间。西方教条式的理念认为,公共部门干预市场越少越好,不了解亚公共品（俱乐部性质产品）参与条件下，信息产品含量大的资本品生产过程反而是有效的。排斥类似于产权交易所的俱乐部产品及其对应机构，让资本市场上的金融大鳄自由地寻求信息租，这是西方非标准市场的一大弊病。如果将来他们要像丢掉奥运金牌那样输掉资本市场优势，也可能是在这一点上。如果中国在这一方向上有长足进步，可能会形成世界资本市场上的"中国流"。

当然，我不是说中国的产权市场就完善了。应该看到，三起三落的我国产权市场发展一路坎坷，国家综合支持不够，部门利益切割严重，导致地方政府和中央政府利益一致性程度的下降。我的意见是，应该呼吁尽快在国家层面重视产权市场建设和产权交易所保护。在这一点上，中央纪律检查委员会反而走到了政府相关职能部门的前边。

产权交易所:走出"麦田守望者"*

从风起云涌到治理整顿,再到重新发展,中国产权市场走过起起落落的20年。

在历史长河中,20年也只是短短一瞬间,但北京大学中国产权市场研究课题组负责人、北京大学经济学院教授曹和平据此最新完成的《中国产权市场发展报告(2008—2009)》一书却给予了这样的评价:中国产权市场正在以实点性市场群(group spot markets)的方式更改着中国资本市场的收敛与均衡路径。

记者:如何看待目前中国各地产权交易市场的风起云涌?

曹和平:我国广义资本市场主要由四大板块——沪深证券交易两市场、产权交易260家市场、超出商业期限融资的各地民间资本市场、大型金融机构旗下金融资产管理公司和跨国金融机构参与下的并购投行类资本市场。产权交易市场是我国资本市场的重要组成。

在这四大板块中,"内生"和"外嵌"市场制度形式共存,产权交易市场是内生的,而上交所和深交所两个股票交易市场是外嵌的。在全球金融危机下,内生性质的资本市场保持了较大的抗压弹性。2008年,我国产权交易十大市场增长速度为13.7%,基本上保持了2005年以后的增长轨迹。相较之下,外嵌性质的资本品交易,比如上证和深证市场受全球市场影响较大。严格意义上说,沪深市场不是由地方性资本市场整合而成为全国性市场的,而是借助行政和立法等非市场变量"织造"而成的。在其生成过程中,将发达经济的市场制度"镶嵌"在当时中国的资本市场中。在短时间内,这种方式的国际接轨程度高,但当世界出现危机时,受到冲击时的影响也更直接。

一直以来,我国证券类资本市场交易的主导平台是上海证券交易所和深圳证券交易所。自1990年成立以来,在上述两个市场上的公司有1 700多家,平均每年上市公司不到100家。根据统计,我国超越家庭规模的企业有3 500万家,股份制

---

* 本文为《中国经营报》记者刘晓午采访曹和平教授而撰写的专访稿,刊载于2009年7月6日《中国经营报》。

企业有 927 万家,有意愿并达到标准上市的公司有 72 万家。如果按这种速度来计算,大概需要 7 200 年,几乎相当于中国文明历史演进的时间历程,才能将其中"精英"级别的 72 万家企业送到直接融资市场上。

"精英"和"平民"企业同时呼唤超越上证和深证两所的资本市场来满足资本品的交易需求。令人欣慰的是,我国产权交易市场群为打通上述瓶颈提供了来自制度内部而不是外部的制度素材。原材料都是粗糙的,但原材料的升值空间在近年让人们见证了其巨大的市场潜力。

记者:作为资本市场中的重要组成部分,中国的产权市场是如何诞生的?

曹和平:中国产权市场的出现不是一个长时程的演化过程,而是一个诱发于国有企业产权改革的快变甚至剧变式的生成过程。

其实,早于上证和深证两市,我国资本市场在 20 世纪 80 年代后半期就以国有资产改制为契机,在全国各地出现了不同层级、不同类型的产权交易机构。到 90 年代初,大有在大江南北花开遍地之势,数量最多时达到 320 多家。不仅一个省有若干家,有的甚至一个区、一个县就有一家。

产权交易市场表面上诱发于国有企业改制,但"群起之势"却在于资本品交易在国有企业围墙之外"禁行"造成的巨大制度租金。20 世纪 80 年代后期,以增加激励为目的的允许职工持股改革,将国有企业的产权交易限制在了企业的围墙内,形成内部人市场。当内部人市场边界拓展,走向不存在资本品交易的制造经济时,只能由政府一身兼"裁判员"和"运动员"两职的无奈选择形成成本极低的寻租——替代了直接打破围墙后可能出现的危及基础制度的恶性寻租,从而导致了产权交易市场的蜂起。

记者:不过,产权交易市场发展并不顺利。

曹和平:320 家产权交易市场最早更多地是希望复制二战后美国资本市场的展开历程——在 50 到 60 年代形成一个多层次的市场体系,然后在 70 年代以后走向整合,将 OTC 区域网和区域性交易市场整合,通过全国性质的做市商协会形成一个类似纳斯达克的证券市场。

然而,中国资本市场的成长逻辑内在地排斥美国式的市场技术进步路线。20 世纪 90 年代初期,当资本品交易试图冲出企业围墙的藩篱,职工持股向外部人流转,形成异于上证所和深证所证券类交易的场外市场交易时,由于场外市场所需的"亚公共品"资源缺失形成交易混乱,国务院于 1993 年 3 月下令禁止未经正式许可发行内部股票,并要求地方政府采取措施制止非法交易并限制交易场所的活动。当中央和地方政府协调立场,在 20 世纪 90 年代末出台一系列治理措施后,300 余家产权交易所"十损其九",仅剩下三十几家"麦田守望者"式的交易所,等待下一个收获季节的来临。

这种情况到 2000 年前后有了改变,这时候国家扶植的高新技术产权交易平台出现。经过适当变形,技术交易平台恢复了一些原来产权交易所的成熟交易方式和业务。地方政府在产权交易方面尝到了产权变革在企业重组和再生方面带来的好处。一些发达地区地方政府以国有产权阳光交易的名义不同程度地恢复了部分交易所。

中国产权市场的问题很多,但最重要的一点是,我国决策层、理论界、企业界和媒体四个最活跃力量的智慧平均数皆认为产权市场是低于上证所和深证所市场形式的OTC市场,不具备二者对于中国资本市场发展的战略地位。这实在是人类经济智慧的一大悲剧!当美国人将OTC做得低于纽交所全国性市场,后来竭力将纳斯达克市场全国化而置地方性OTC市场于战略边缘地带,使得去市场化的地方资本品交易出现杠杆泡沫而酿成金融危机时,在中国却出现了一群不同于美国OTC市场,但又将其业务包括在内的产权市场,这有可能矫正金融危机的发展路径,但中国人抱璞不知,美国人矫情依旧。

"中国产权市场某种意义上是中国资本市场上平民类企业的'解放军'。"国有产权局邓志雄局长这句话完全是正面内容,希望不要引起误解。当然,中国资本市场上还有更多的"民兵式部队"。寻找与更具草根性质的民间资本市场的结合途径,同时吸取人类当代经济的先进形式,是中国产权市场站稳国内、走向世界的出路所在。

记者:还需要哪些政策性建议来实现上述目标?

曹和平:由于智慧平均数将产权市场狭义地理解为中国资本市场的补充形式而不是主战场,中国产权市场出现长时间的规制真空。在大发展后的今天,由于出现巨大的监管收益,部门之间可能出现监管权力竞争,谁也不愿意将产权市场的监管真空提交到国家的待解决紧急线上,出现规制真空后的竞争性规制真空。因而,第一个政策性建议是,尽快建立超越部门利益的综合规制部门,给产权市场以行业层面的发展地位。产权交易市场在我国资本市场中的战略重要性已经不容许我们再规制滞后了。

综合规制部门和单一监管部门的最大不同在于前者是支持和规范并行,而后者仅仅是个不准做这个不准做那个的"讨厌婆婆"。因此,第二个政策性建议是,将目前分散在不同部委的关联司局监管业务合并,加大支持和发展职能的权重,放在一个统一的资本市场规制委员会之下,而不是放在狭义理解的证券类衍生资本品交易的监管部门之下。

第三个政策性建议是,应该尽快批准成立行业协会,没有协会意义上的业务协调,产权交易中诸多业务规范和创新就无法获得行业发展意义上的推广。

去市场化的"手拉手"交易是滋生腐败的温床*

2009年5月1日,《企业国有资产法》正式实施,新浪产权记者就相关问题采访了北京大学经济学院教授曹和平先生。

记者:2009年5月1日,《企业国有资产法》正式实施,其中规定"除按照国家规定可以直接协议转让的以外,国有资产转让应当在依法设立的产权交易场所公开进行。"您怎么看待这部法律的出台以及带给产权市场的重要意义?

曹和平:《企业国有资产法》在八届全国人大常委会立项,经过长时间的实践和修改,于2008年10月获得通过,是我国第一部专门规范企业国有资产的法律。国有资产监督管理的立法有两个阶段,一是2003年国务院发布的《企业国有资产监督管理暂行条例》,二是此次将暂行条例变为国家法律。行政意义上的条例与国资委特设机构合起来起到了划分职权、明确监管边界的作用;但以法律形式使上述管理的实践具有全民强制而不是国家颁布、部门监督的性质,其进步意义是非常大的。

第一,《企业国有资产法》对国有资产的管理和保护从一个部门法规升级为一部强制性法律后,国有资产管理和保护中的相关责任已不再是部门监管、部门间协调的保护力度不均匀问题了,违法后可以在整个经济范围强制,协调仅仅是国家间的事情了。出现国有资产流失的案例后,当追究法律责任时,任何个人和部门的拖延都是和国家法律相对抗。例如,在发生利益冲突后,一个经济自然人就有可能依据法律和一个巨量的经济法人甚或是某一级或者某个失职部门在法律意义上平等"角力",依据经济力量和权势压人的后果是非常严重的(当然,诉讼地位上的平等并不能完全解决诉讼力量上的均衡)。

第二,《企业国有资产法》通过之前,我国已经先后颁布实施了《公司法》和《物权法》,为公司治理和物权保护提供了一般意义上的法律保护,《企业国有资产法》

---

* 本文为新浪产权记者李学亮2009年9月3日采访曹和平教授而撰写的专访稿。

是上述两法的延续,从国有企业的公司治理到国有资产物权保护再到国有资产的转让原则等进行了规定,比3号令更为详尽。

第三,这部法律明确规定"国有资产进场处置",我相信这是产权交易业界期盼已久的,但是比3号令要细密。《企业国有资产法》不仅覆盖了国有资产,而且言明了金融和非金融企业国有资产的监管,这就为金融类非金融企业的金融资产的处置和交易提供了执行的边界。比如,国务院378号令和3号令均未将金融类国有企业纳入其中,3号令虽然是国资委与财政部联合发布,但不论是国资委还是财政部均认为该规定不能直接适用于金融企业国有资产。

在细密程度上,该法诠释了"企业改制"的三种情形:一是国有独资企业改为国有独资公司;二是国有独资企业或公司改为国有控股公司或非国有控股公司;三是国有控股公司改为非国有控股公司。除此之外,不影响控股地位的国有资产转让行为均不属于"企业改制"。这就加强了对涉及控股地位等国有股权转让的监管,同时弱化了对不涉及控股地位等国有股权转让的监管(但还有待后续规定的进一步明确)。

在明确范围、诠释概念的基础上,产权流转的定义又进了一步,从法律上堵住了交易环节的不少漏洞。例如,第五章专章规定国有资产转让包括"转让国有控股、参股企业国有股权或者通过增资扩股来提高非国有股的比例",并且需要履行审批、评估、公开交易等程序性要求。以认购增资形式稀释国有股权的,属于转让国有资产的形式之一。在实际操作中,非国有资产认购国有企业的增资扩股导致国有股权比例下降,同样适用国有资产转让的相关规定。另外,在转让批准、清产核资、评估、公开交易、变更登记提供了具体的操作规范。

但是,但是我们也可以看到,金融企业国有资产的转让操作仍然是缺乏细则指引的,更不用说非经营性国有资产和资源性国有资产了。国外一个国有企业立一部法,我国是成千上万个法人单位一个法,为了普适,当开多少口子呀。

记者:在这次出台的《企业国有资产法》中,"金融类企业国有资产"并没有被纳入到进场范围,您怎么看这一问题?

曹和平:这里面当然有金融类国有资产的特殊性问题,但也有利益协调问题。如果把金融类企业国有资产也像传统的国有资产(非金融类国有资产)一样,都要求进场的话,作为产权交易机构肯定是希望这样的,但是四大国有商业银行所属的很多股权类项目原来都是"手拉手"的交易,现在要进场的话一部分利益要转到产权交易机构,这是个利益重新分配的问题。

记者:企业国有产权交易是一种非标准化的交易,在您看来,牵手进场有没有其合理性,强制进场就一定是合理的吗?

曹和平:这个问题问得好。中国产权市场和世界的资本市场都做不到彻底的市场化。场外市场(OTC)的初级形式,也是最大的交易权重部分,都是手拉手。手拉手没有什么不对,在市场缺失条件下,手拉手就是一个时点单一交易市场。但是,当市场存在的条件下,手拉手明显不如市场交易价值大,还仍然实行手拉手的去市场方式的交易,其中的猫腻就太大了。

记者:我们曾经接触到这样一个案例,一个电力央企将其在一个地方的电厂卖给了当地的一个煤矿,这是非常符合国家"煤电联营"的政策的,但这又是一个非常典型的"牵手进场"的案例。

曹和平:我们不能排除无市场条件下的这种手拉手交易的合理性和无奈。但是,当市场存在的时候,企业国有产权交易有时会有意识地躲避市场,这种情况是存在的。我就碰到了同一家企业的两个股东,拥有多数股权的企业仅仅卖了拥有少数股权企业一半的价格,而且,前者的交易是在后者之后实现的。

当让,实点性的"市场"有时候也不起作用,比如遇到恶意收购的情况,通过高价收购了一家企业,但收购之后并不用来经营,而是把厂房推倒,员工解散,把工厂的场地作为商业开发。这时候的交易就是一场噩梦。由于股权交易是一种非标准化的商品,造成产权交易的时候很难有办法避免这种恶意收购。

所以在企业转让过程中,转让方会根据各种各样的情况来设定受让条件,甚至带有明显的指向性,也就出现了手拉手进场的现象。但是无论怎样辩解,在存在市场条件下,绕过市场进行去市场化的交易,其作为滋生腐败的土壤的概率一定很高。

记者:《企业国有资产法》明确规定国资委的身份就是出资人,所以在产权交易中不能既是裁判员又是运动员,但现在很多情况下国资委是扮演双重身份的,您怎么看到这一问题?

曹和平:如果说国资委是产权交易机构的股东,那么这就成了国资委建了产权交易所又在交易所里卖自己的东西。其实这就好像我是一个工厂的老板,然后我设立了一个直销点,在自己工厂里的东西,并且制定买卖的规则,这看来是无可厚非的。

当没有人去建产权市场但是又需要有产权市场时,国资委牵头去建并付出了大量努力,反过头来落了一身的不是,这在一定程度上也是不公平的,或者说把裁判员和运动员的关系弄混了,产权市场上不是简单的裁判员和运动员的关系。二者的关系在抽象的意义上还有"前店后厂"的逻辑。不放开资本市场,又嫉妒人家建资本市场,这种行为要么类似市场上的懒汉,要么就是有部门利益在作怪。你既当裁判员,又当运动员,在场地充裕的条件下,谁和你玩。玩得转,一定有制度漏洞,我更怀疑有制度猫腻!

关于国资委双重身份的争论暴露出一个问题,就是产权市场没有统一监管的问题,如果国资委不管,那么由哪个部门来管,或者说是不是干脆自我管理,所以错不在国资委。

记者:那应该如何解决监管问题?

曹和平:假设有了统一的监管部门,这个部门的监管水平和服务水平必须是并行的，如果监管水平或者服务水平不高，或者两者失衡，那将是很麻烦的事情，甚至不如没有监管部门。

所以我们应该看到，在目前的监管水平下，由国资委监管仍然是最好的结果，为保证产权市场持续健康发展，这样的监管还是可以容忍的。如果这个时候直接过渡到另外一个部门监管，能不能监管的好的确是个问题，很容易造成"外行管内行"的现象。

产权市场是最具动态魅力的资本平台*

"2009年的中国产权市场呈现出前稳、后发、创新、遍地开花这样几个特征。"近日,北京大学教授、中国产权市场发展研究课题组负责人曹和平在接受媒体采访时这样总结2009年的中国产权市场。

他指出,受金融危机的影响,很多企业出现了库存积压和资金紧张,企业的资本品买卖和运营都出现了困难,但到了下半年金融市场好转,传统业务状况很快得到恢复。

"产权市场在2009年的创新之一是,产权市场在一定程度上解决了融资难的问题。"曹和平介绍说,面对标的企业中的种种影响企业价值的问题,产权交易机构为这些企业提供了托管、担保等服务,通过进行资产重组、评估和私募市场融资,最终把企业整体销售出去。"可以说产权交易机构企业托管的这一思路在2009年得到了充分的印证。"

曹和平教授认为,2009年中国产权市场的另一个重要特征是交易平台的高速成长和扩张。"目前全国前十大产权交易所中都建立了很多创新的平台,我粗略计算大约有40多个,这让中国产权市场的交易平台体量达到了320多家。"

文化产业是产权市场重点介入的行业之一,曹和平指出,中国过去几十年在发展硬实力方面取得了辉煌的成就,但是软实力相对没有跟上,这会影响到中国下一阶段的发展。中国的决策者越来越认识到提升软实力必须有一个产业群作为支撑,有成千上万的上下游的企业作为支撑。

"中国多家文化产权交易所的成立,可以说是中华民族30年中硬实力发展起来之后,走向软实力进步的具体的观察性和指标性的事件。"

在林权方面,曹和平对南方林业产权交易所和中国林业产权交易所的成立也给予了很高评价。

---

* 本文为新浪产权记者李学亮2010年1月12日采访曹和平教授而撰写的专访稿。

"以前的林权投资与企业经营存在矛盾,比如企业投资1000万元造林,苗木成才之后才能收回成本,这个周期很长,企业在这么长的一段时间内很可能需要退出,需要变现,而这在以前因为退出成本很高而很难实现。"

曹和平指出,如果林业产权交易所根据林木成长的阶段性特点,通过一定的评估机制和定价机制把林权设计成三年期和五年期的资本品,长期的投资就会分解成短期投资,这就降低了企业进出林业投资的门槛。"企业和经济实体参与林业生产的数量多了,林业的产值自然会增加。"

曹和平总结说,我国资本市场分为四个板块,第一板块是证券和期货交易群,第二板块是大银行下属资产管理公司携手国外大投行形成的并购重组业务,第三板块就是产权交易所群体,第四版块是民间信贷市场。前两个是舶来品,而后两个是中国内生的制度设计。

"随着产权市场的业务创新,其市场分类变得模糊,比如碳交易是在国家强制法令下产生的业务,属于权证和权益类交易,没有办法放在传统业务中,所以新兴业务体量大,分类却很困难。"

曹和平指出,新兴业务不断冲击前沿,是最具动态发展魅力、最有前景的一个板块,也是中国资本市场内生的一个制度设计,"同时,随着产权市场的不断规范和功能的提升,它会成为中国股份制企业的融资主渠道"。

资本市场产业链的成长*

如果只谈产权交易所就很可能让人把它简单地想成一个服务平台,或者交易市场,但是从产业链成长的意义上,人们就不会那么想。产权交易所能不能有一天成长为美国纳斯达克那样的市场,形成有地域的、多层次的、完整的金融产业发展体系?为什么不能让一个产业链在它自己的逻辑里面自由成长?

一、产业链成长

大家知道 2006 年我们的 GDP 是 20 万亿元人民币,全世界的 GDP 是 44.4 万亿美元,我们的 GDP 按汇率折合下来,大概是世界 GDP 的 5.6%,份额非常小。但另一方面,2006 年中国物质生产份额非常大,大概生产了全世界 35% 以上的物质产品。2006 年,我们的水泥产量是 1.1 亿吨,全世界的水泥产量是 21 亿吨,占世界产量的 50.5%;2006 年,全世界的钢材产量是 10.5 亿吨,我们生产了 3.6 亿吨,比美国、英国、德国、法国、意大利、西班牙和加拿大的总和还要多。2006 年,世界上修建的高速公路,每三条中就至少有一条在中国;新建的高楼,每三栋中就有两栋在中国,房地产的增速比其他产业快得多。

过去 5 年间我国的支柱产业是建筑业、交通运输业和通信产业,一起拉动了上下游产业的发展。房子盖起来了,要装修,购置家具,装饰材料生产、零售、装修、家具、家电也起来了;4S 店、沃尔玛和家乐福要配上;有了钱以后还要买小汽车;女同胞要是有钱了,还要美容和健体。东莞有一家企业生产的产品占了全世界 70% 多的份额。世界上吃穿住行有 500 多种产品,我们是 370 多种,是世界市场的第一,占市场份额的第一。2006 年全世界的汽车产量是 4 000 多万辆,我们生产了 720 万辆,增长份额是 24%,成了世界第二大汽车市场。到 2010 年我们汽车生产量很

---

* 本文为作者在"2007 中国多层次资本市场发展论坛"上的演讲,刊载于《产权导刊》2007 年第 4 期,第 36—37 页。

可能超过美国。但是,我们生产了全世界35%以上的产品,却仅仅实现了5.8%左右的市场价格,是买一送一大甩卖,亏本赚吆喝。

二、产业链整合

　　这与一个国家经济的核心竞争力有关。举一个制造业的例子,汽车的13 000多个零部件,浙江台东生产出了80%以上,而云南一个螺丝钉都要从长春买。零部件产业的整合形成了外部性效益。最近出了一个防爆市场,汽车开了150公里以上刹车就很难。搞了一个芯片以后,每秒钟抓抓停停几百次,一抓就停下来。那么高速的情况下,直线运动变成了垂直的跳跃运动。原来是零部件产业和电子产业整合以后,形成了一个新的汽车电子产业。所以如果两个产业成熟,就能碰撞出新的产业,形成一个群,一个产业群就具备了竞争力。

　　再来看我国的金融产业,我国的证券交易所只有3个,够了,发达国家只有5个嘛。为什么发达国家是5个,中国3个就够了呢?有人说我们的经济发展水平低,这个假定是非常有问题的。在一个产业发展的早期阶段,一定是数量非常多的,慢慢整合以后形成了一个龙头式的产业环节,把其他的整合起来。内在潜力一定强,我们的证券交易所就派生出了各种各样的市场。产权交易所是当年上边的政策要建的,和证券交易所完全没有关系。这种情况下,产权交易市场怎么发展?我觉得是对各位产权交易所的老总的一个挑战。

　　我们的期货产业,现在全国有3个期货交易所,我看应该有15个期货交易所,而不是3个,每个交易所应该上市30到50个品种。2006年期货交易1 600万元,并不能发挥期货交易所的内在功能。期货行业是一个自稳定的行业,我们的经济摆动得那么厉害,每次摆动的时候都要通过拉闸的形式限制货币和资本的共进,所以国家也不愿意发展。

　　产权交易所现在数量不少,但是经营的产品范围限制得很多。纳斯达克当年是怎么起来的?就是类似于今天我们的产权交易所,不光是交易知识产权、专利、国有资产的并购,而是全方位的。只有产权交易所实现了全方位的产权交易,产权交易市场才能够迎来一个泛金融产业的春天。

三、几个政策性建议

　　第一,产权交易所100个多吗?200个多吗?没有论证之前不要说多。第二,产权交易所的经营范围应该拓宽,不应该仅仅停留在资本的转换,投资银行的一部分,国有企业投资的一部分。第三,建立以产权交易所为支持的全国性的数据库联网,有了这个数据库就有了一份资源。产权交易市场要成长,就不应该把产权交易所定位在现货交易,允许有一天走上证券交易,为什么不能从产权交易所生长出创业板,非得要在深圳呢?

　　这个行业的前景是无限的,但是这个行业的管理和它应该活动的空间受到种种限制,我们应该创造性地工作,使我们有一天觉得中国经济今天成长成这样,有我的一份贡献。让我们一起来做这个梦!